스마트한 생활을 위한 엑셀 2010

이 책의 구성

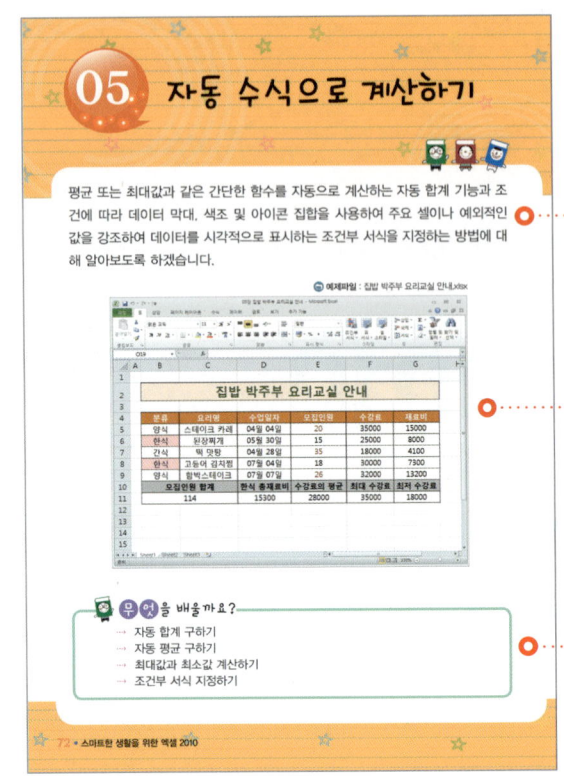

★ 들어가기
각 장마다 배우게 될 내용을 설명합니다.

★ 미리보기
각 장마다 배우게 되는 예제의 완성된 모습을 미리 확인할 수 있습니다.

★ 무엇을 배울까요?
본문에서 어떤 기능들을 배울지 간략하게 살펴봅니다.

★ 따라하기
예제를 만드는 과정을 순서대로 따라하면서 쉽게 기능을 습득할 수 있습니다.

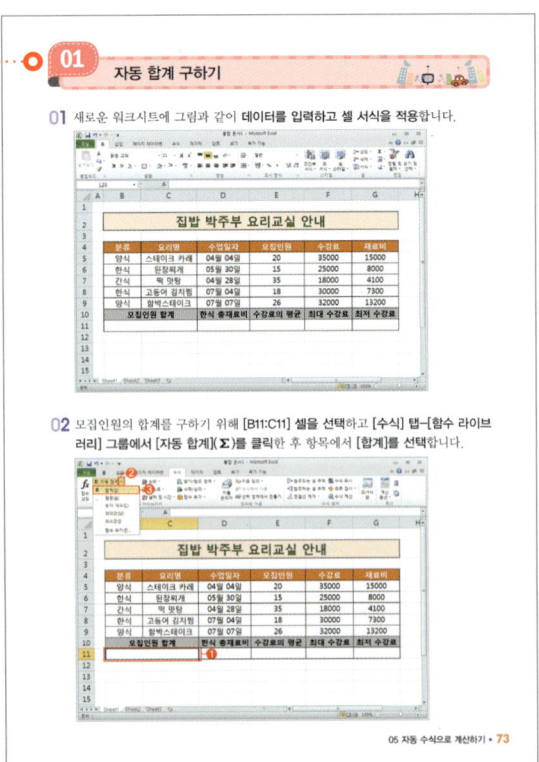

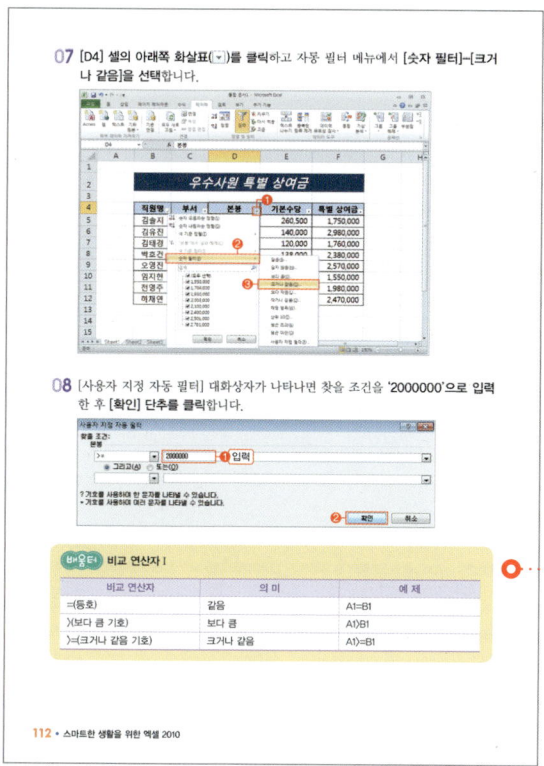

★ **배움터**
본문에서 다루지 못한 내용이나 알아두어야 할 사항들을 추가적으로 설명합니다.

★ **디딤돌 학습**
각 장마다 배운 내용을 토대로 한 번 더 복습할 수 있도록 응용된 문제를 제공합니다. 혼자 연습해봄으로써 실력을 다질 수 있습니다.

★ **도움터**
혼자 연습해 볼 수 있도록 필요한 정보 또는 방법을 지원합니다.

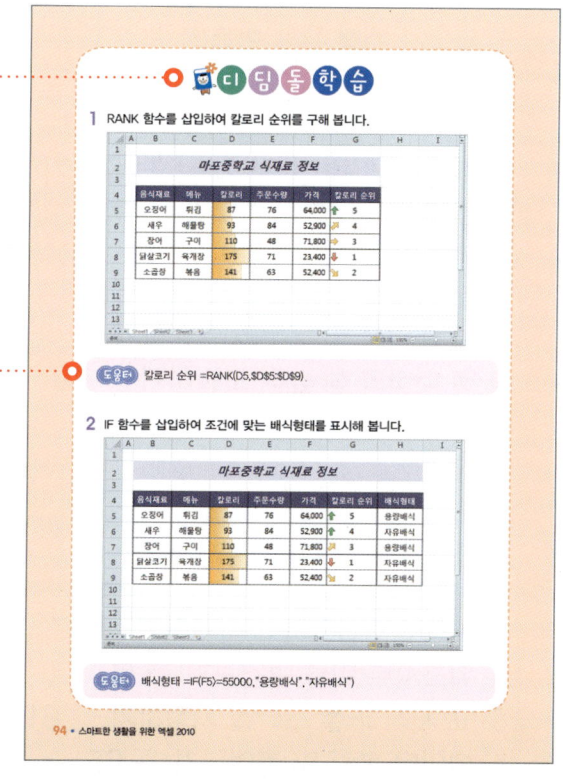

※ **부록 | 스마트한 정보 하나 더** : 스마트한 생활을 향해 한 걸음 더 나아갈 수 있도록 스마트폰에 관한 정보를 제공합니다.

목 차

01장 | 엑셀 2010 기능 익히기

1. 엑셀 2010 실행 및 종료 • 7
2. 엑셀 2010 화면 구성 • 9
3. 데이터 입력하기 • 10
4. 날짜 데이터 입력하기 • 14
5. 입력한 데이터 수정하기 • 16
6. 통합 문서 저장하기 • 18
* 디딤돌 학습 • 20

02장 | 워크시트에 데이터 입력하기

1. 저장된 파일 열기 • 23
2. 기호 입력하기 • 24
3. 한글/한자 변환하기 • 26
4. 데이터 자동 채우기 • 29
5. 사용자 지정 목록 만들기 • 33
* 디딤돌 학습 • 38

03장 | 셀 편집 및 서식 적용하기

1. 글꼴 변경하기 • 41
2. 셀 병합하고 가운데 맞춤 • 45
3. 셀 배경색 및 테두리 설정하기 • 46
4. 열 너비와 행 높이 조절하기 • 49
5. 셀 삽입 및 삭제하기 • 51
* 디딤돌 학습 • 54

04장 | 워크시트 편집하기

1. 워크시트 삽입하고 삭제하기 • 57
2. 워크시트 이름 변경하기 • 59
3. 표 서식과 셀 스타일 지정하기 • 61
4. 데이터 복사 및 붙여넣기 • 65
* 디딤돌 학습 • 70

05장 | 자동 수식으로 계산하기

1. 자동 합계 구하기 • 73

2. 자동 평균 구하기 • 76
3. 최대값과 최소값 계산하기 • 77
4. 조건부 서식 지정하기 • 79
* 디딤돌 학습 • 82

06장 | 함수 라이브러리

1. RANK 함수 삽입하기 • 85
2. IF 함수 삽입하기 • 88
3. COUNTA 함수 삽입하기 • 90
4. 아이콘 집합 표시하기 • 92
* 디딤돌 학습 • 94

07장 | 데이터 정렬 및 부분합

1. 데이터 정렬하기 • 97
2. 데이터 유효성 검사 • 100
3. 부분합 설정하기 • 102
4. 윤곽 지우기 • 105
* 디딤돌 학습 • 106

08장 | 테이블 필터링하기

1. 자동 필터로 열 필터링하기 • 109
2. 고급 조건으로 열 필터링하기 • 115
* 디딤돌 학습 • 118

09장 | 데이터를 활용한 차트 만들기

1. 세로 막대형 차트 만들기 • 121
2. 별도의 차트 시트 만들기 • 126
* 디딤돌 학습 • 130

10장 | 발행물 인쇄하기

1. 새 메모 만들기 • 133
2. 페이지 레이아웃 설정하기 • 135
3. 미리 보기 및 인쇄하기 • 139
* 디딤돌 학습 • 140

[부록 | 스마트한 정보 하나 더] 오피스 앱 • 142

01 엑셀 2010 기능 익히기

엑셀 2010 작업을 수행하는데 필요한 명령을 신속하게 찾을 수 있도록 디자인된 리본 메뉴를 통해 워크시트에 데이터를 입력하고 저장하는 방법에 대해 알아보도록 하겠습니다.

 예제파일 : 여행상품.xlsx

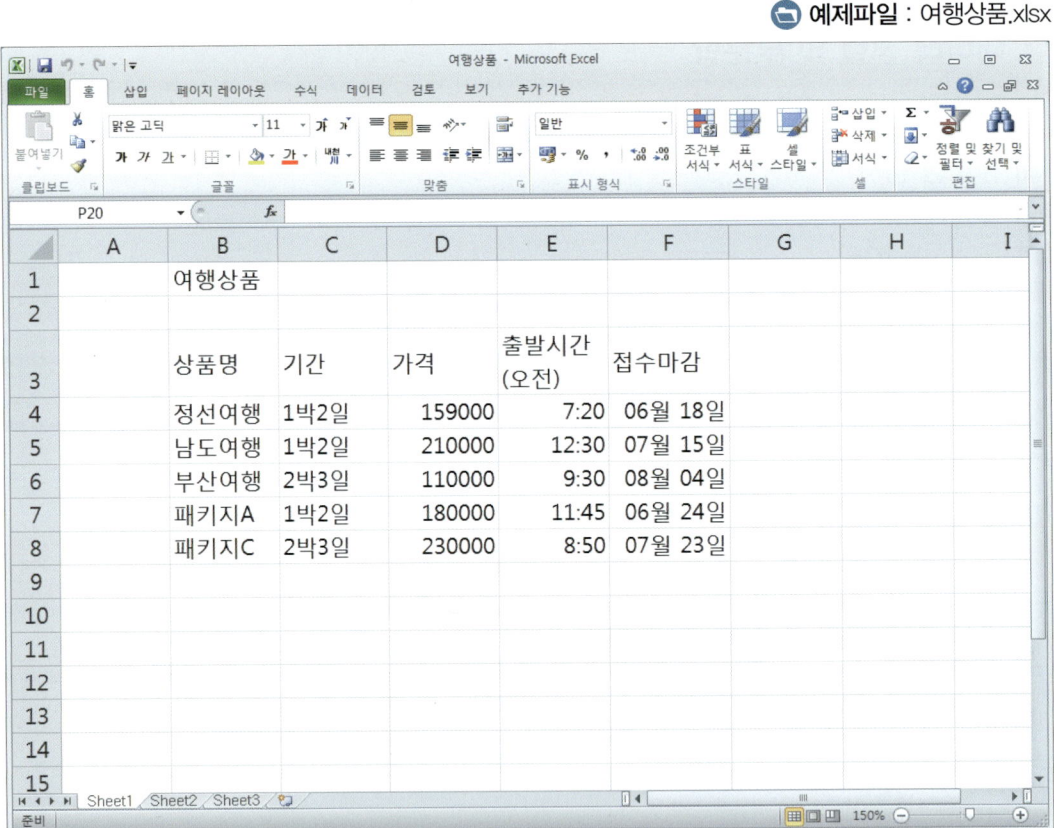

 무엇을 배울까요?

- ⋯➙ 엑셀 2010 실행 및 종료
- ⋯➙ 데이터 입력하기
- ⋯➙ 입력한 데이터 수정하기
- ⋯➙ 엑셀 2010 화면 구성
- ⋯➙ 날짜 데이터 입력하기
- ⋯➙ 통합 문서 저장하기

엑셀 2010 실행 및 종료

01 엑셀 2010을 실행하기 위해 [시작]()-[▶모든 프로그램]-[Microsoft Office]에서 [Microsoft Excel 2010]()을 **클릭**합니다.

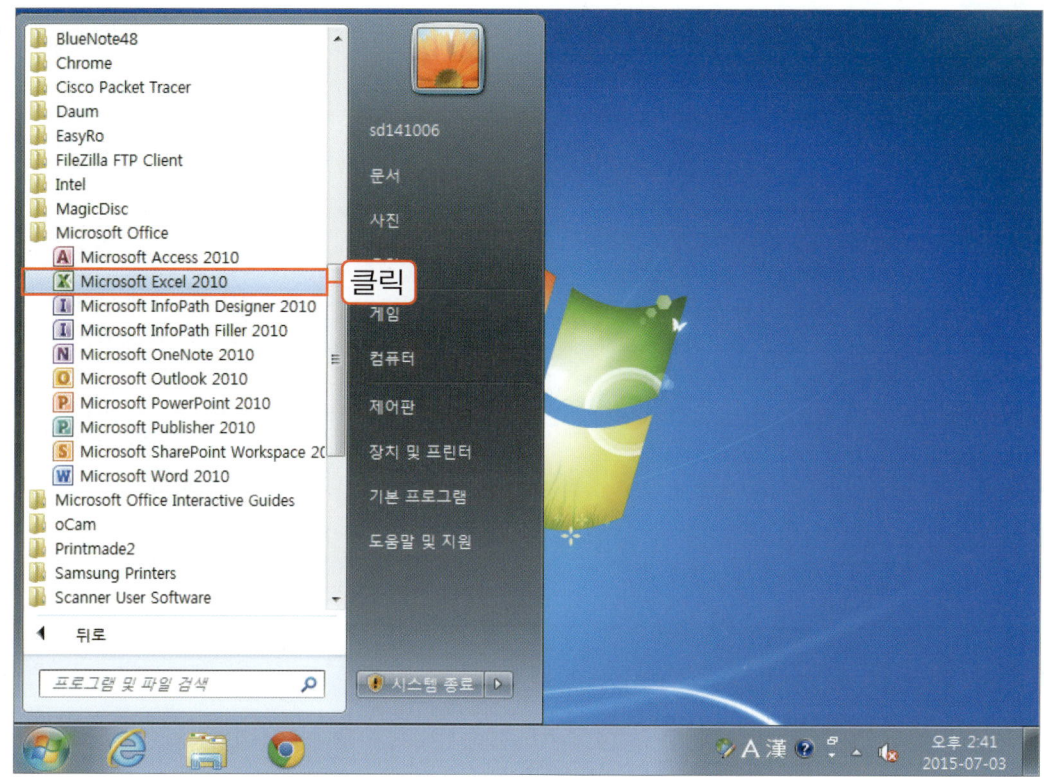

02 실행된 엑셀을 종료하기 위해 **[파일] 탭을 클릭**합니다.

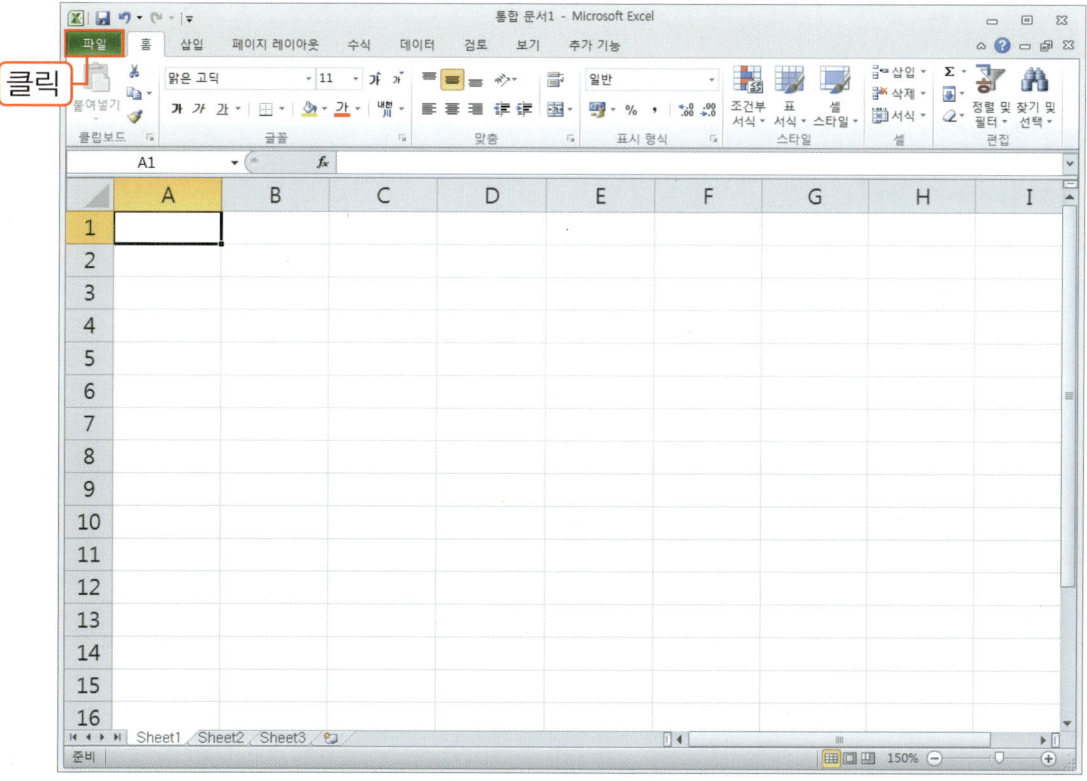

03 [끝내기](⊠)를 클릭하여 엑셀을 종료합니다.

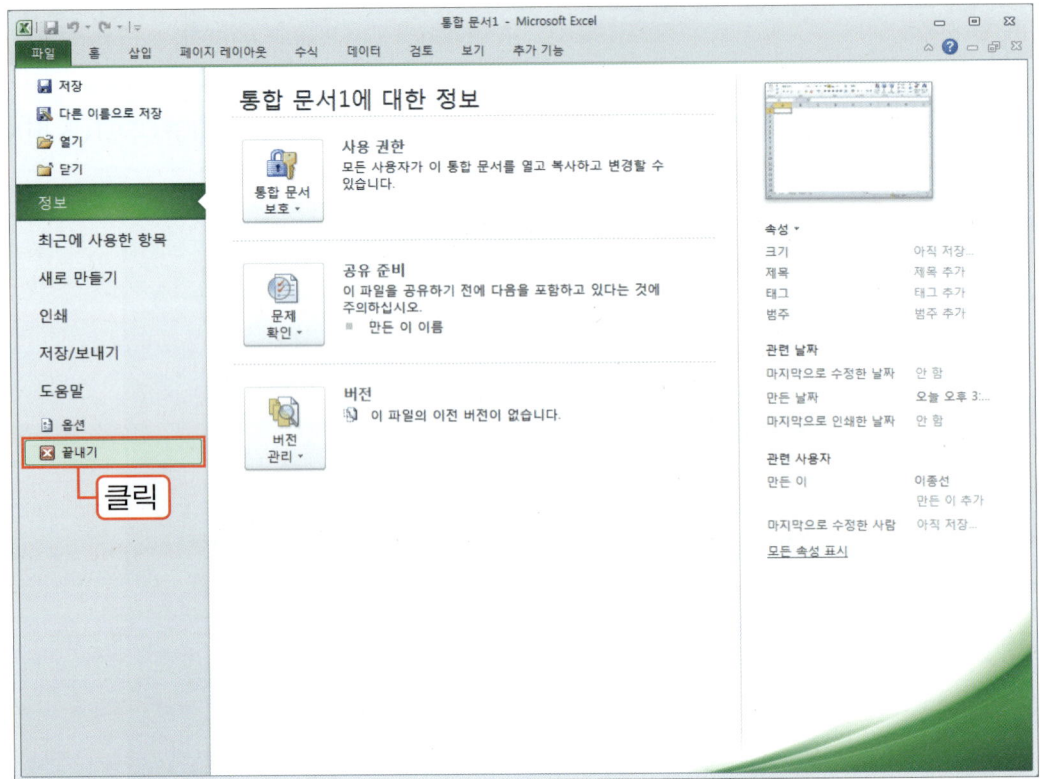

배움터 일반 옵션()

사용자 인터페이스 색을 변경하거나 화면 설정 스타일을 변경할 수 있으며 글꼴, 글자 크기, 시트 수 등 사용자가 원하는 엑셀 환경을 재설정할 수 있습니다.

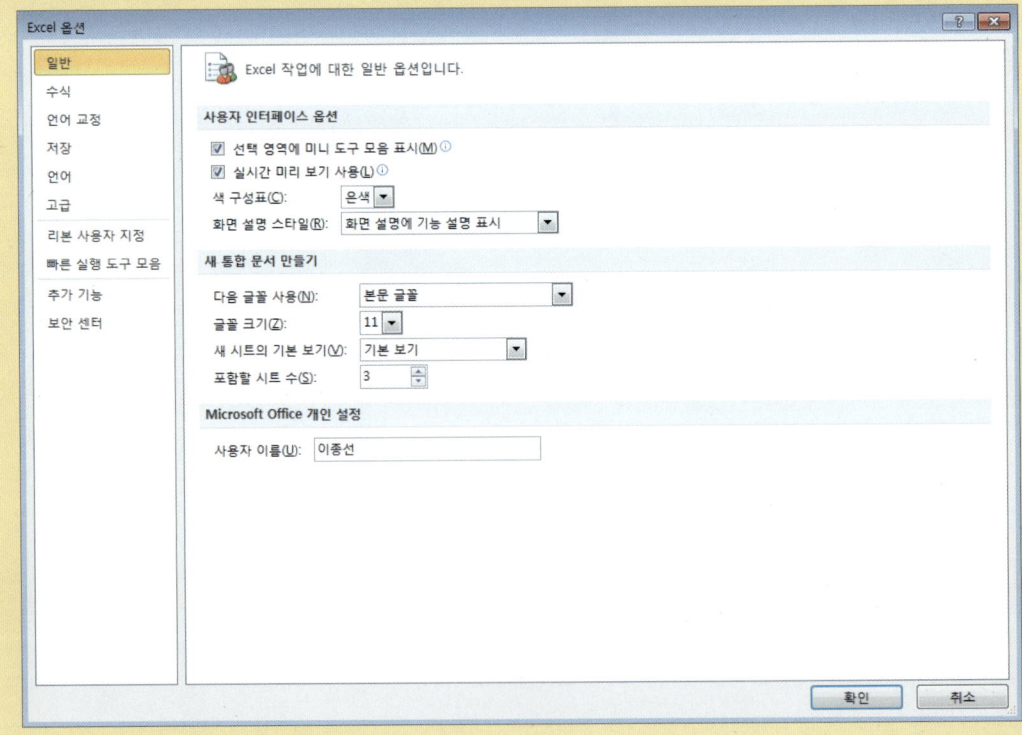

02 엑셀 2010 화면 구성

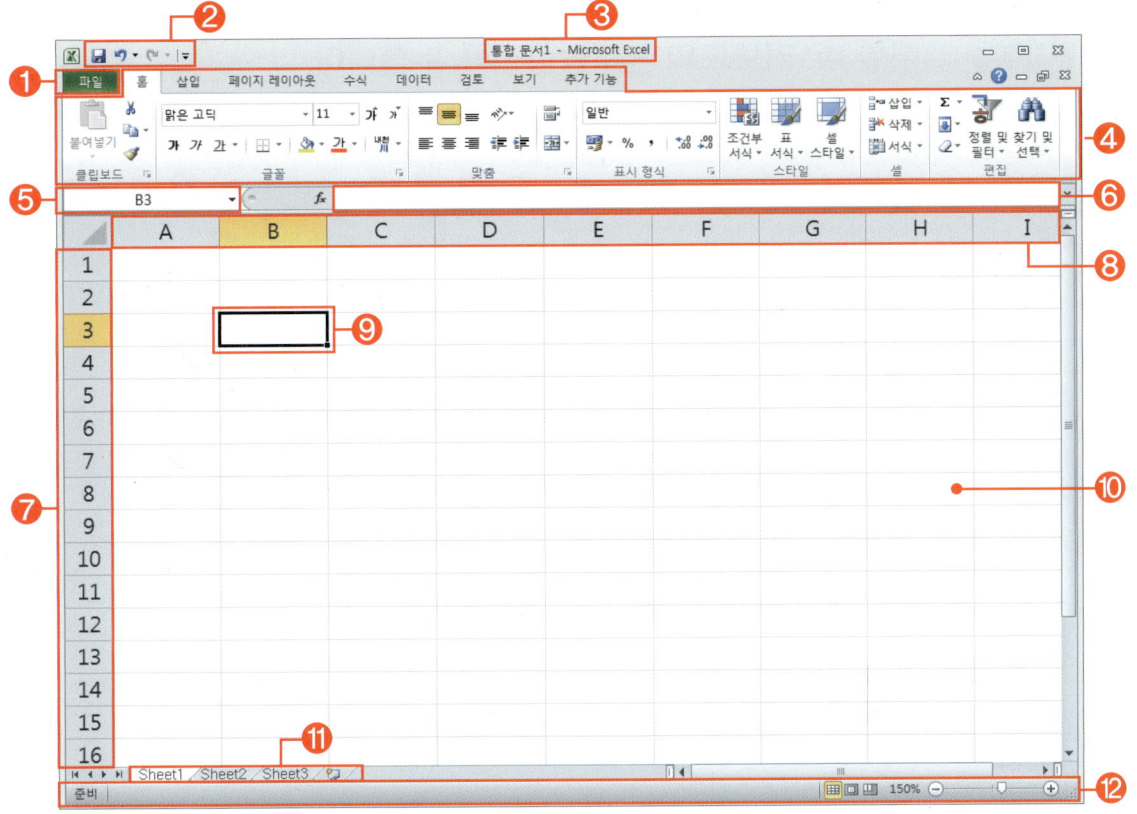

❶ [파일] 탭 : 엑셀 파일 열기, 저장, 인쇄, 옵션 등 파일을 관리합니다.
❷ 빠른 실행 도구 모음 : 자주 사용하는 도구를 빠르게 실행할 수 있게 아이콘을 모아놓은 곳입니다.
❸ 제목 표시줄 : 현재 작업 중인 문서의 제목을 표시합니다.
❹ 리본 메뉴 : 서로 관련 있는 메뉴들을 한 그룹으로 묶어 표시합니다.
❺ 이름 상자 : 작업 중인 셀의 주소나 이름이 나타납니다.
❻ 수식 입력줄 : 현재 셀에 입력한 내용을 표시하고, 데이터를 입력하거나 수정할 수 있습니다.
❼ 행 머리글 : 워크시트의 행을 구분하기 위한 번호로 1~1,048,576까지 숫자로 구성되어 있습니다.
❽ 열 머리글 : 워크시트의 열을 구분하기 위한 문자로 A~XFD까지 모두 16,384개의 열로 구성되어 있습니다.
❾ 셀 포인터 : 워크시트에서 작업의 중심이 되는 셀을 굵은 테두리로 나타냅니다.
❿ 워크시트 : 데이터의 입력과 편집, 서식 지정 등 문서를 작성하는 공간으로 셀들로 구성되어 있습니다.
⓫ 시트 탭 : 시트 이름이 표시되는 곳으로 시트를 추가하거나 이동 또는 삭제할 수 있습니다.
⓬ 상태 표시줄 : 엑셀 프로그램의 현재 상태가 표시되는 곳으로 보기 변경과 확대/축소 슬라이더를 끌어 화면의 수준을 변경할 수 있으며 데이터의 셀 범위를 지정하면 평균, 개수, 합계 등이 나타납니다.

데이터 입력하기

01 엑셀 2010을 실행한 후 **키보드의** → **방향키를 누릅니다.**

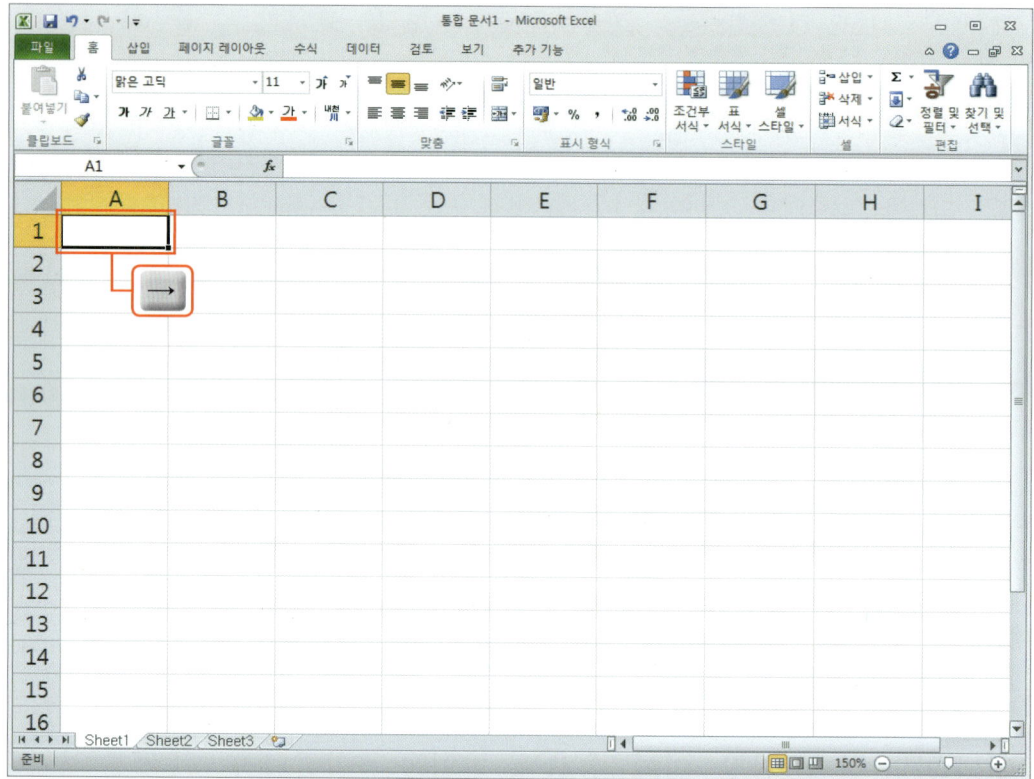

02 이동한 [B1] 셀에 **'여행상품'**을 입력한 후 키보드의 Enter 키를 두 번 누릅니다.

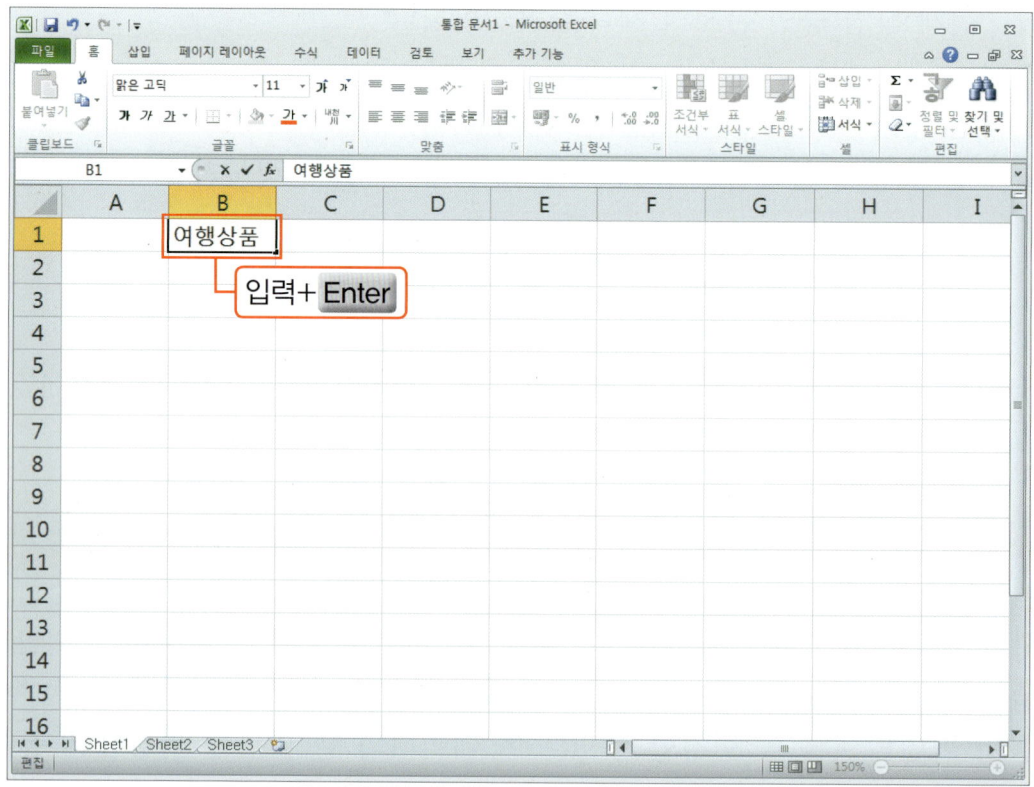

03 그림과 같이 [B3] 셀로 이동한 후 **'상품명'을 입력**합니다.

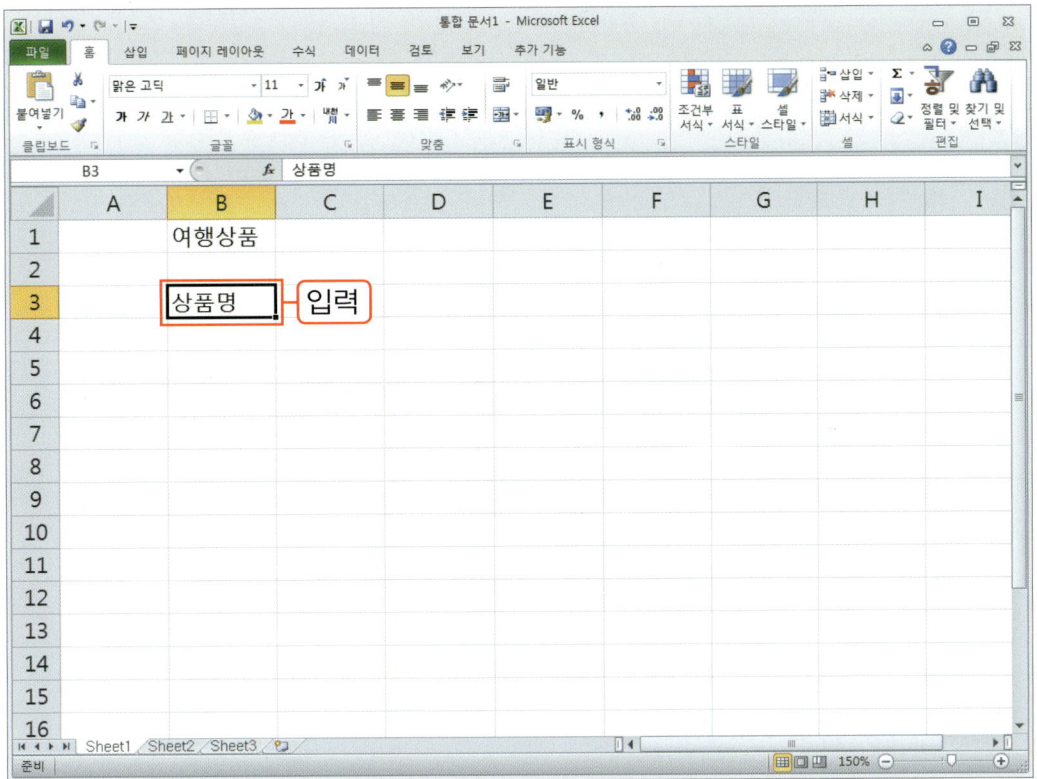

04 위와 같은 방법으로 셀을 이동하여 **데이터를 입력**합니다.

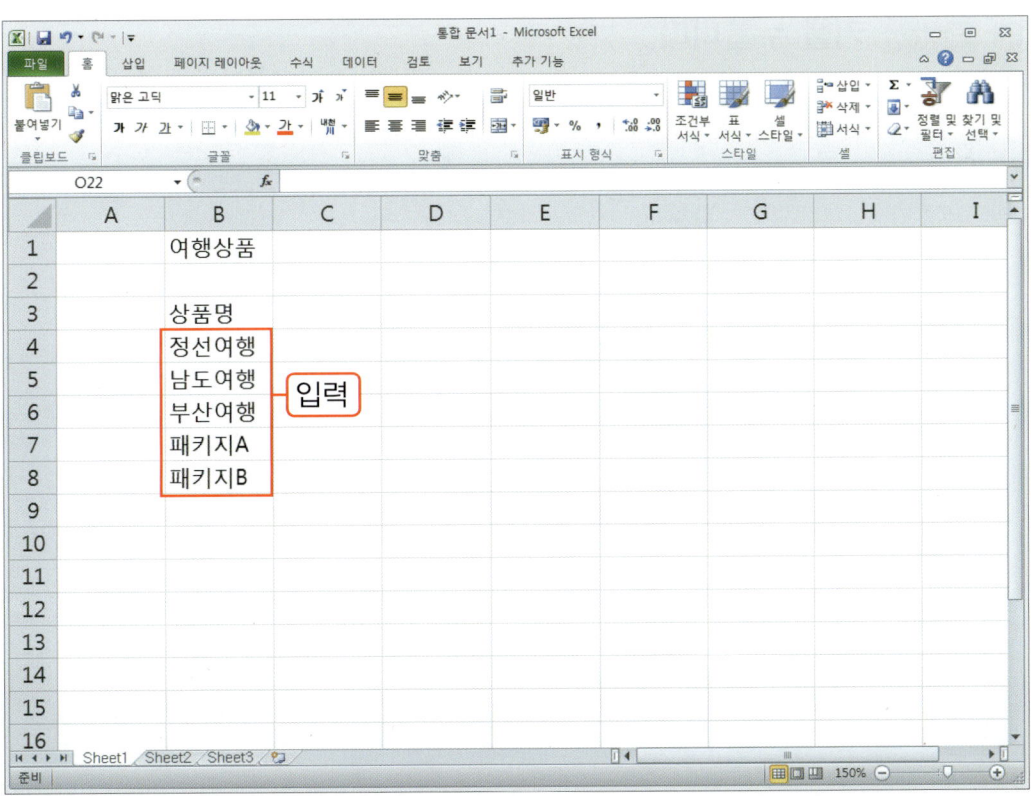

05 셀을 이동하여 그림과 같이 [C3] 셀부터 [D8] 셀까지 데이터를 입력합니다.

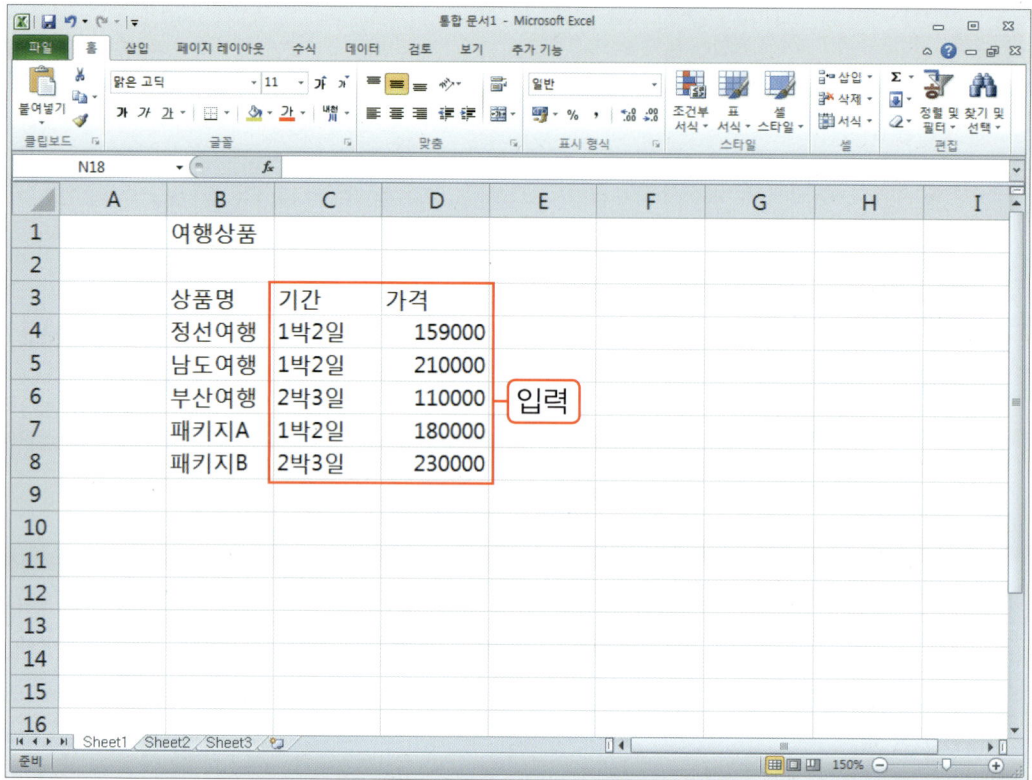

06 한 칸에 두 줄을 입력하기 위해 [E3] 셀로 이동한 후 '출발시간'을 입력하고 키보드의 Alt + Enter 키를 누릅니다.

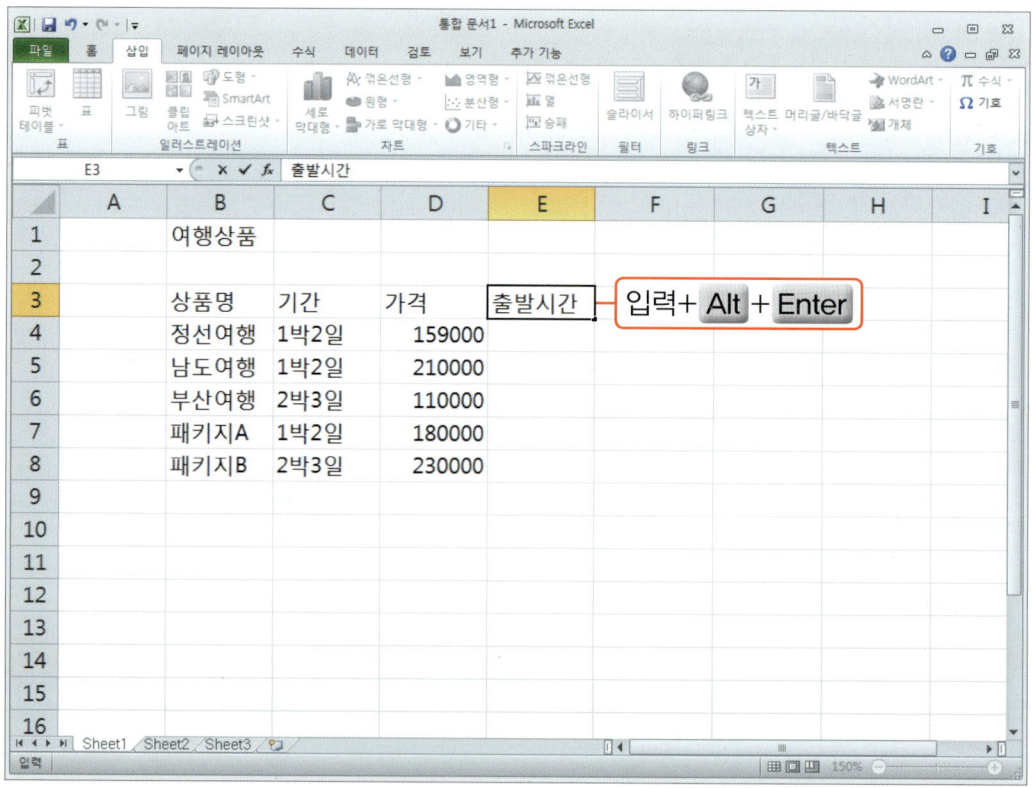

07 그림과 같이 입력 커서가 아래 줄로 내려가면 '(오전)'을 입력한 후 Enter 키를 누릅니다.

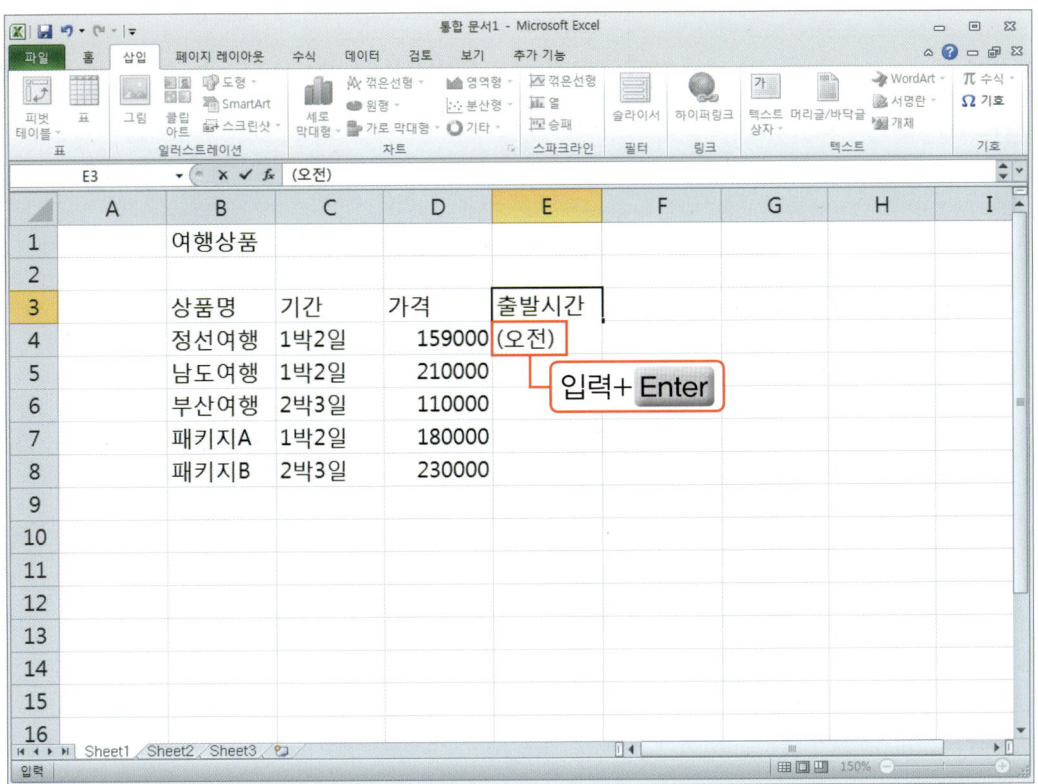

08 두 줄 입력이 끝나면 [E4:E8] 셀에 그림과 같이 시간 데이터를 입력합니다.

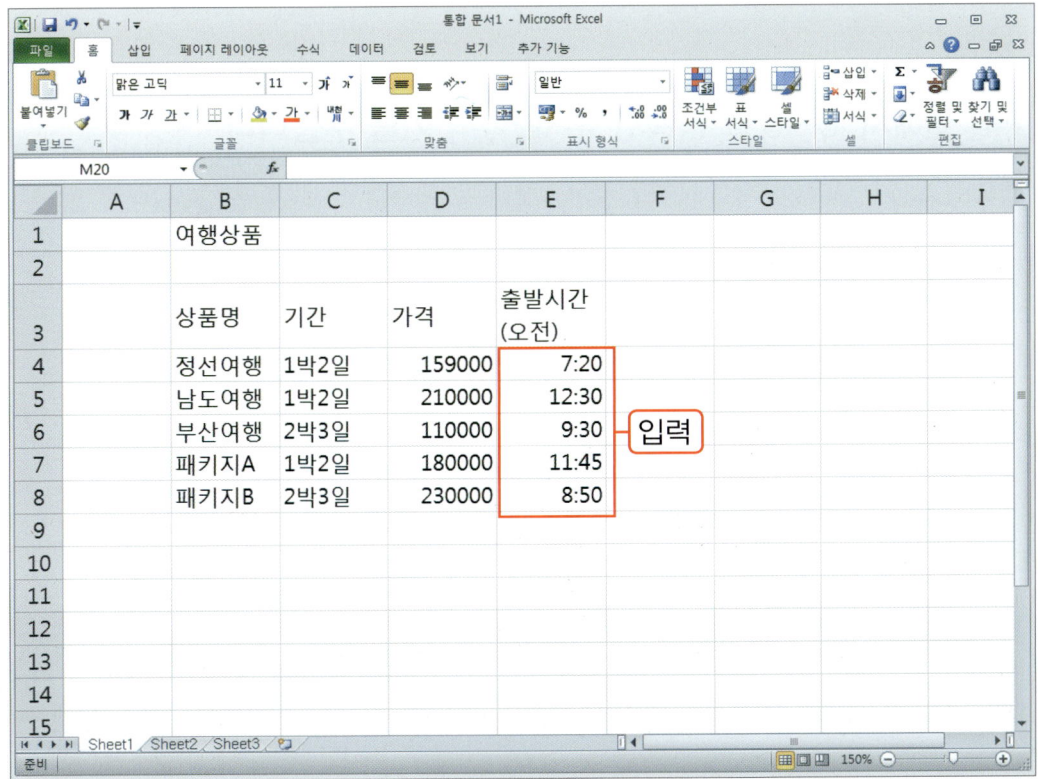

날짜 데이터 입력하기

01 날짜 데이터를 입력하기 위해 [F3] 셀에 '접수마감'을 입력한 후 키보드의 Enter 키를 누릅니다.

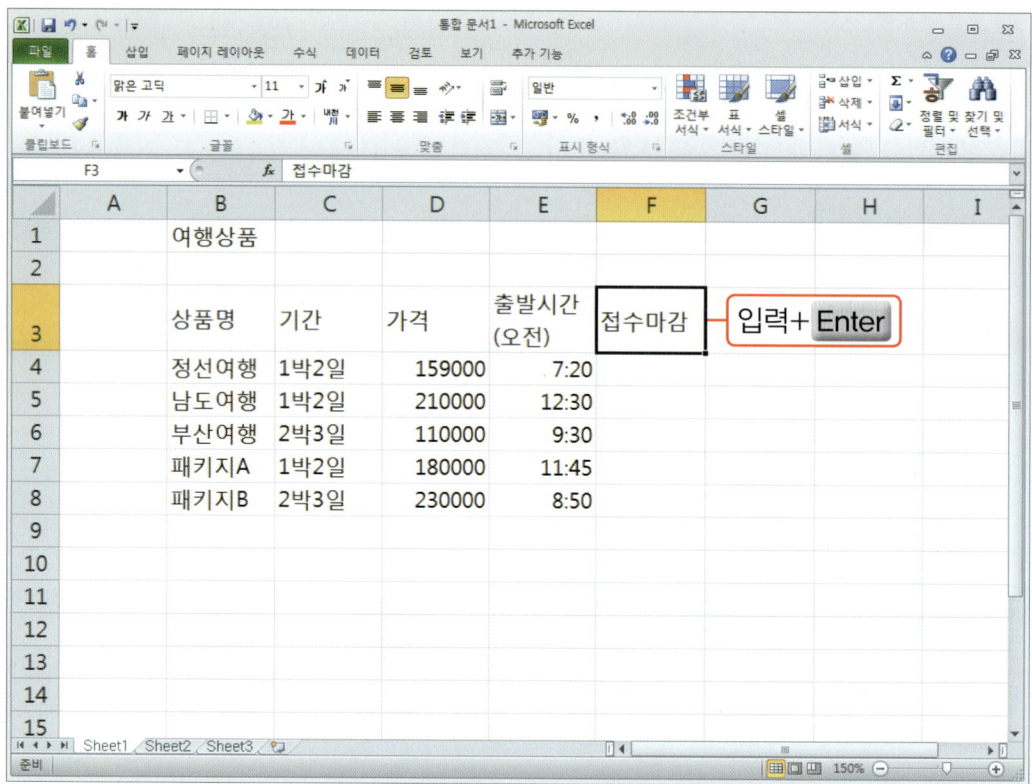

02 이동한 [F4] 셀에서 '6-18'을 입력한 후 Enter 키를 누릅니다.

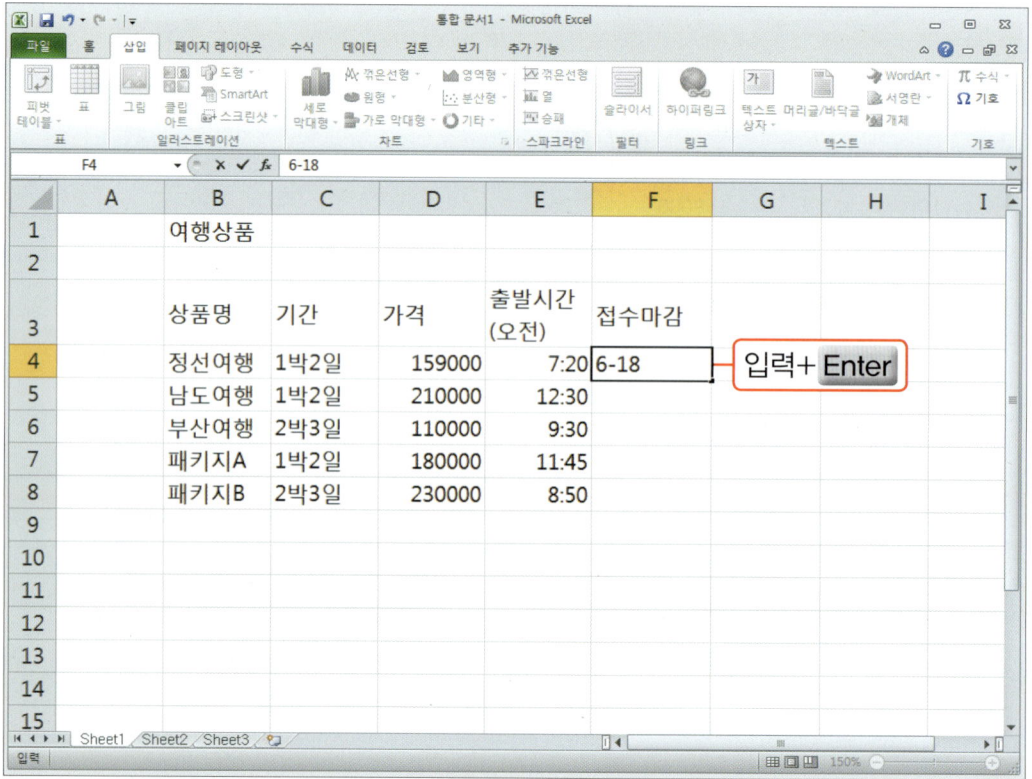

03 그림과 같이 [F4] 셀이 "06월 18일"로 입력된 것을 확인할 수 있습니다.

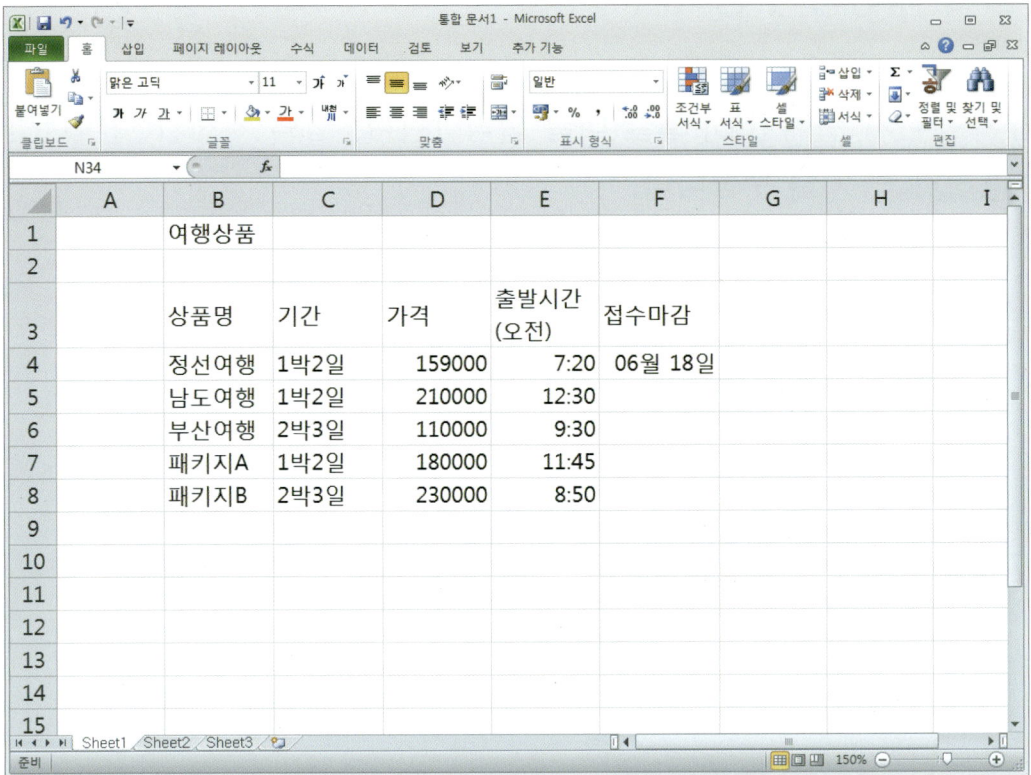

04 위와 같은 방법으로 그림과 같이 **날짜 데이터를 입력**합니다.

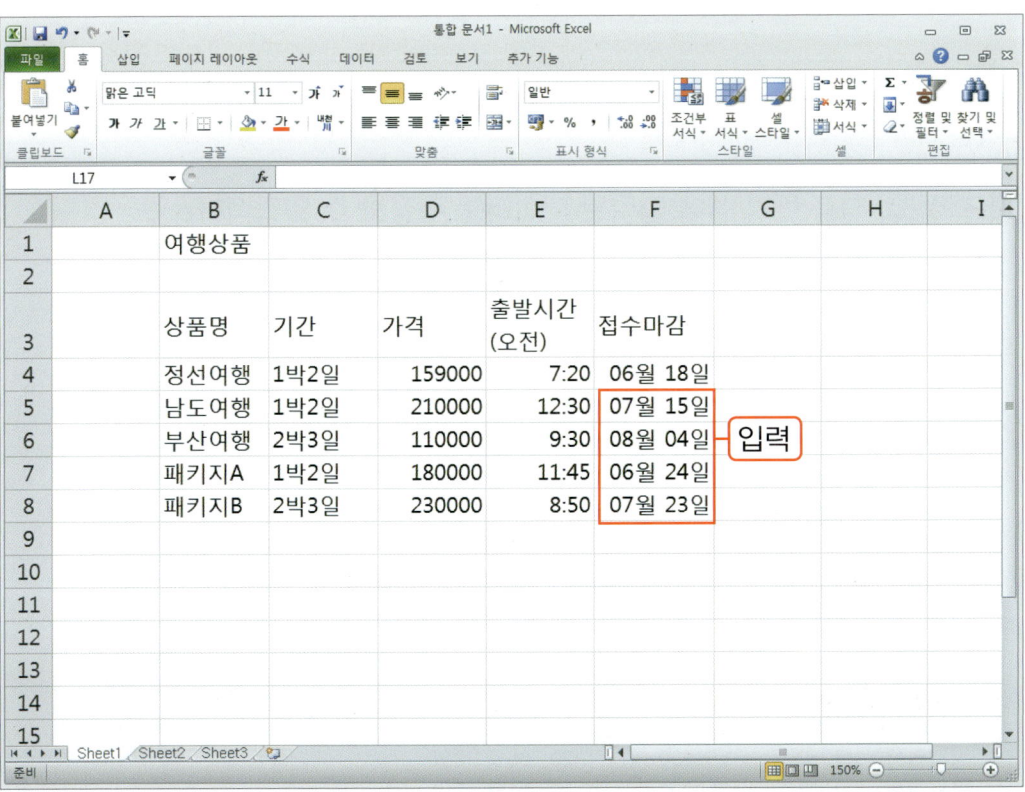

입력 데이터 수정하기

01 데이터를 수정하기 위해 [B8] 셀을 더블 클릭합니다. 입력 커서가 나타나면 **키보드의** Backspace **키를 누릅니다.**

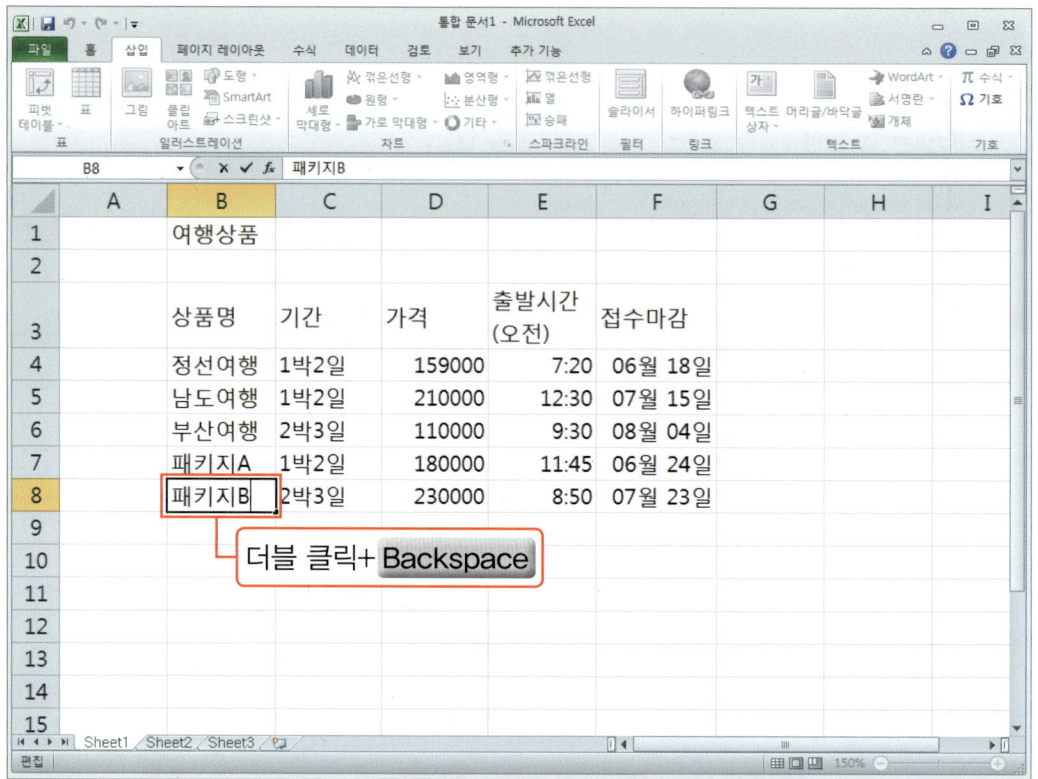

> **배움터** 키보드의 F2 키를 눌러 셀에 입력된 데이터를 수정할 수 있습니다.

02 'B'가 지워지면 **'C'를 입력**하여 데이터를 수정합니다.

03 데이터를 삭제하기 위해 **[C6] 셀로 이동**한 후 **키보드의 Delete 키를 누릅니다.**

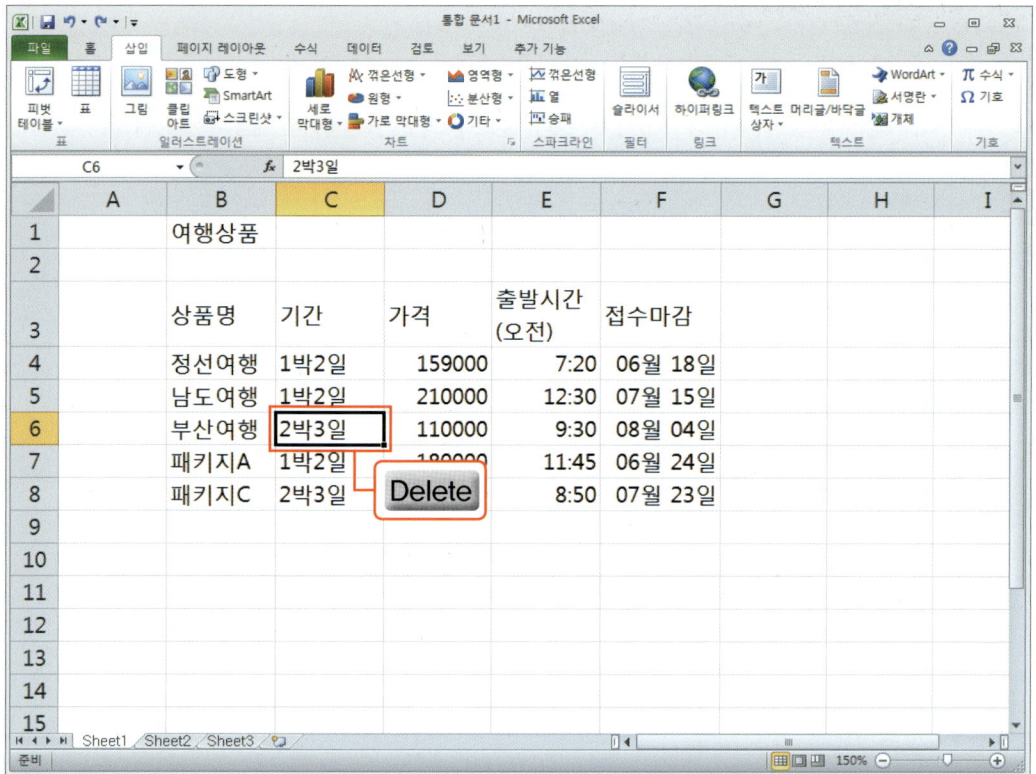

04 셀에 입력된 데이터가 삭제되면 **'3박4일'로 입력**하여 데이터를 수정합니다.

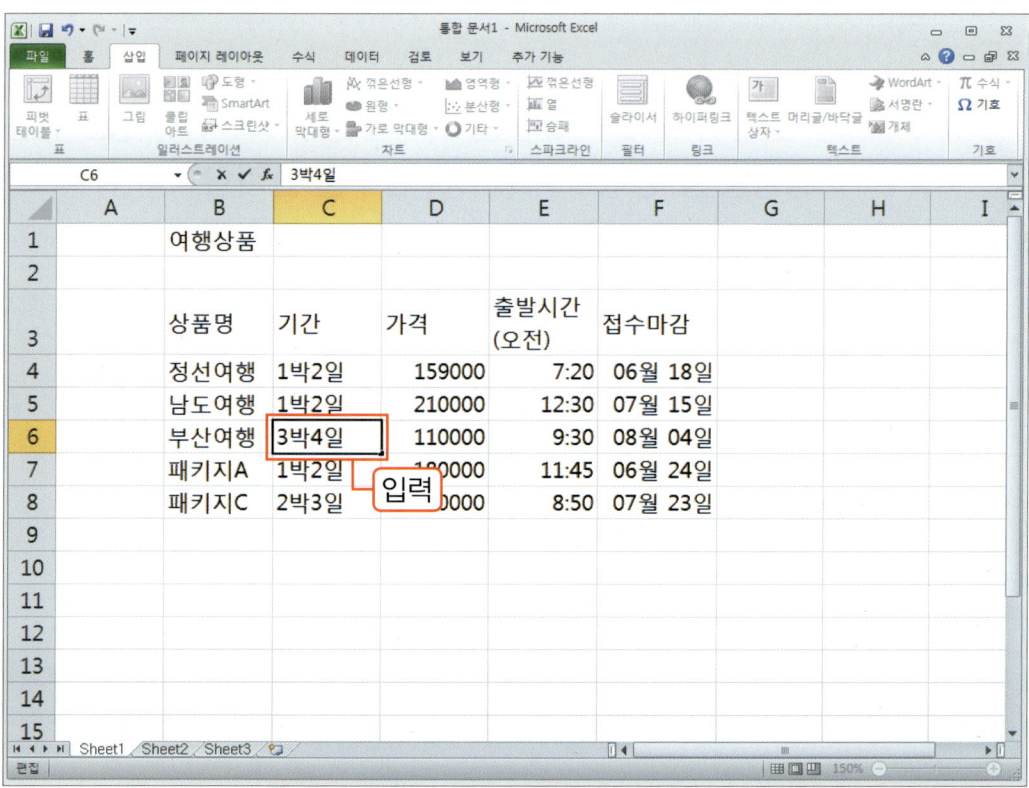

통합 문서 저장하기

01 완성된 워크시트를 저장하기 위해 **[파일] 탭-[저장]**(💾)을 클릭합니다.

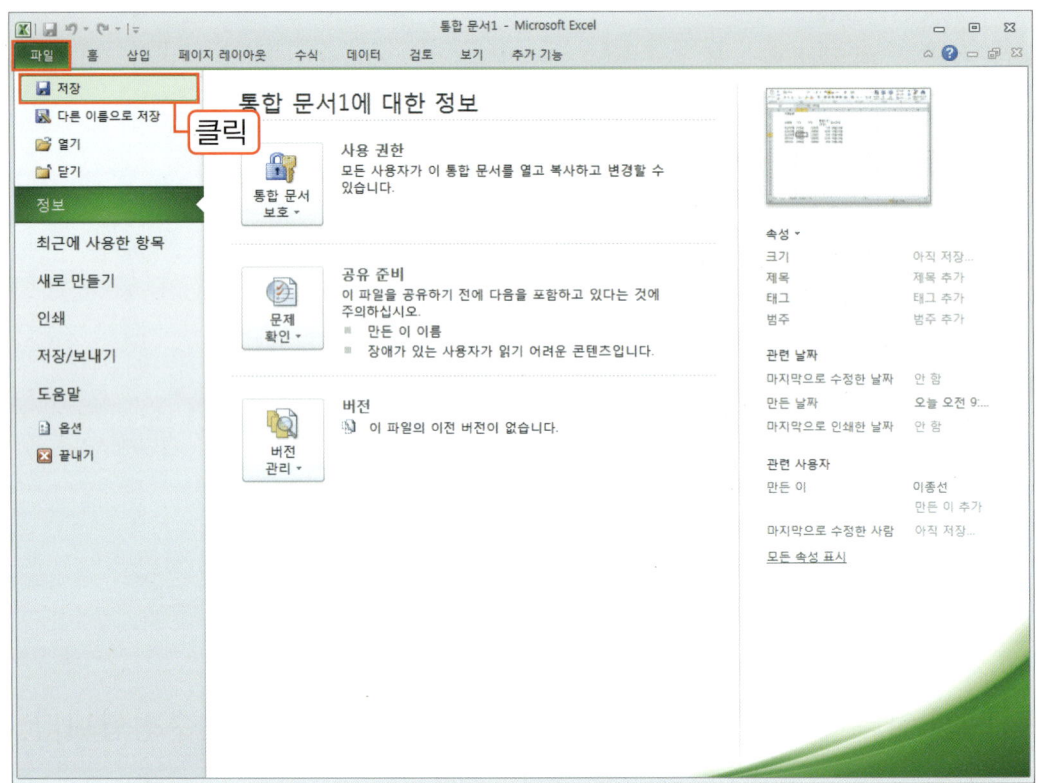

02 [다른 이름으로 저장] 창이 나타나면 저장할 위치를 [라이브러리]-[문서]를 선택한 후 파일 이름은 **'여행상품'을 입력**하고 **[저장] 단추를 클릭**합니다.

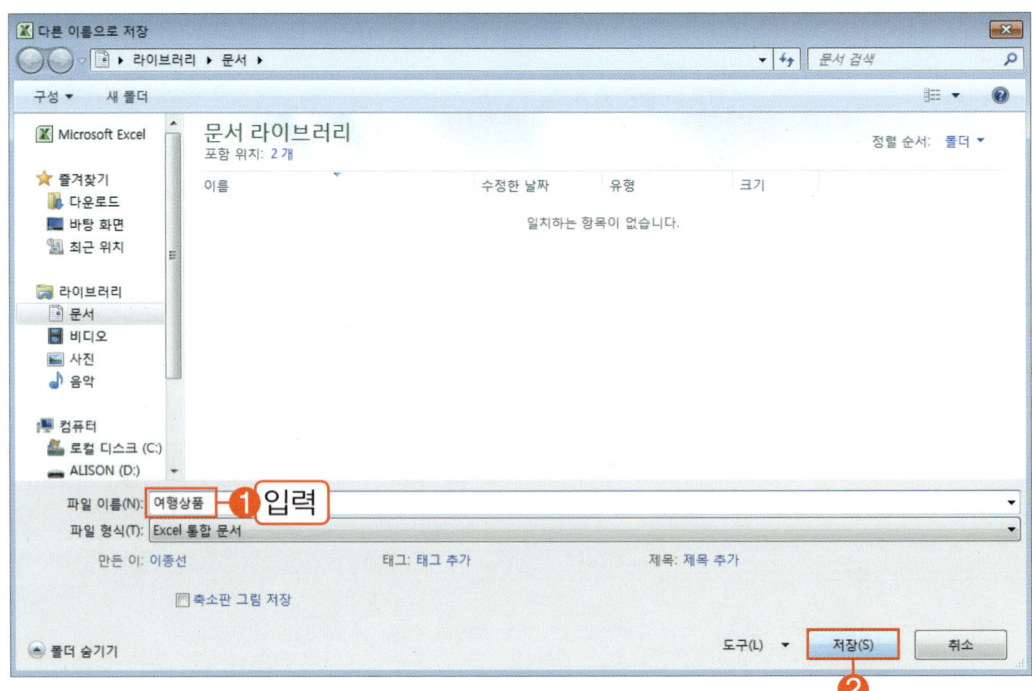

03 저장이 완료되면 제목 표시줄에 파일 이름 "여행상품"이 표시됩니다.

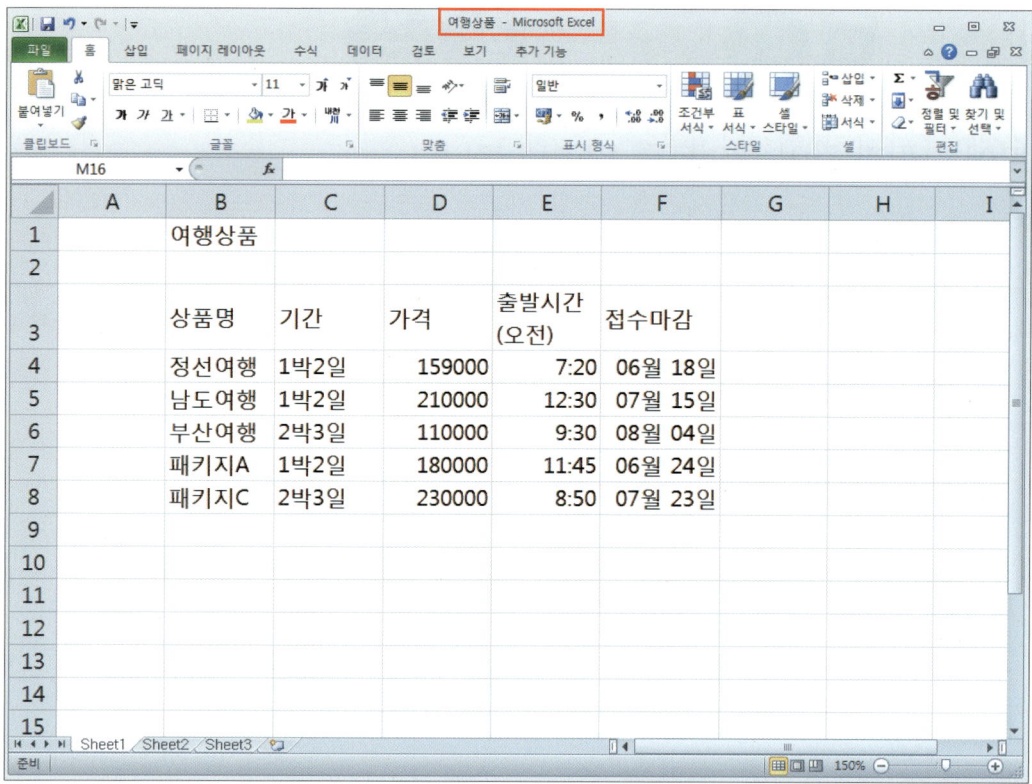

04 저장이 끝나면 워크시트를 닫기 위해 [파일] 탭-[닫기](📁)를 클릭합니다.

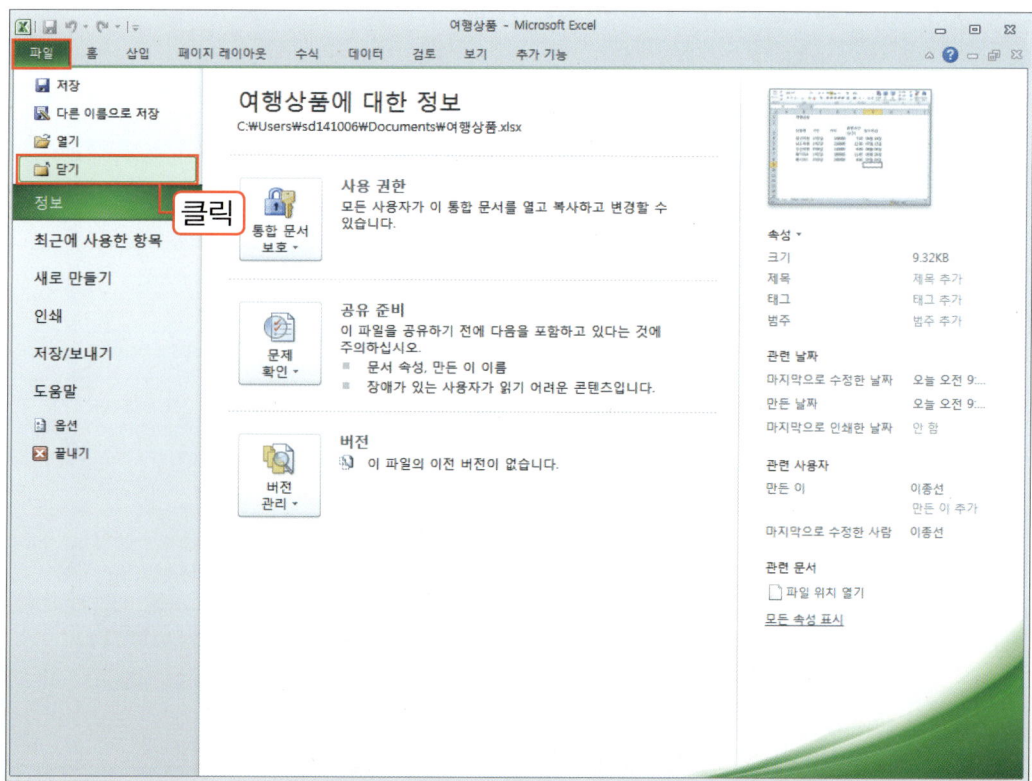

> **배움터** 닫기(📁) 메뉴는 끝내기(❌) 메뉴와 달리 현재 작업 중인 워크시트만 닫힙니다.

1 워크시트에 그림과 같이 데이터를 입력해 봅니다.

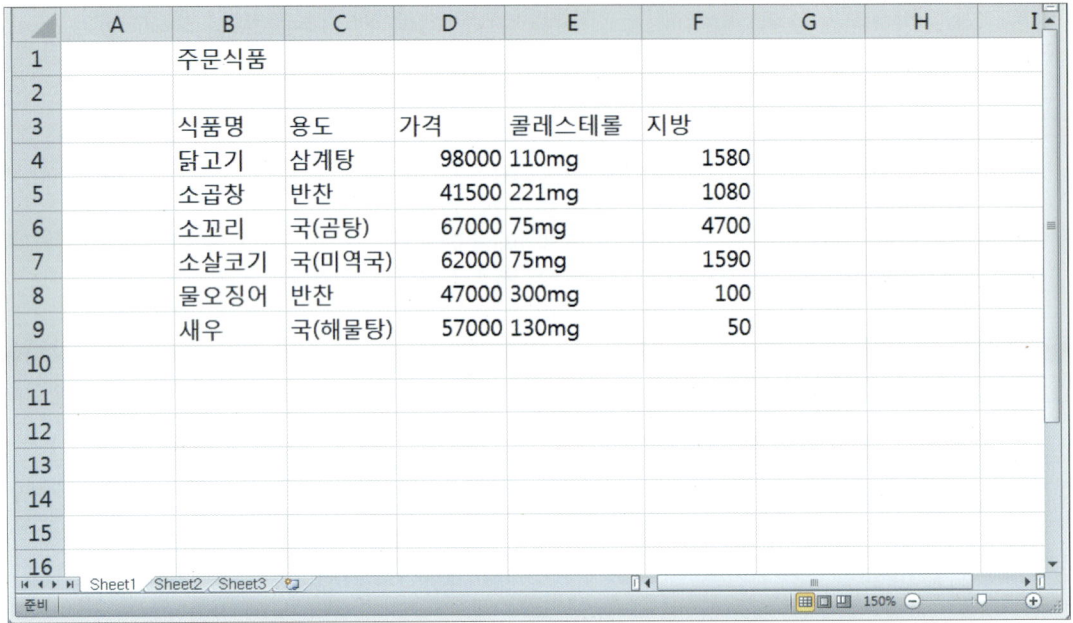

2 입력한 데이터를 그림과 같이 수정해 봅니다.

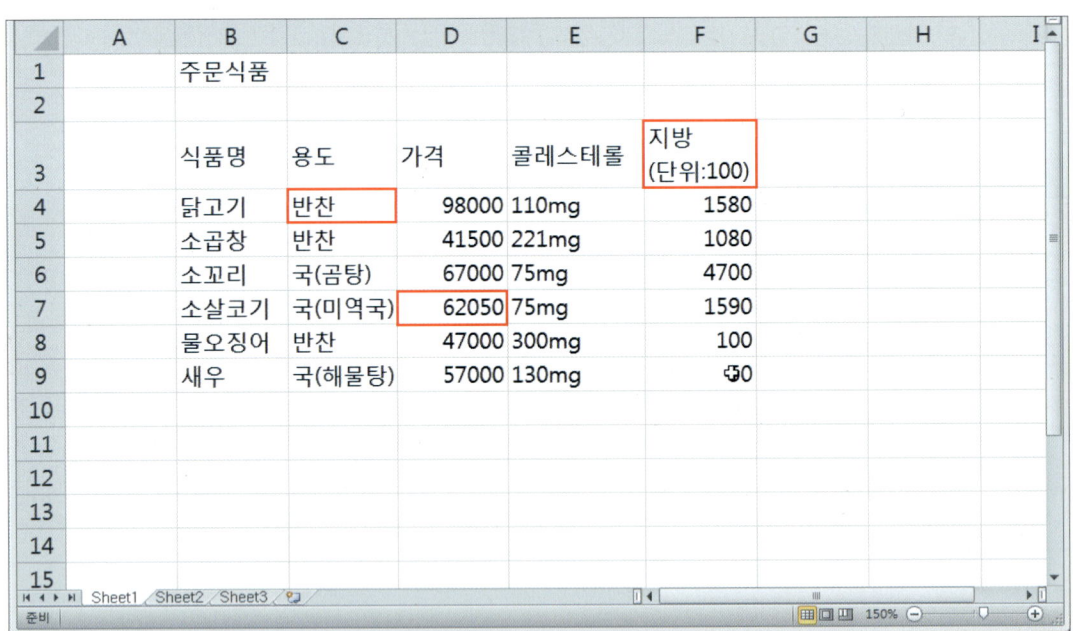

도움터 한 셀에 두 줄을 입력할 때는 Alt + Enter 키를 누릅니다.

3 워크시트에 그림과 같이 데이터를 입력해 봅니다.

	A	B	C	D	E	F
1		소셜커머스 쿠폰				
2						
3		판매상품	분류	정가	쿠폰개수	판매기간
4		햄버거	음식	20000	870	07월 10일
5		한정식	음식	45000	489	08월 05일
6		난타	공연	16000	630	06월 26일
7		커피	음식	10000	970	08월 14일
8		피자	음식	35000	340	07월 18일
9		스파 2인	여행	48000	543	06월 03일

4 입력한 데이터를 그림과 같이 수정해 봅니다.

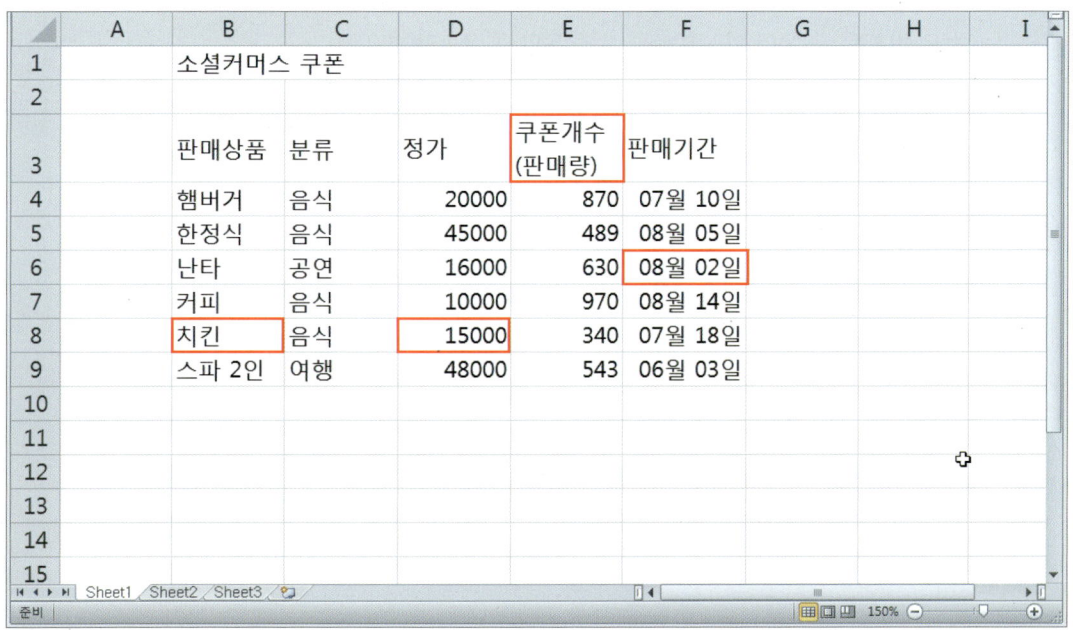

도움터 셀에 날짜를 입력할 때는 '−'(하이픈) 또는 '/'(슬래시)를 이용합니다.

02 워크시트에 데이터 입력하기

데이터 자동 채우기 기능을 이용해 연속적인 데이터를 입력하는 방법과 엑셀에서 사용하는 고급 옵션 중 하나인 사용자 지정 목록을 만들어 셀에 적용하는 방법에 대해 알아보도록 하겠습니다.

예제파일 : 소독일정.xlsx

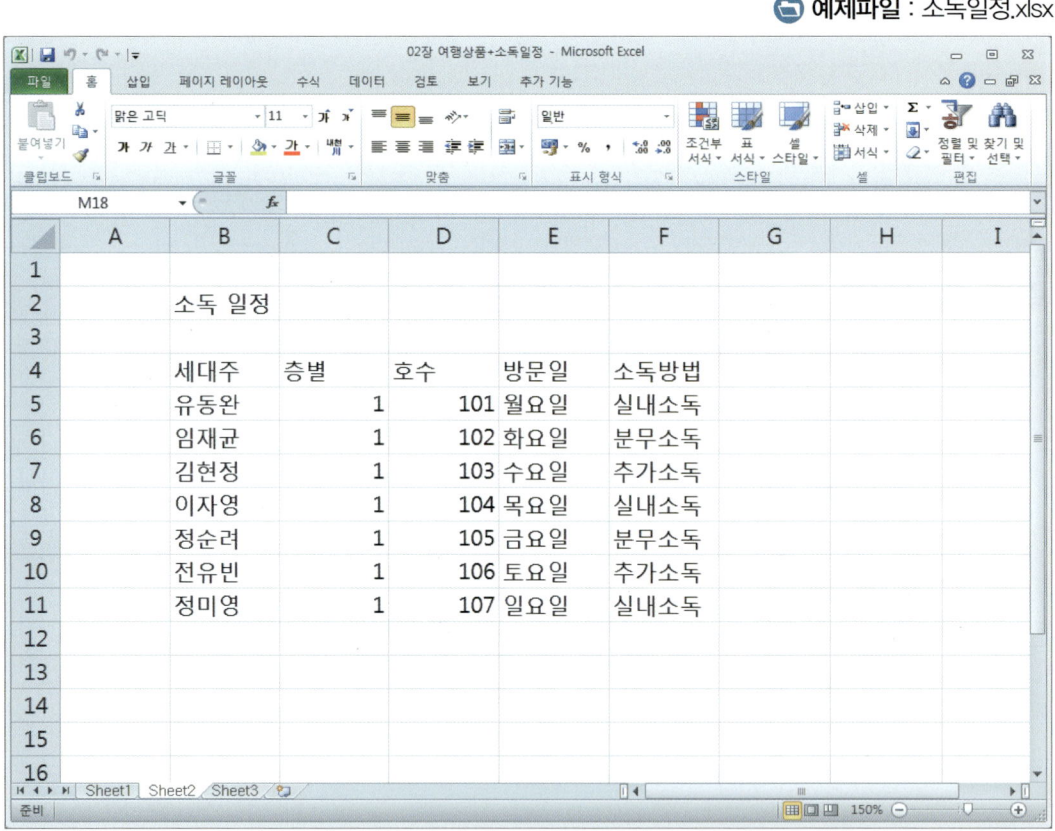

 무엇을 배울까요?

- ···▶ 저장된 파일 열기
- ···▶ 한글/한자 변환하기
- ···▶ 사용자 지정 목록 만들기
- ···▶ 기호 입력하기
- ···▶ 데이터 자동 채우기

저장된 파일 열기

01 저장된 파일을 열기 위해 **[파일] 탭-[열기]**( )를 **클릭**합니다.

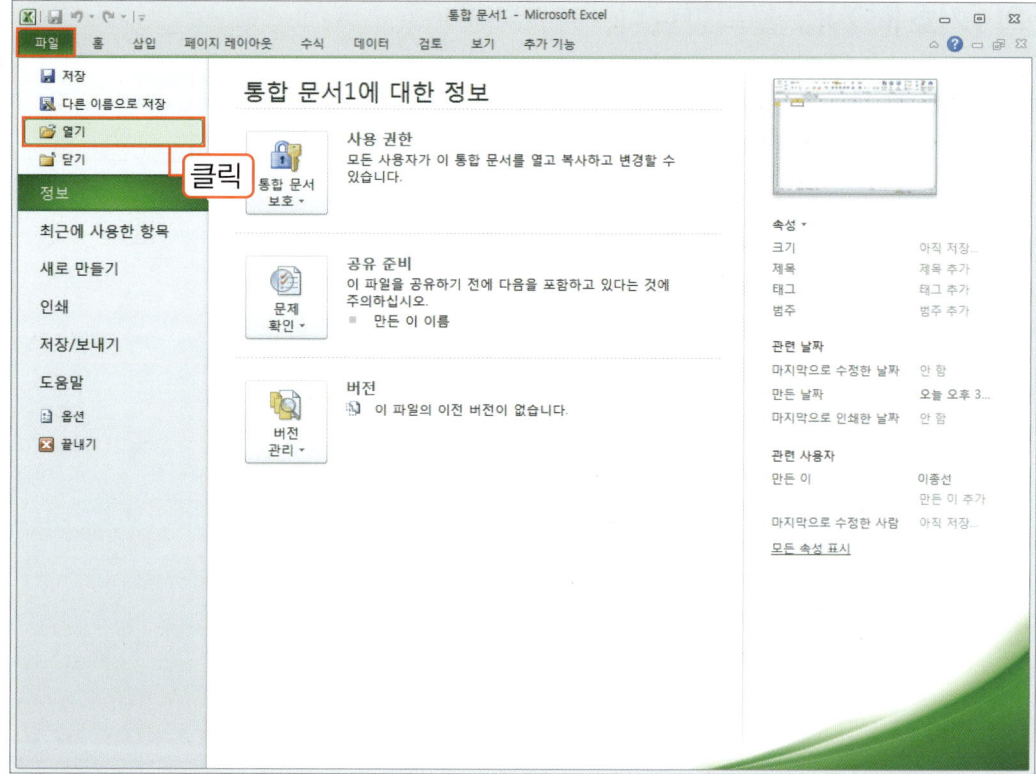

02 **[열기]** 창이 나타나면 파일이 저장된 위치를 선택합니다. 워크시트에 불러올 **[여행상품]** 파일을 **선택**한 후 **[열기]** 단추를 **클릭**합니다.

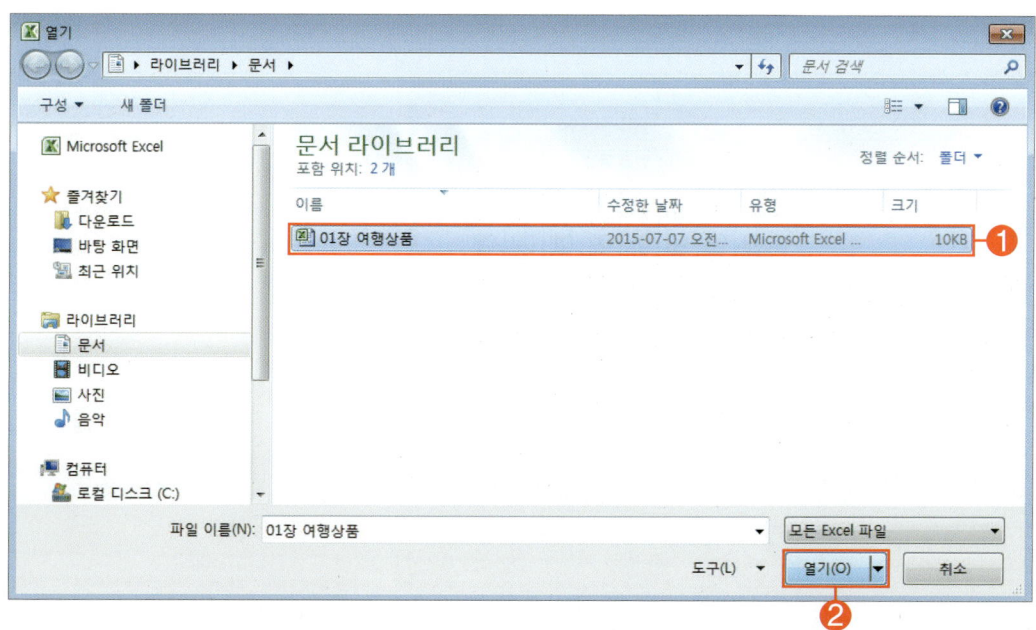

기호 입력하기

01 기호를 입력하기 위해 **[B1] 셀을 더블 클릭**하여 수정 상태가 되면, **[삽입] 탭-[기호] 그룹**의 **[기호](Ω)를 클릭**합니다.

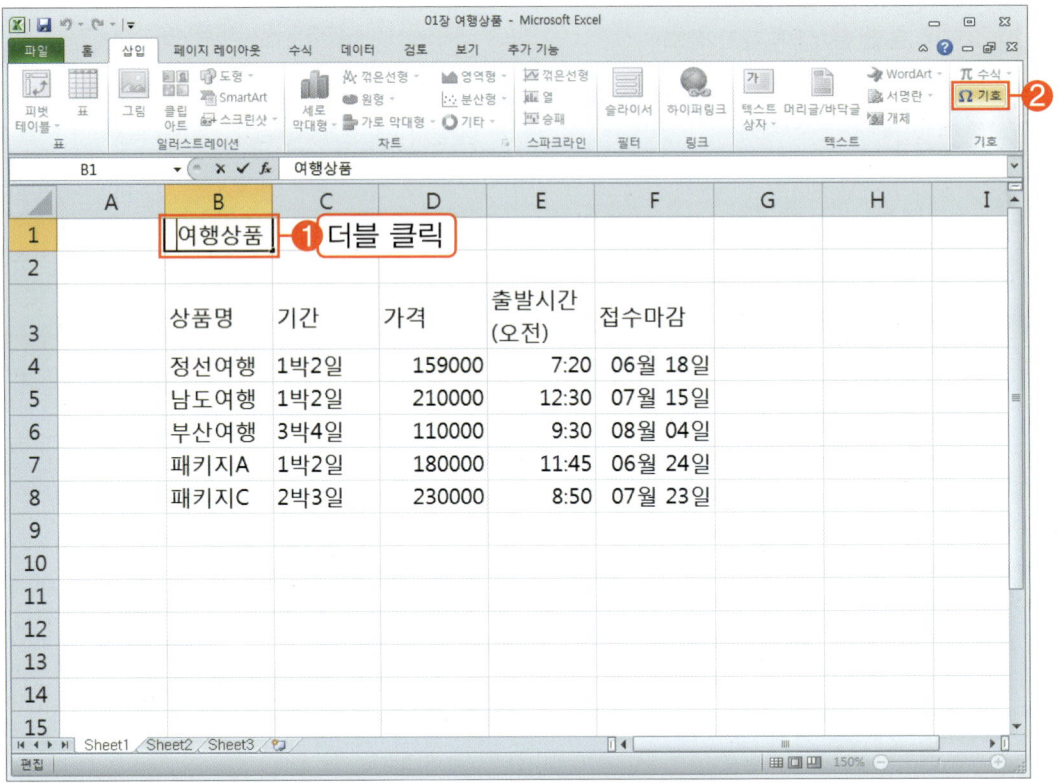

02 [기호] 대화상자가 나타나면 글꼴의 **펼침 메뉴(▼)를 클릭**한 후 [Wingdings]를 **선택**합니다.

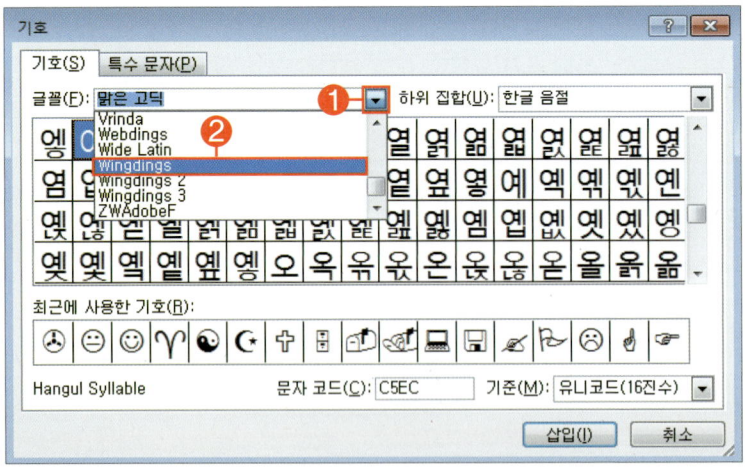

> **배움터** 자주 사용하는 기호는 '최근에 사용한 기호'에 표시되어 손쉽게 사용할 수 있습니다.

03 삽입할 **기호를 선택**하고 **[삽입] 단추를 클릭**한 후 **[닫기] 단추를 클릭**합니다.

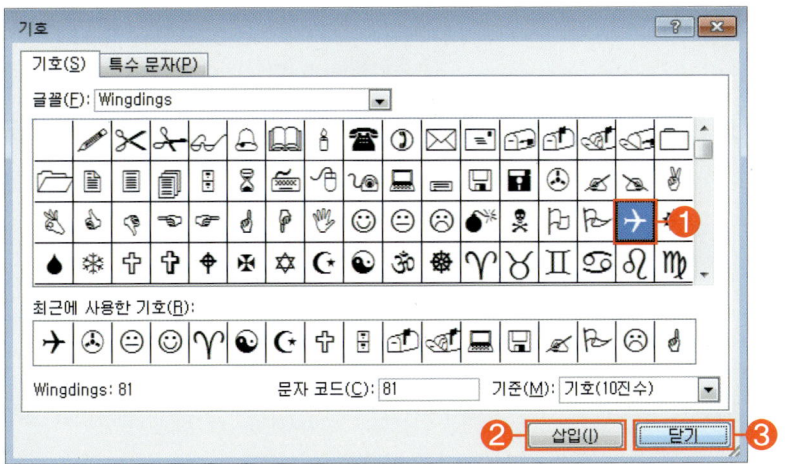

> **배움터** [기호] 대화상자에서 [삽입] 단추를 누르면 [취소] 단추가 [닫기] 단추로 바뀝니다.

04 제목 슬라이드에 선택한 기호가 삽입되면, 위와 같은 방법으로 **제목의 뒷부분도 기호를 삽입**하여 완성해 봅니다.

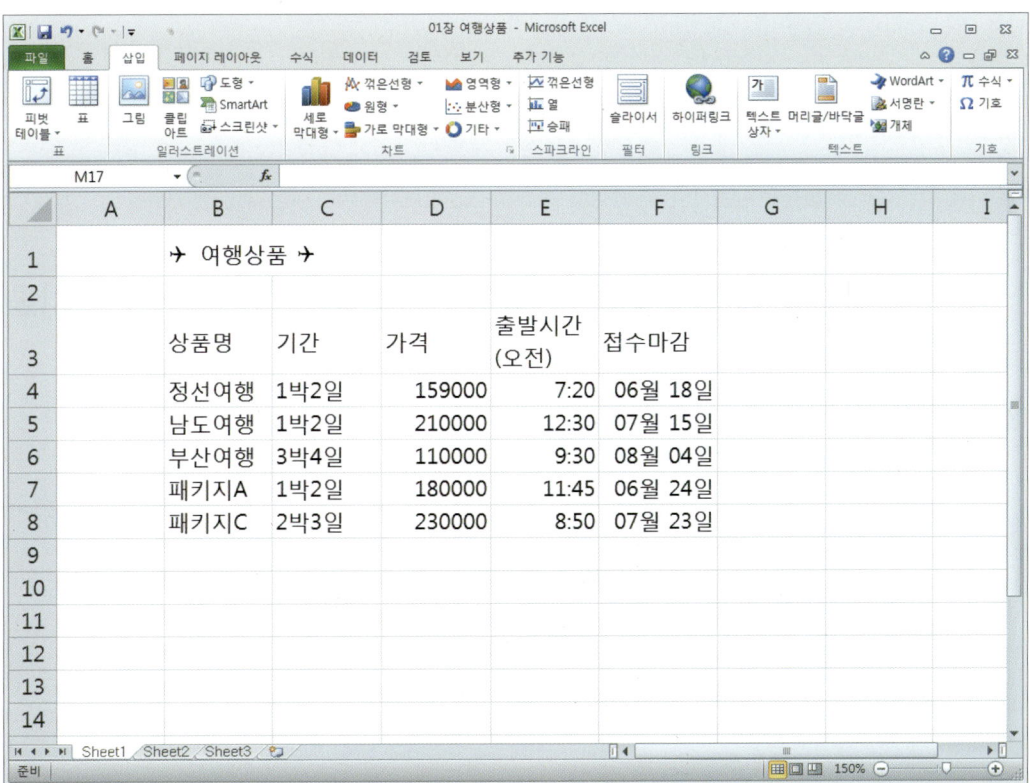

한글/한자 변환하기

01 한자로 변환하기 위해 **[B3] 셀을 더블 클릭**하여 수정 상태가 되면, **키보드의 한자** 키를 누릅니다.

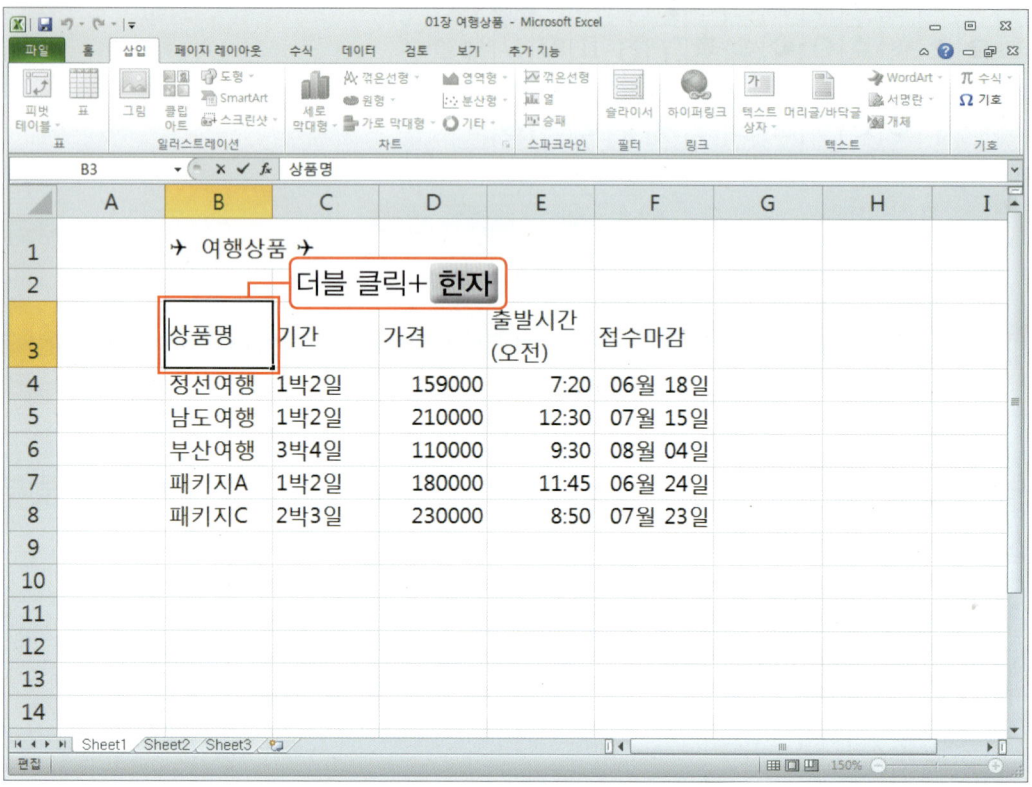

02 [한글/한자 변환] 창에서 **바꿀 한자를 선택**합니다. 입력 형태에서 **[漢字]**를 선택하고 **[변환]** 단추를 클릭합니다.

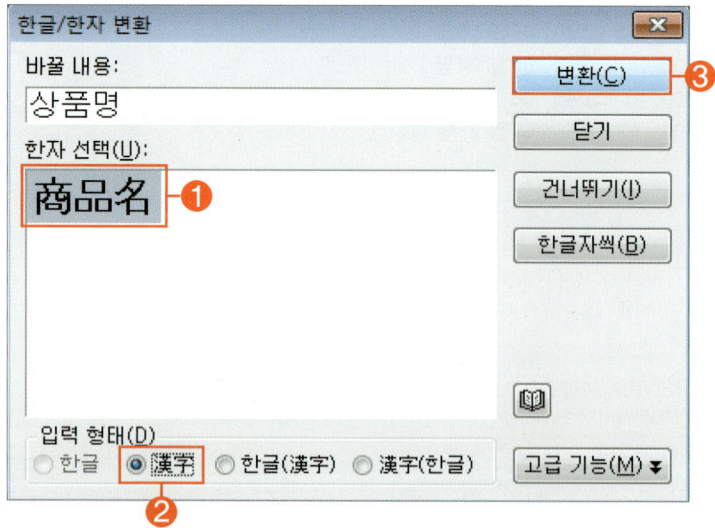

배움터 입력 형태에 따라 [한글], [漢字], [한글(漢字)], [漢字(한글)]로 나타낼 수 있습니다.

03 그림과 같이 "상품명"이 "商品名"으로 변환된 것을 확인할 수 있습니다.

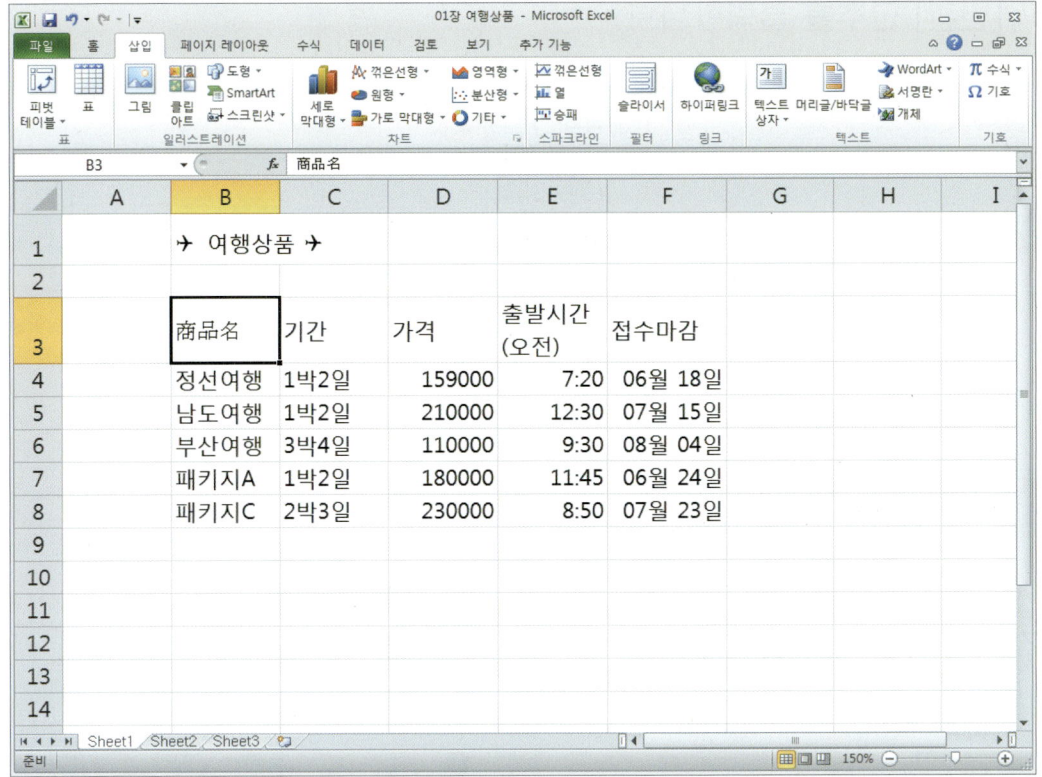

04 [D3] 셀을 더블 클릭하여 수정 상태가 되면, 키보드의 한자 키를 누릅니다.

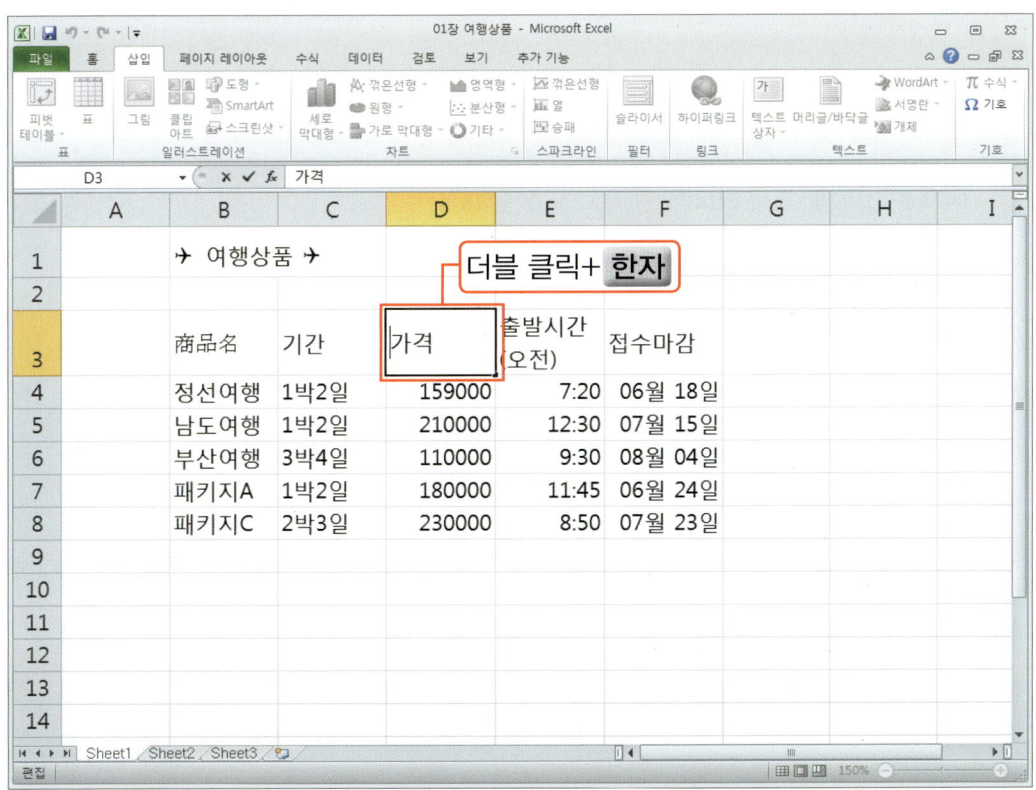

05 [한글/한자 변환] 창에서 **바꿀 한자를 선택**합니다. 입력 형태에서 [**한글(漢字)**]를 **선택**하고 [**변환**] 단추를 **클릭**합니다.

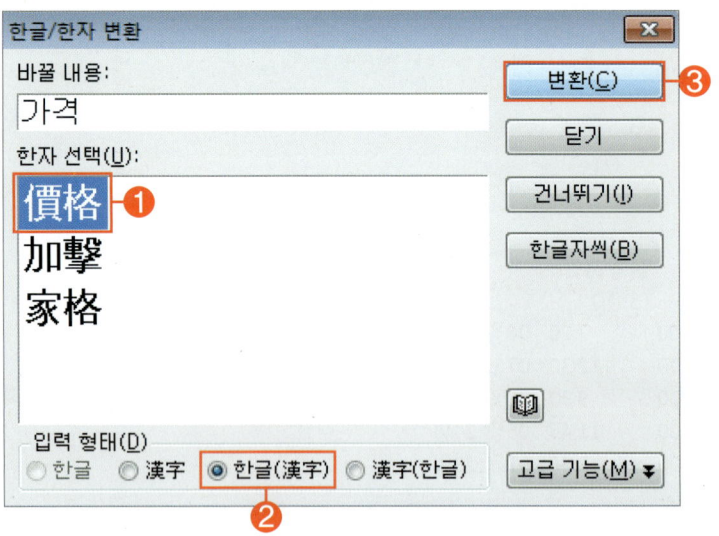

06 그림과 같이 "가격"이 "가격(價格)"으로 변환된 것을 확인할 수 있습니다.

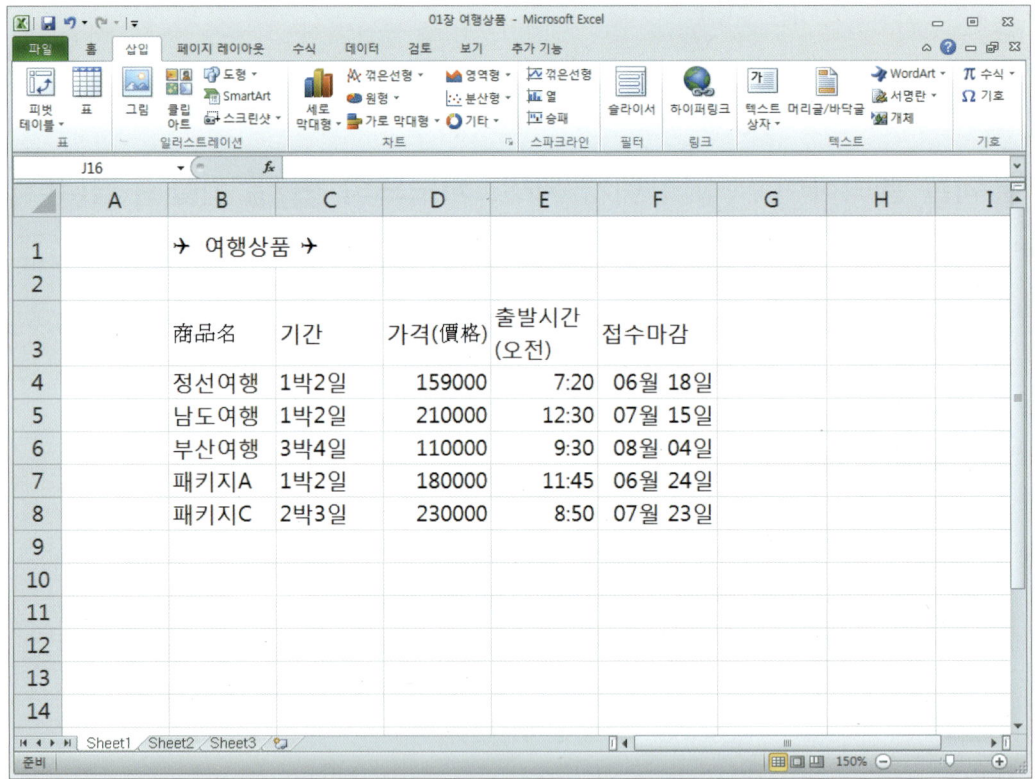

데이터 자동 채우기

01 새로운 워크시트를 사용하기 위해 시트 탭의 **[Sheet2] 탭을 클릭**합니다.

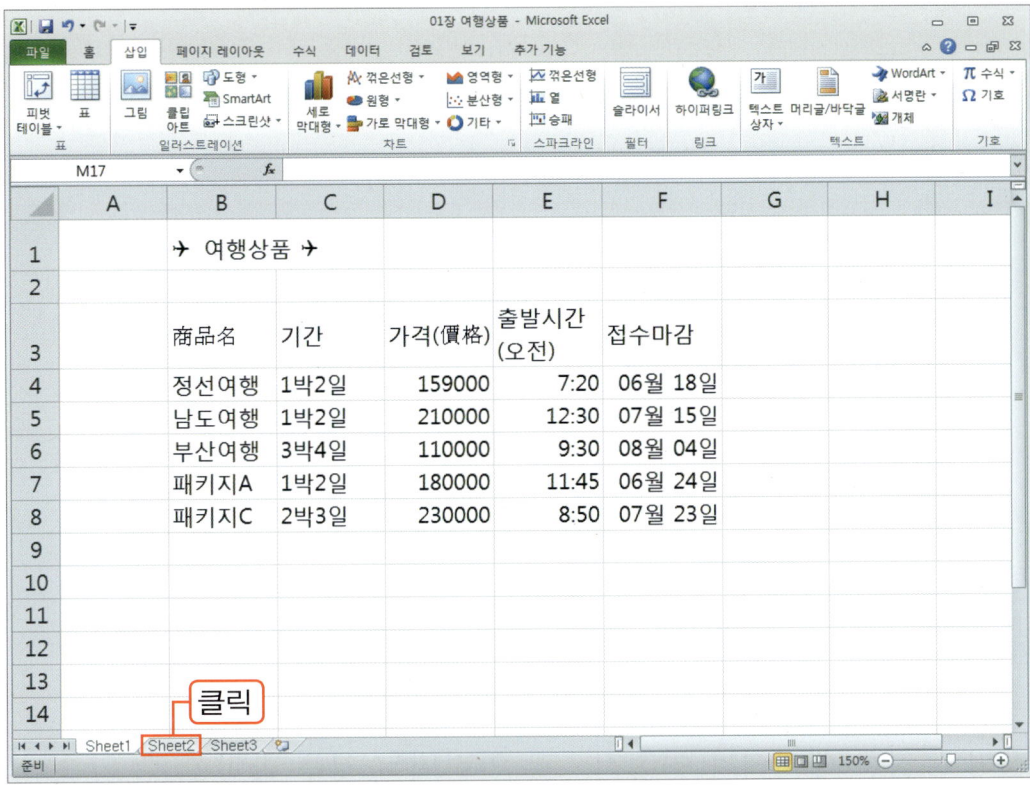

02 새로운 워크시트에 그림과 같이 **데이터를 입력**합니다.

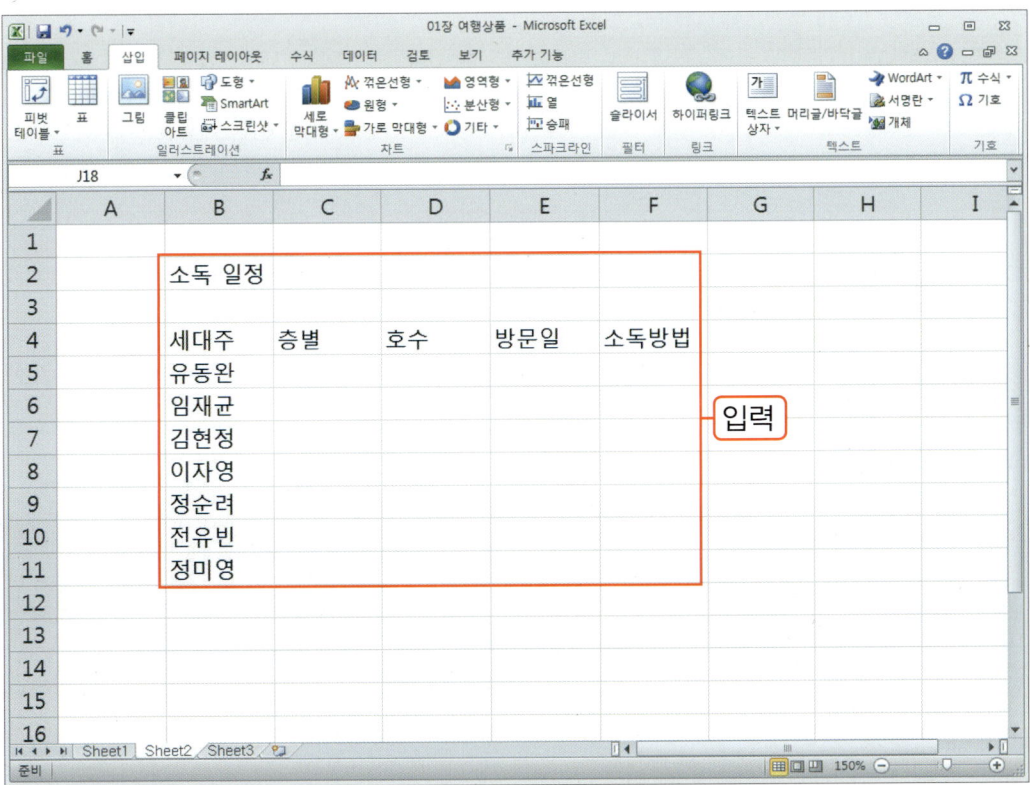

03 데이터를 채우기 위해 [C5] 셀에 '1'을 입력한 후 **채우기 핸들(╋)**을 아래로 드래그합니다.

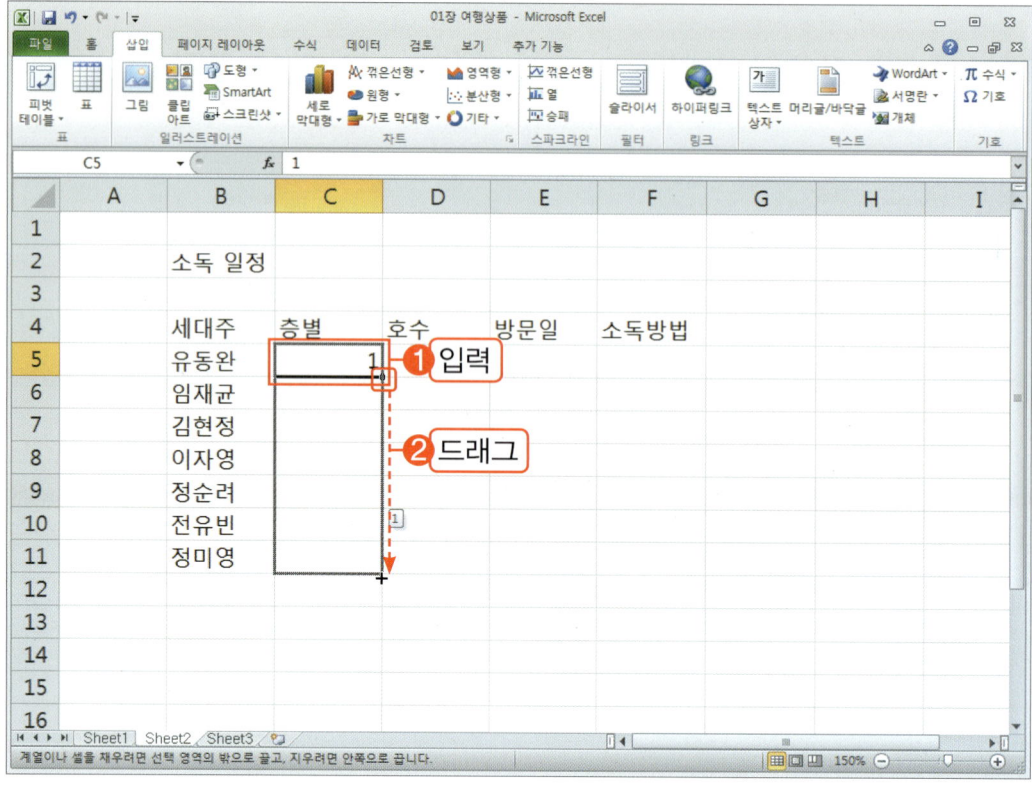

04 그림과 같이 동일한 데이터가 연속적으로 입력되는 것을 확인할 수 있습니다.

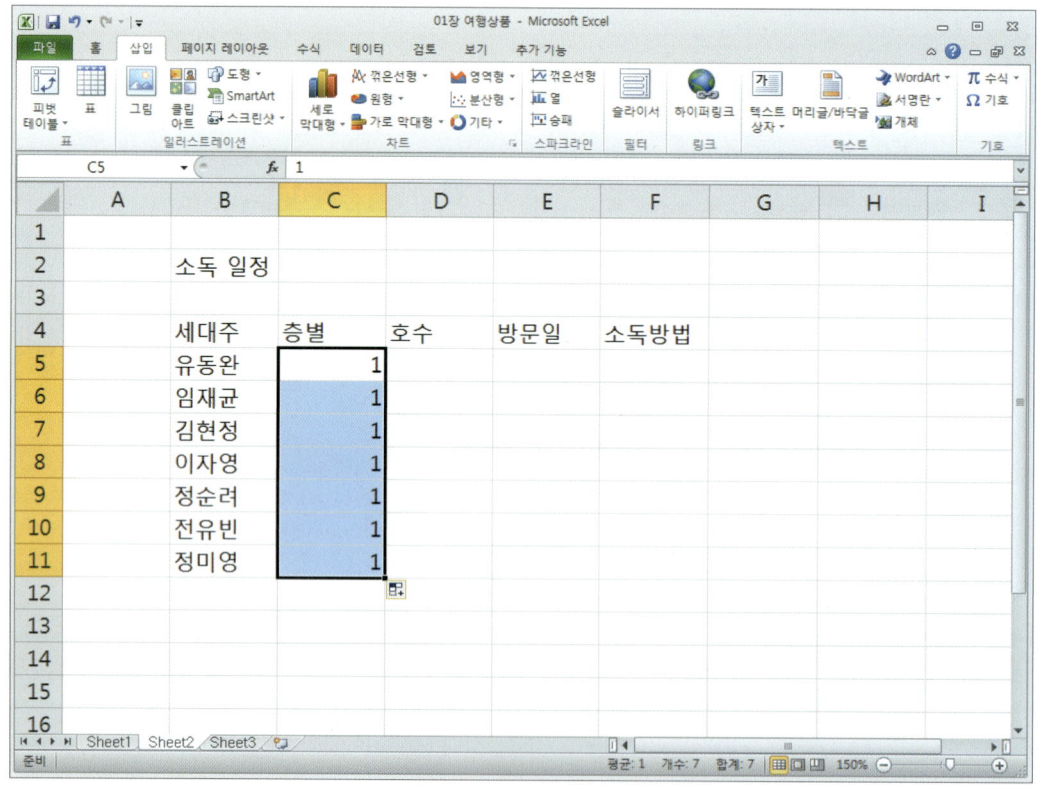

05 [D5] 셀에 '101'을 입력한 후 키보드의 Ctrl 키를 누른 채 채우기 핸들(+)을 아래로 드래그합니다.

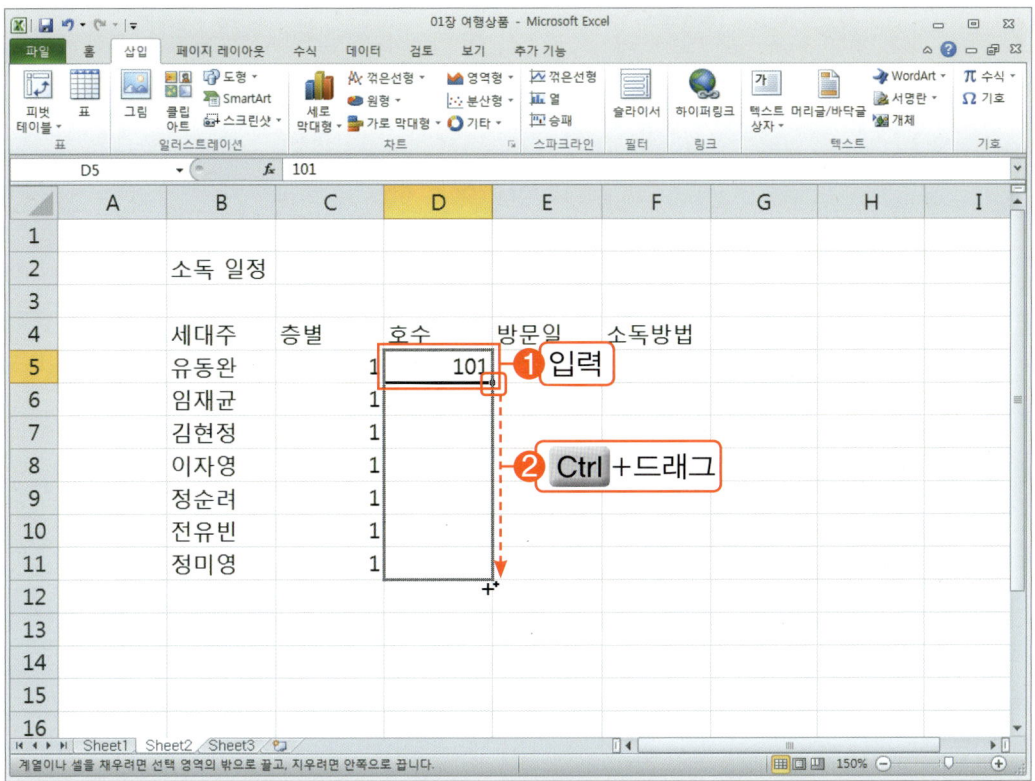

06 그림과 같이 증가 데이터가 입력되는 것을 확인할 수 있습니다.

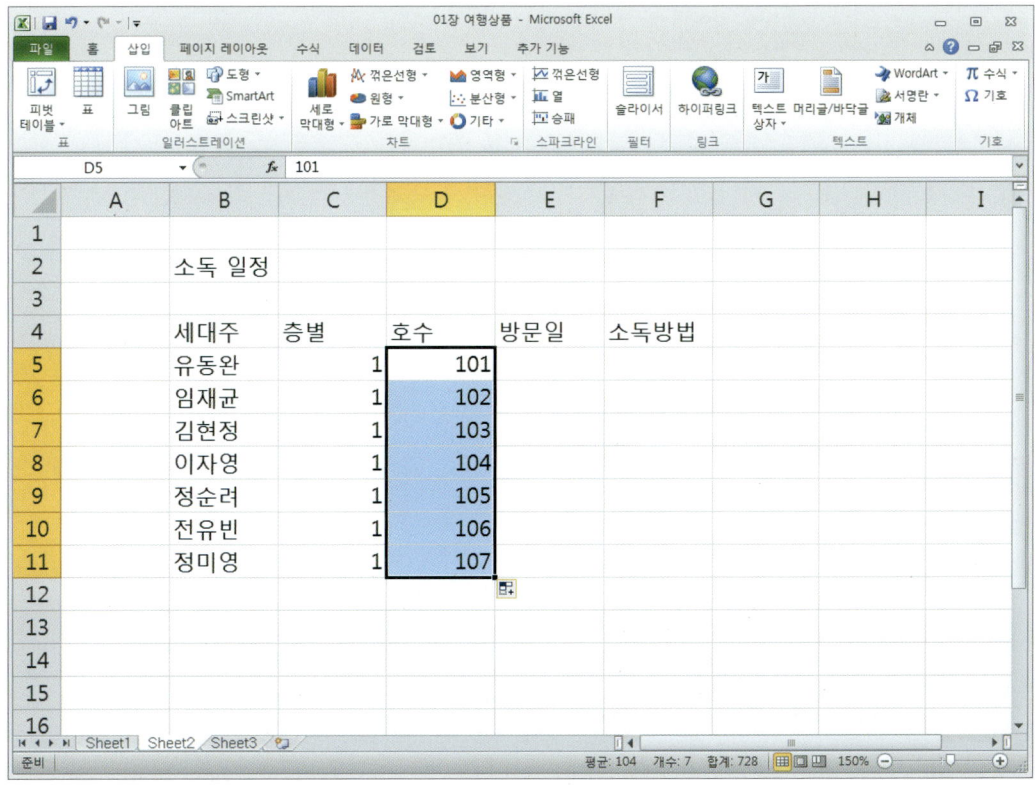

07 사용자 지정 목록에 있는 요일 항목을 자동으로 채우기 위해 [E5] 셀에 '월요일'을 **입력**한 후 **채우기 핸들(+)을 아래로 드래그**합니다.

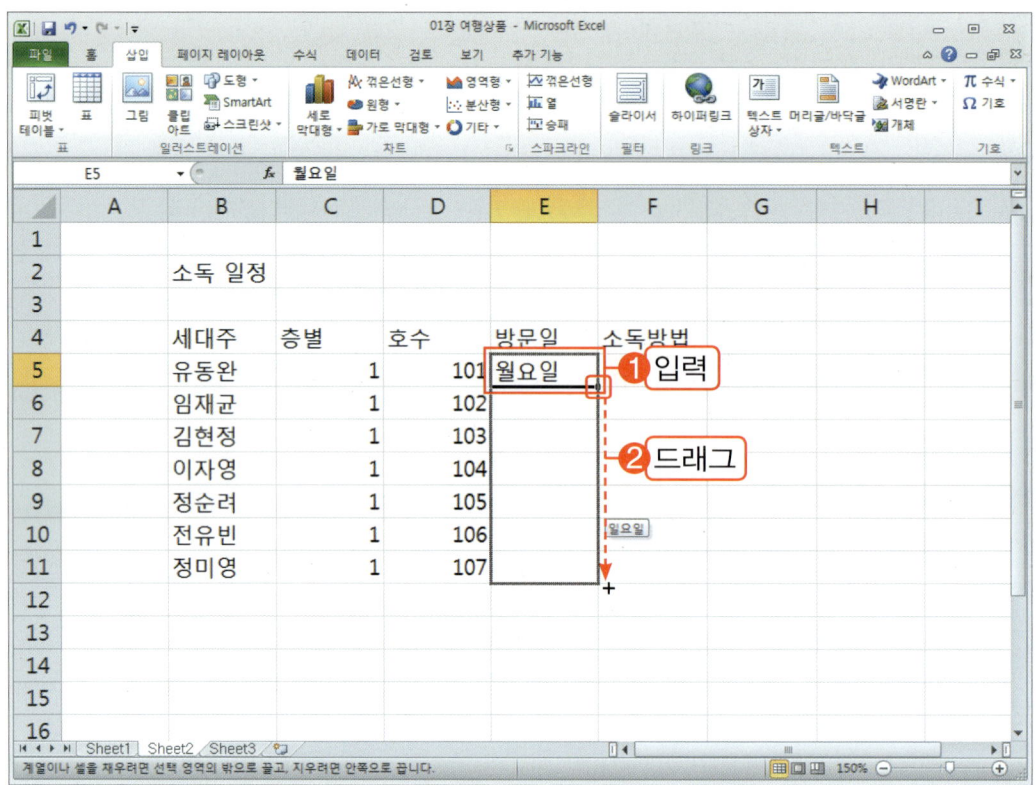

08 그림과 같이 요일 데이터가 입력되는 것을 확인할 수 있습니다.

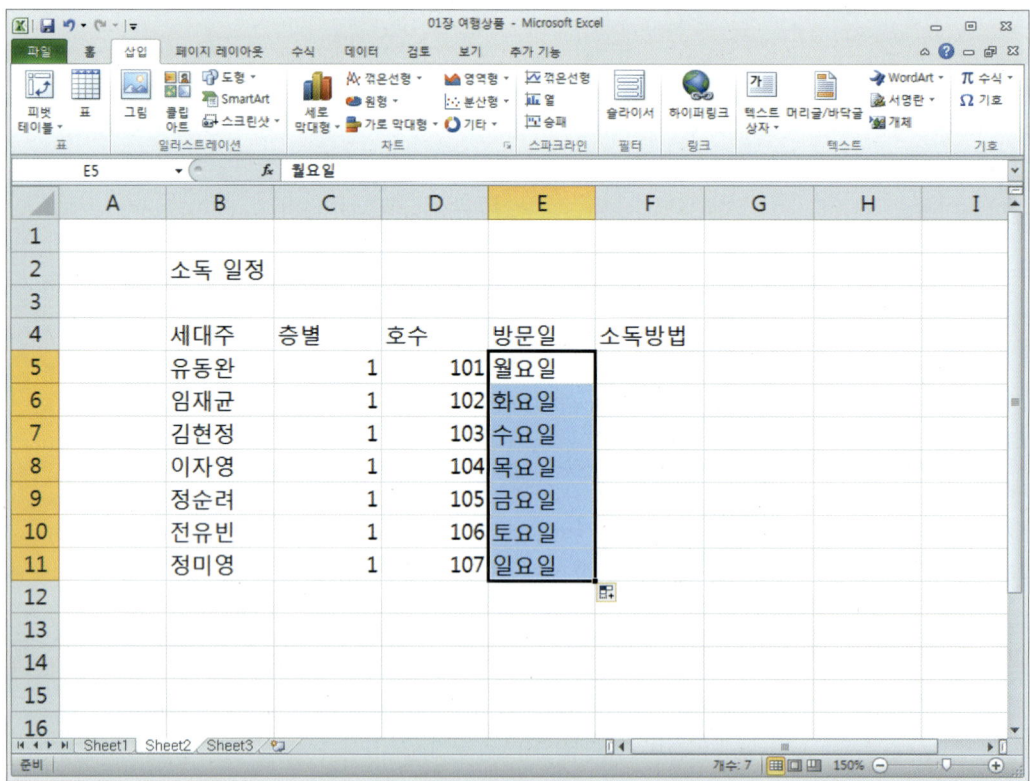

사용자 지정 목록 만들기

01 사용자 지정 목록을 만들어 자동 채우기 기능을 사용하기 위해 **[F5] 셀을 선택**한 후 **[파일] 탭을 클릭**합니다.

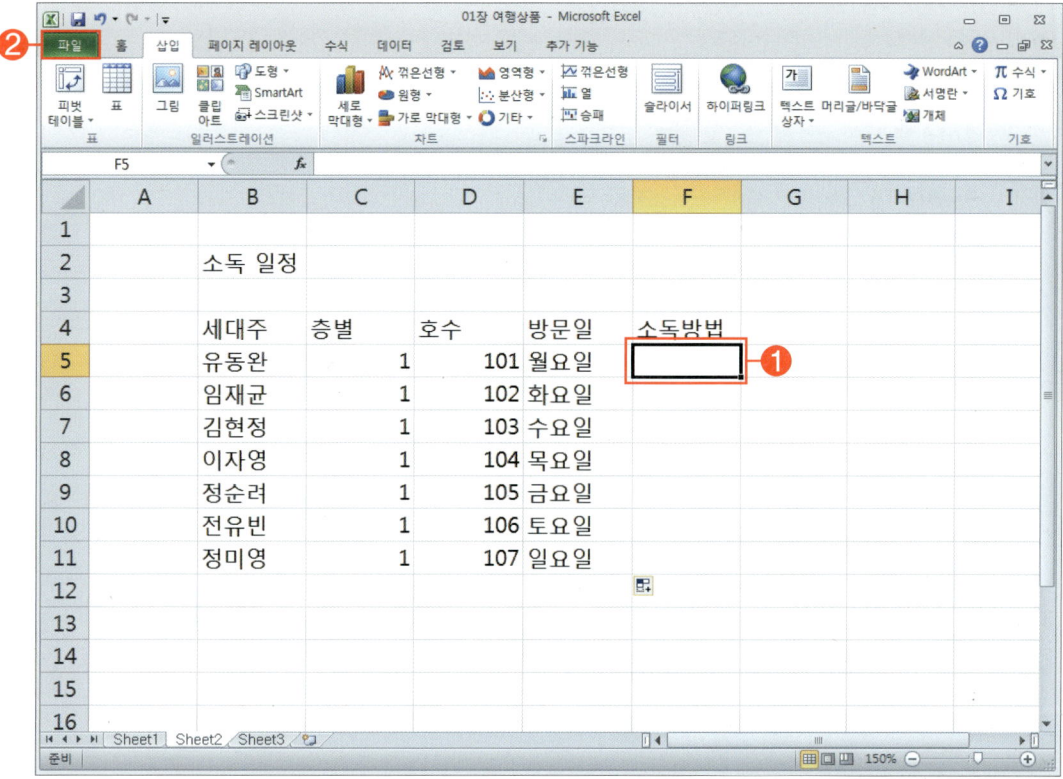

02 [옵션](📄)을 클릭합니다.

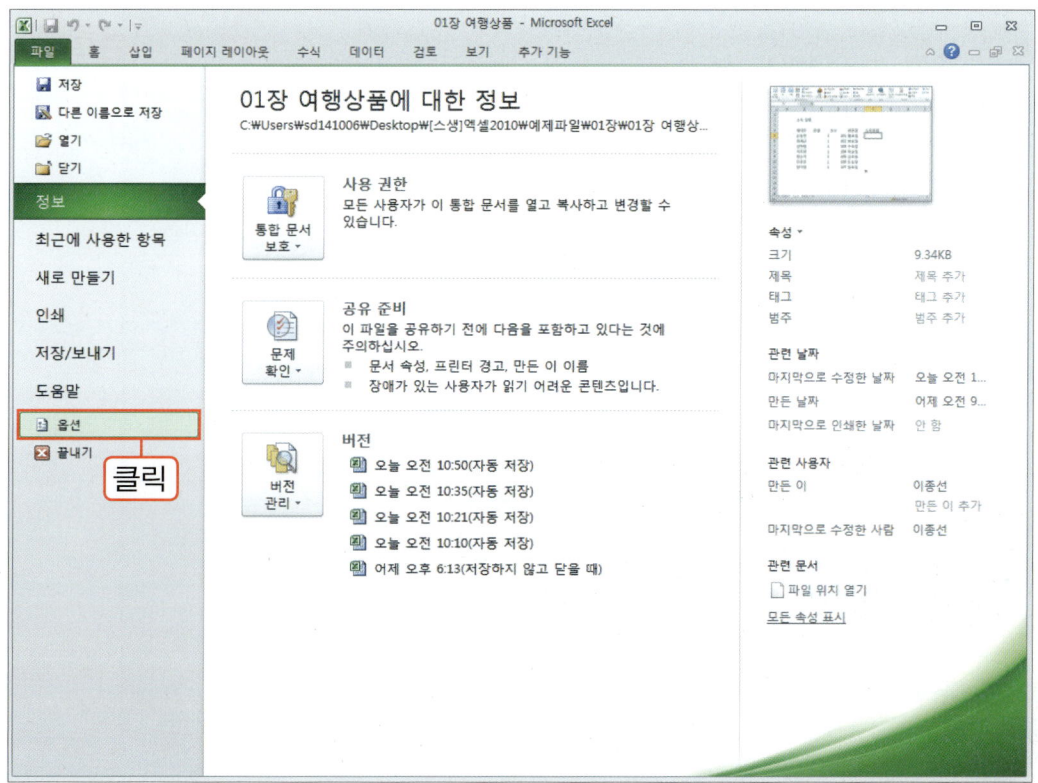

03 [Excel 옵션] 대화상자가 나타나면 [고급]을 선택합니다.

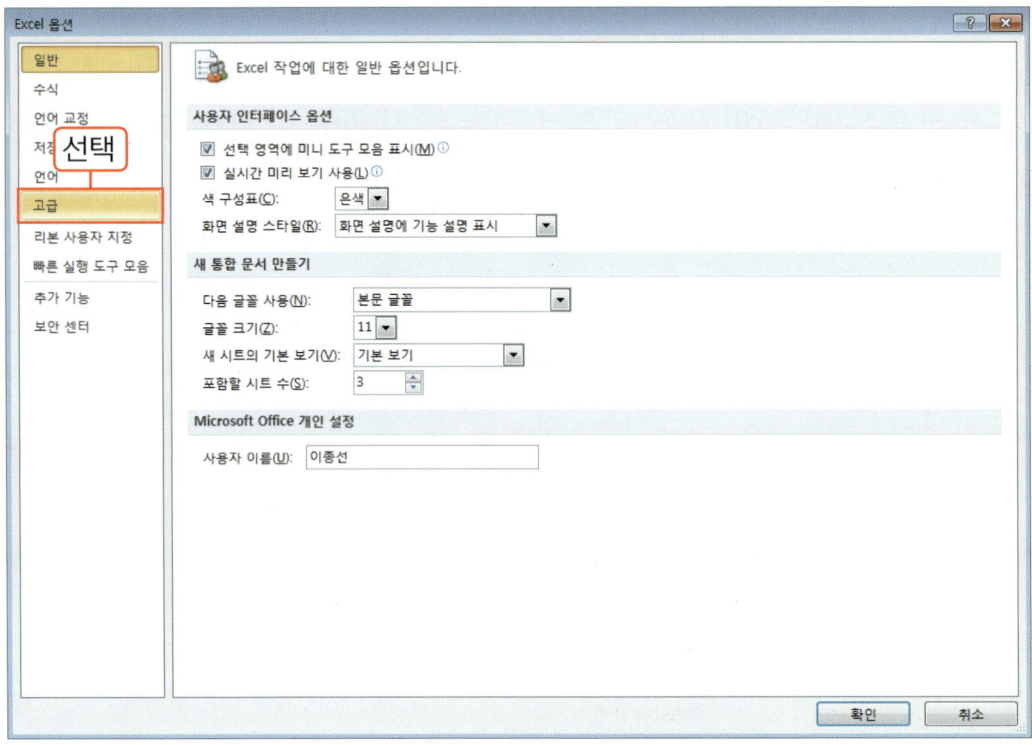

04 [Excel 옵션] 대화상자의 오른쪽에 있는 **이동 막대를 화면 아래로 드래그**한 후 **[사용자 지정 목록 편집] 단추를 클릭**합니다.

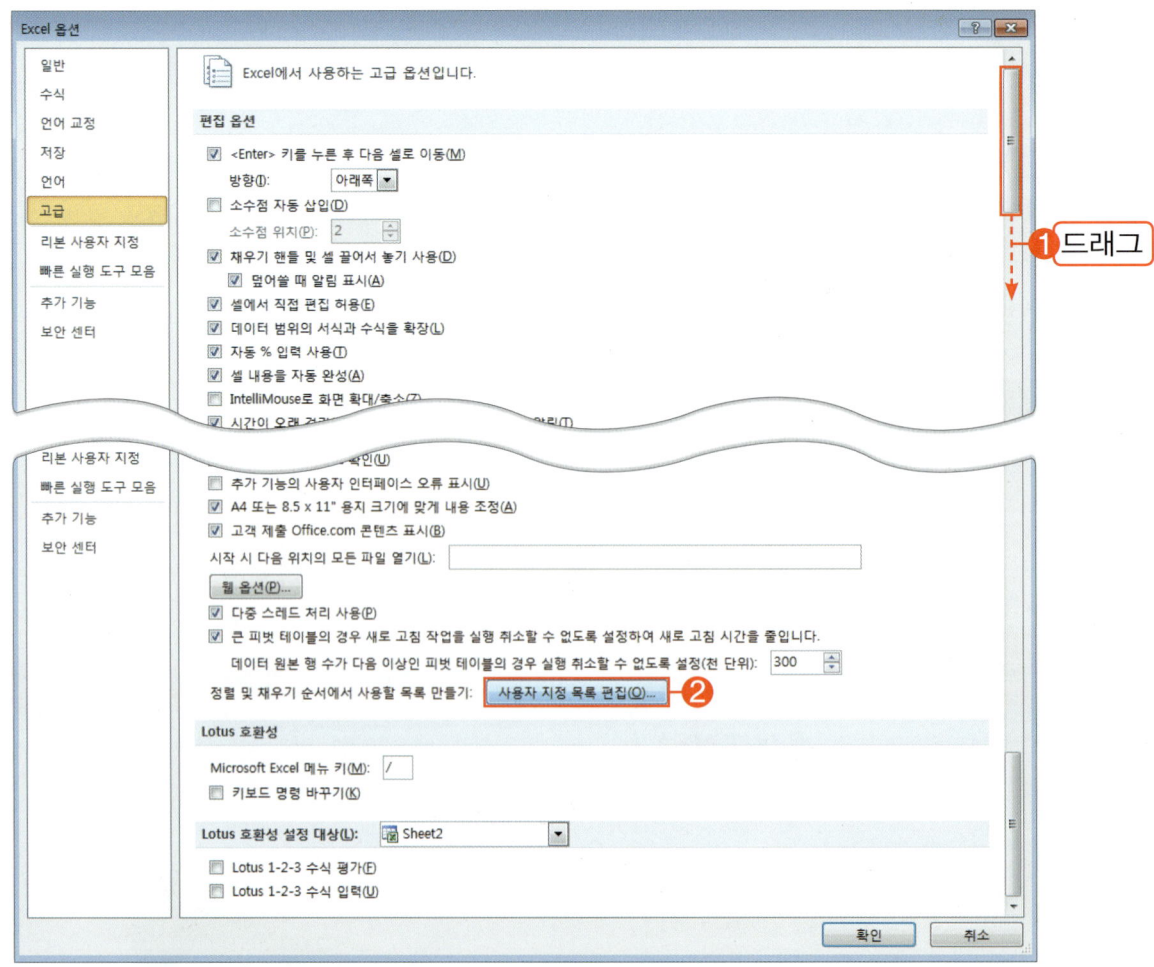

34 • 스마트한 생활을 위한 엑셀 2010

05 새로운 항목을 만들기 위해 목록 항목에 **'실내소독'을 입력**한 후 **키보드의 Enter 키를 누릅니다.**

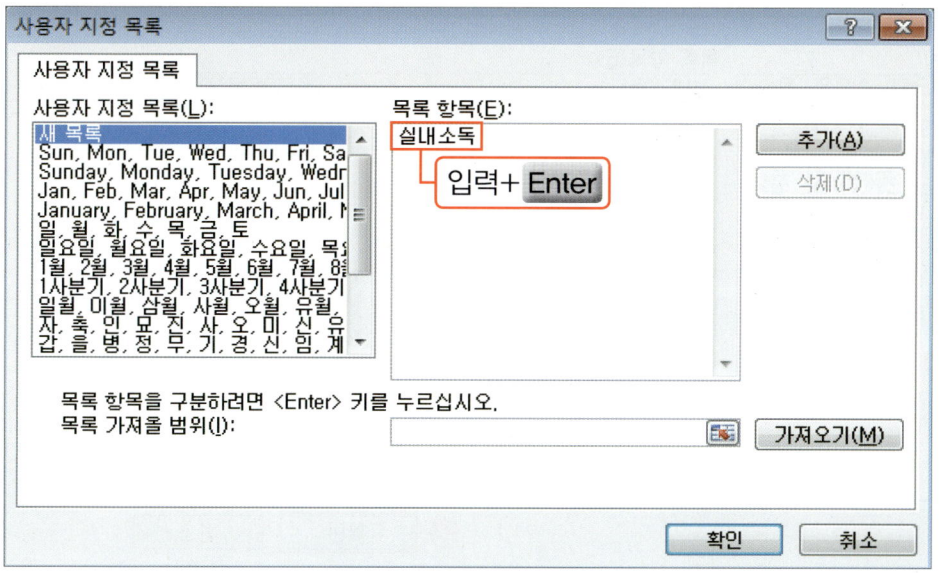

06 위와 같은 방법으로 **새로운 항목을 입력**한 후 **[추가] 단추를 클릭**합니다.

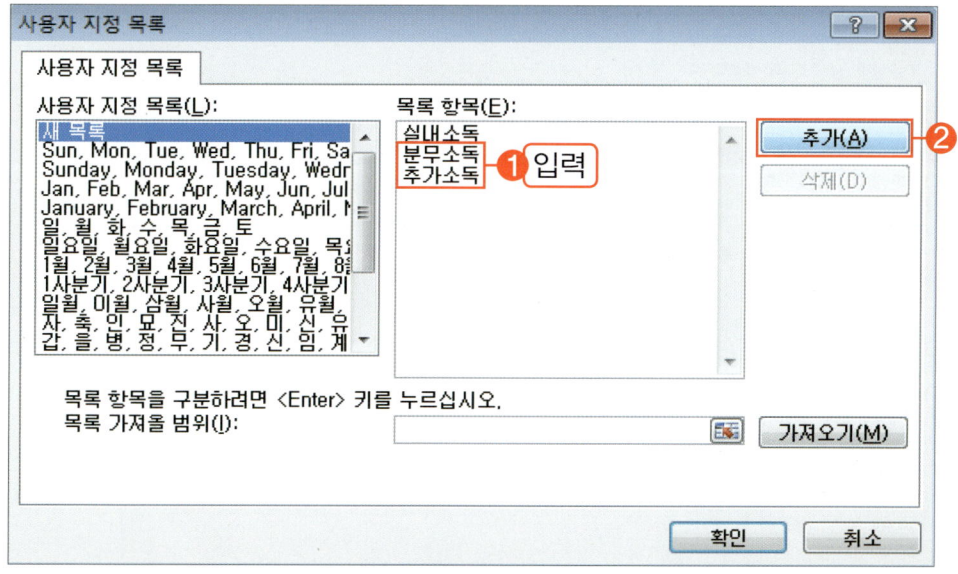

> **배움터** **자동 완성 기능**
>
> 엑셀에서 사용하는 고급 옵션 중 자동 완성 기능은 같은 열에 이미 입력된 내용과 같은 첫 글자를 입력하면 나머지 글자를 자동으로 완성하여 입력합니다.

07 추가된 "실내소독, 분무소독, 추가소독"을 선택한 후 [확인] 단추를 클릭합니다.

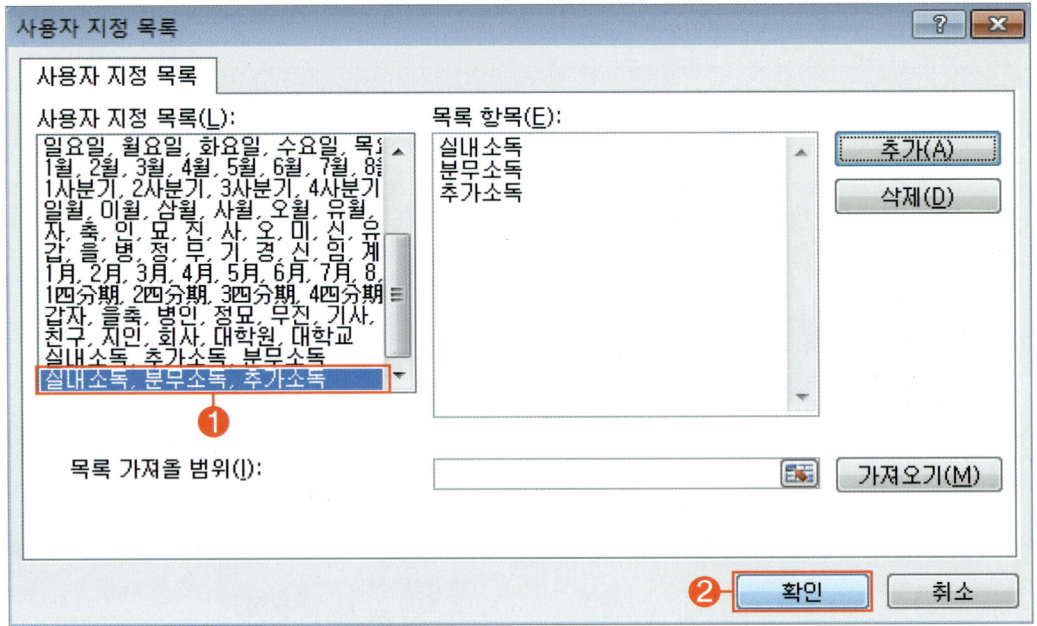

08 고급 옵션 지정이 끝나면 [확인] 단추를 클릭합니다.

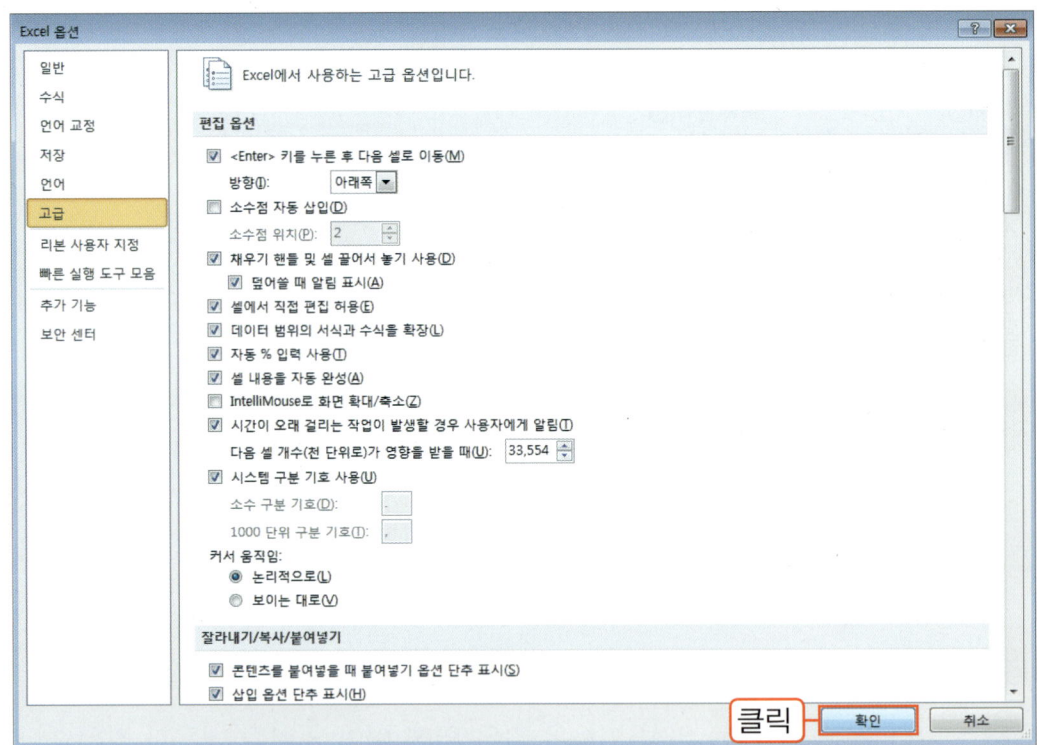

09 새로 만든 사용자 지정 항목을 입력하기 위해 **[F5] 셀에 '실내소독'을 입력**한 후 **채우기 핸들( )을 아래로 드래그**합니다.

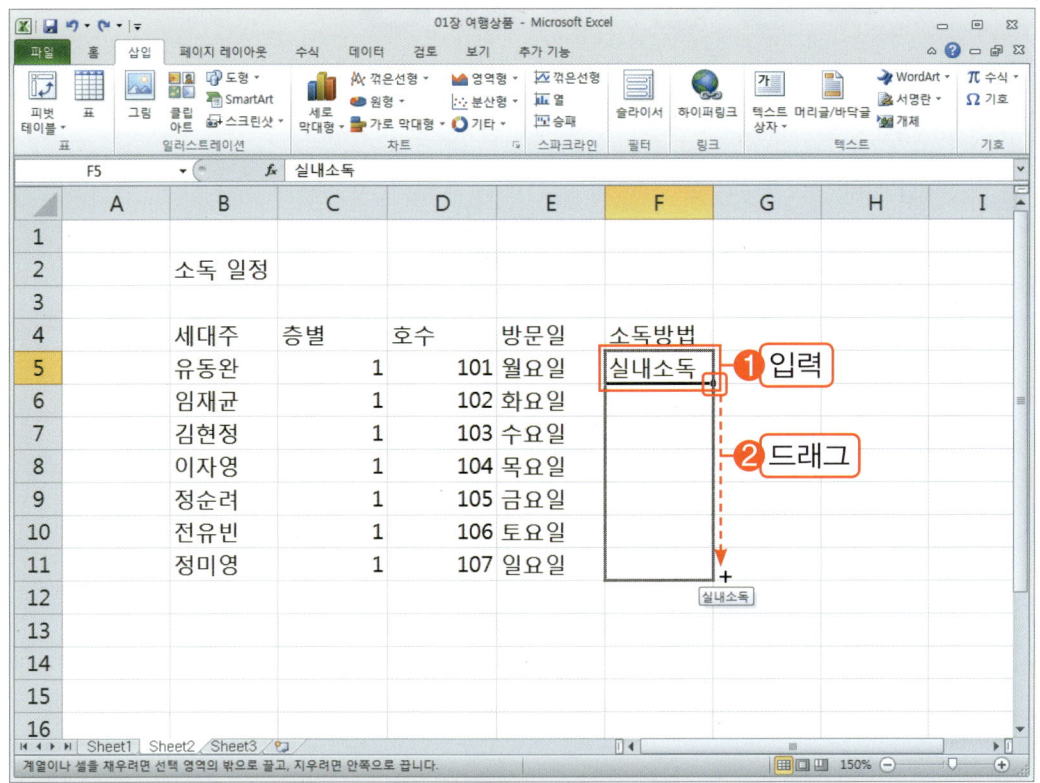

10 그림과 같이 새로 만든 사용자 지정 항목이 입력되는 것을 확인할 수 있습니다.

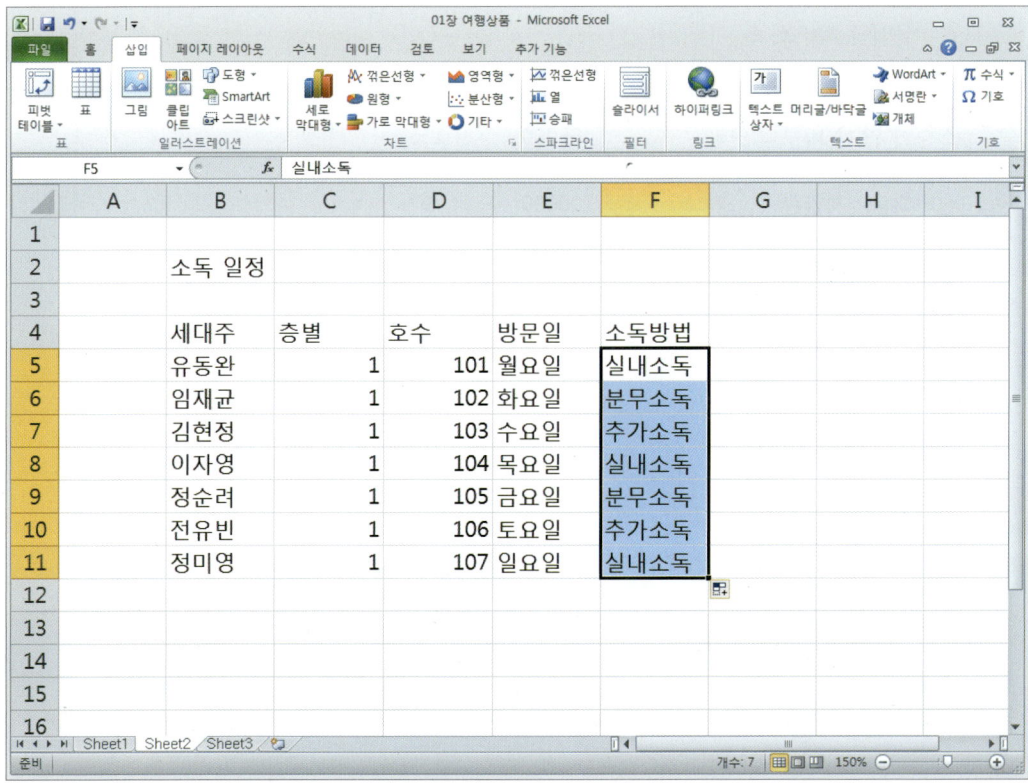

1 워크시트에 새로운 데이터를 입력해 봅니다.

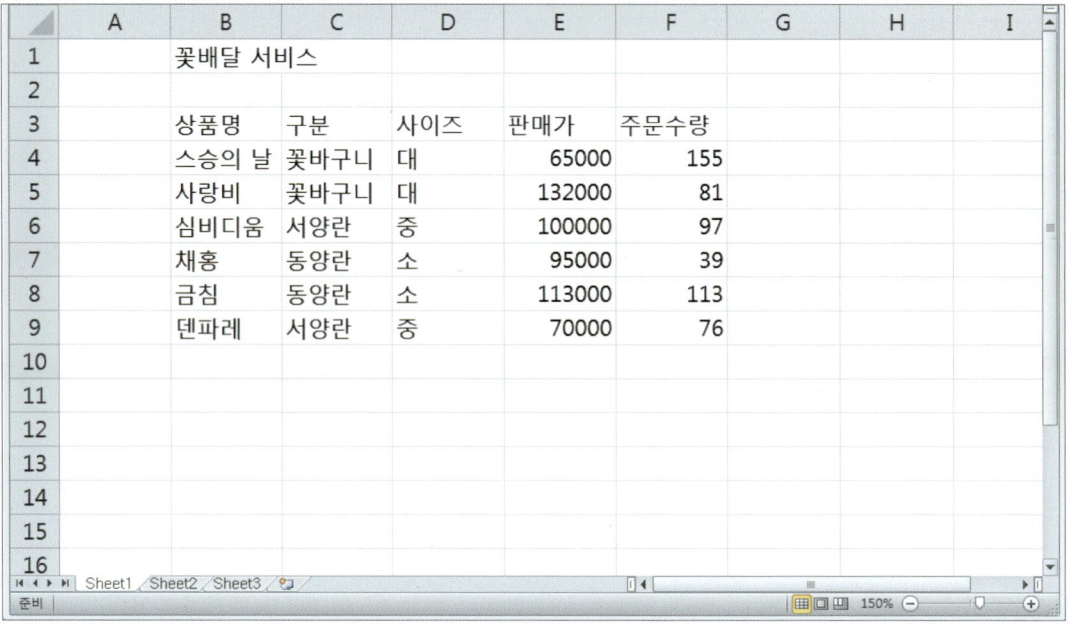

2 입력된 데이터에 한자와 기호를 삽입해 봅니다.

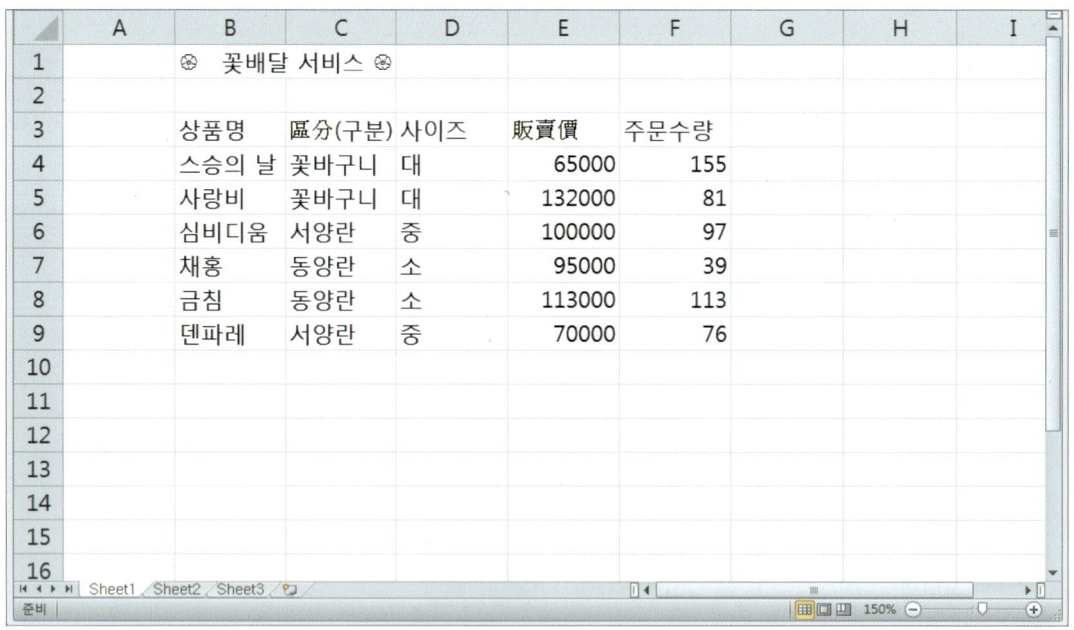

3 자동 채우기 기능을 이용해 '고객번호'와 '납기일' 데이터를 입력해 봅니다.

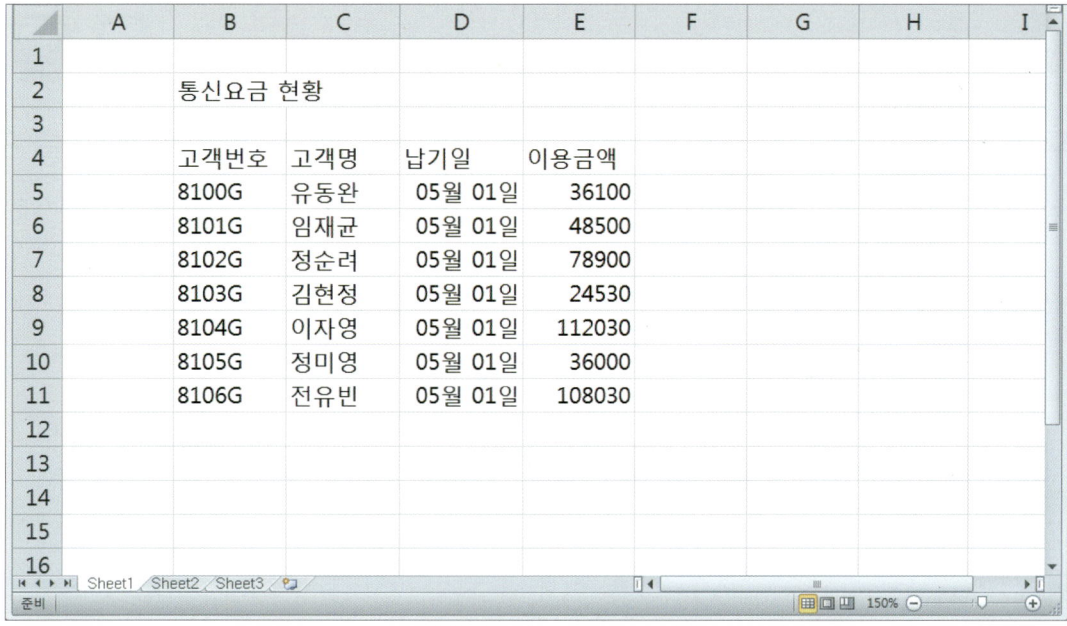

도움터 납기일 데이터 : Ctrl +채우기 핸들( )을 드래그

4 사용자 지정 항목을 만든 후 자동 채우기 기능을 이용해 "거래은행명" 데이터를 입력해 봅니다.

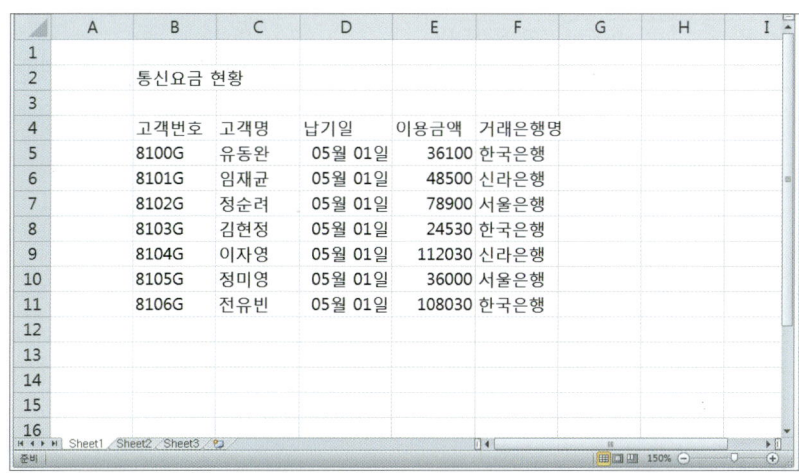
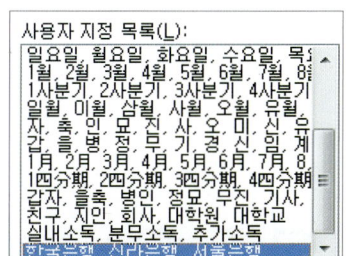

03 셀 편집 및 서식 적용하기

글꼴, 테두리, 채우기 등 셀 서식을 적용하는 방법과 셀의 너비와 높이를 조절하고 삽입 및 삭제하여 셀을 편집하는 방법에 대해 알아보도록 하겠습니다.

 예제파일 : 한강마트 판매 현황.xlsx

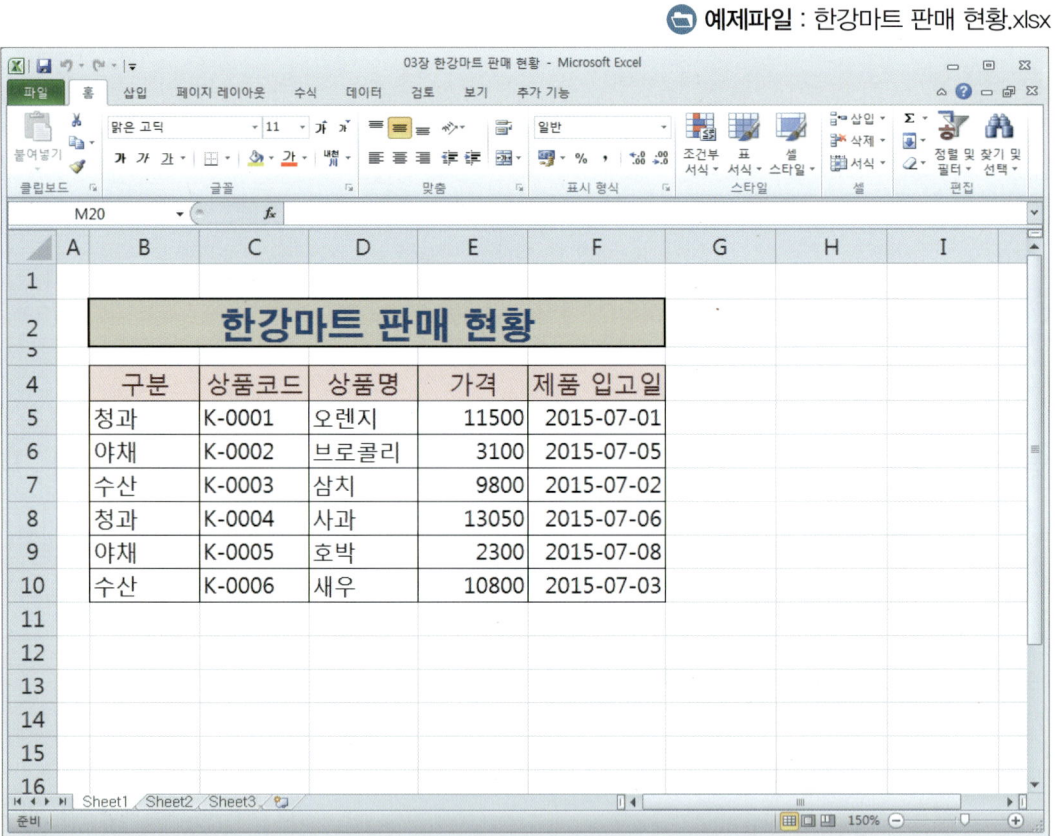

 무엇을 배울까요?

- ⋯ 글꼴 변경하기
- ⋯ 셀 배경색 및 테두리 설정하기
- ⋯ 셀 삽입 및 삭제하기
- ⋯ 셀 병합하고 가운데 맞춤
- ⋯ 열 너비와 행 높이 조절하기

글꼴 변경하기

01 새로운 워크시트에 그림과 같이 **데이터를 입력**합니다.

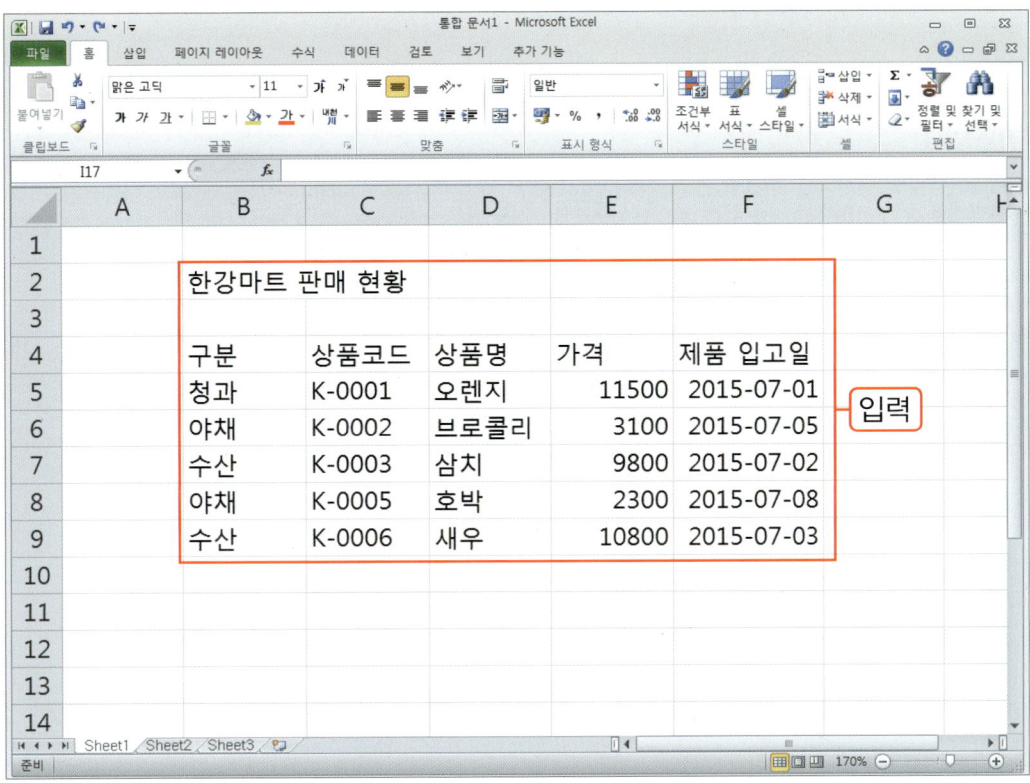

02 제목 텍스트의 글꼴을 변경하기 위해 **[B2] 셀을 선택**합니다.

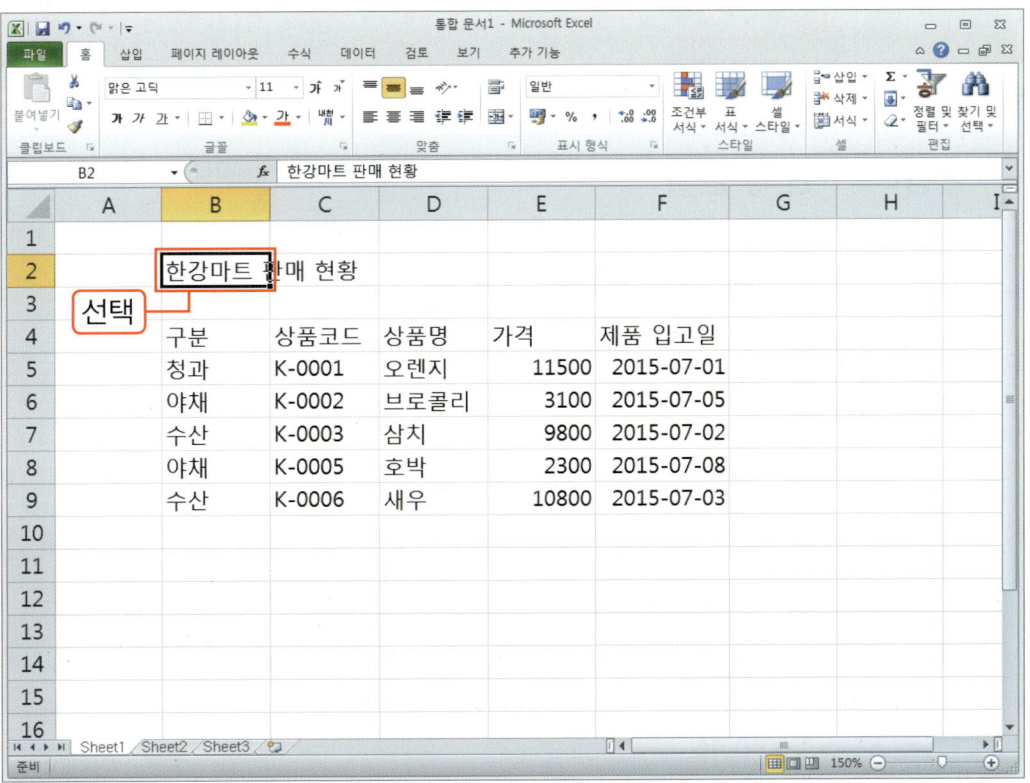

03 [홈] 탭-[글꼴] 그룹에서 [글꼴]을 클릭한 후 항목에서 [HY견고딕]을 선택합니다.

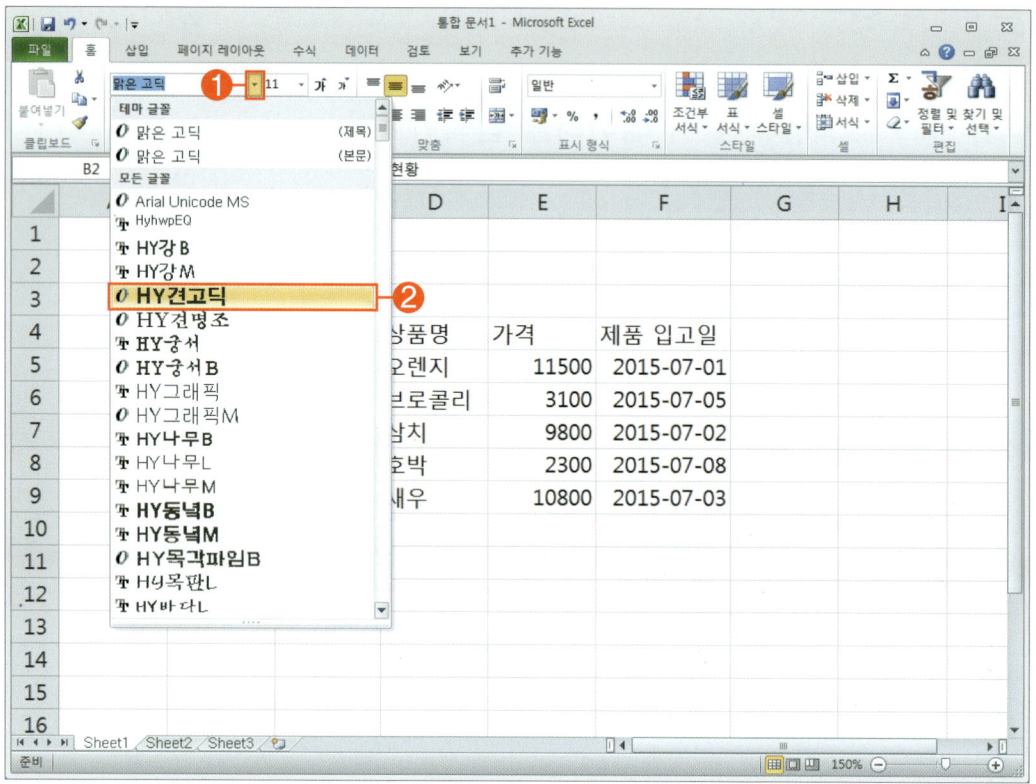

04 글꼴 크기를 변경하기 위해 [홈] 탭-[글꼴] 그룹에서 [글꼴 크기]를 클릭한 후 항목에서 [18]을 선택합니다.

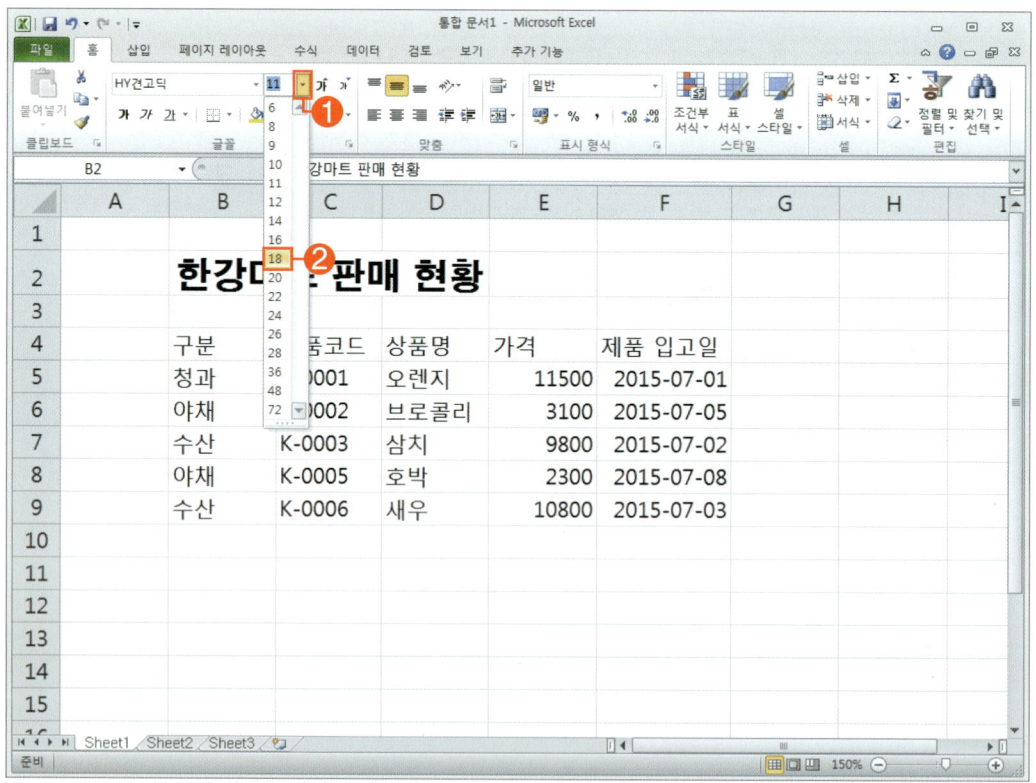

05 글꼴 색을 변경하기 위해 [홈] 탭-[글꼴] 그룹에서 [글꼴 색]을 클릭한 후 [테마 색]-[진한 파랑, 텍스트 2]를 선택합니다.

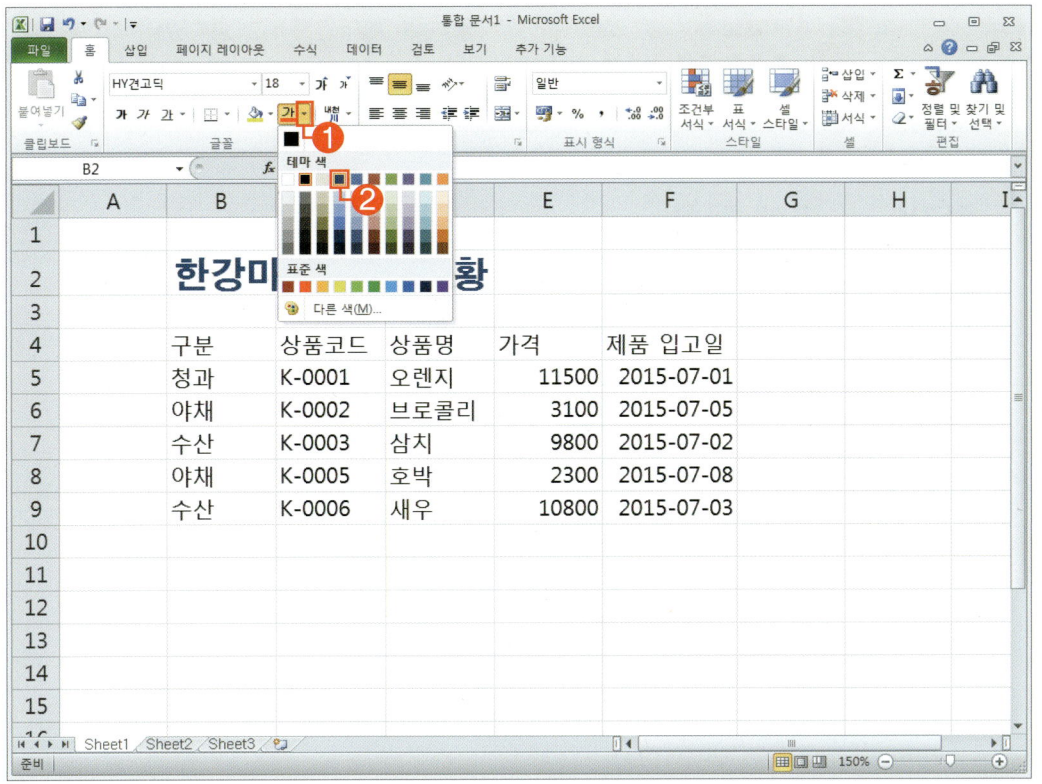

06 내용 텍스트의 글꼴 크기를 변경하기 위해 **[B4:F4] 셀을 드래그**하여 범위를 지정합니다.

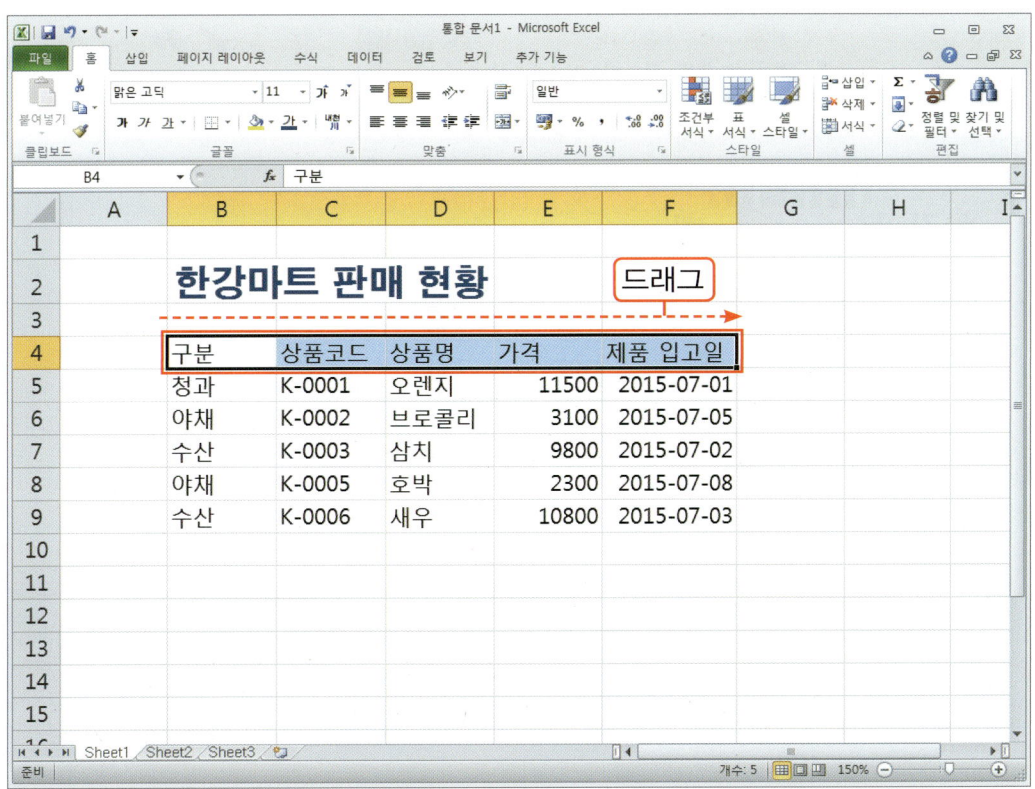

07 [홈] 탭-[글꼴] 그룹에서 [글꼴 크기]를 클릭한 후 항목에서 [12]를 선택합니다.

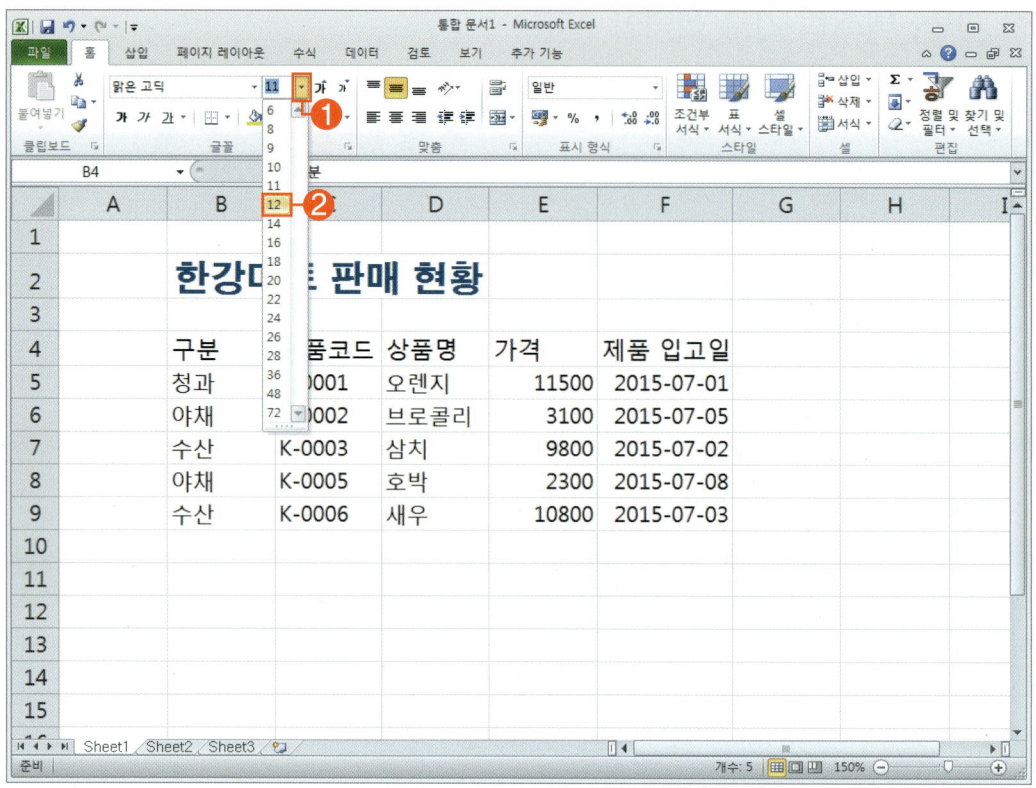

08 글꼴 색을 변경하기 위해 [홈] 탭-[글꼴] 그룹에서 [글꼴 색](가)을 클릭한 후 [테마 색]-[빨강, 강조 2, 50% 더 어둡게]를 선택합니다.

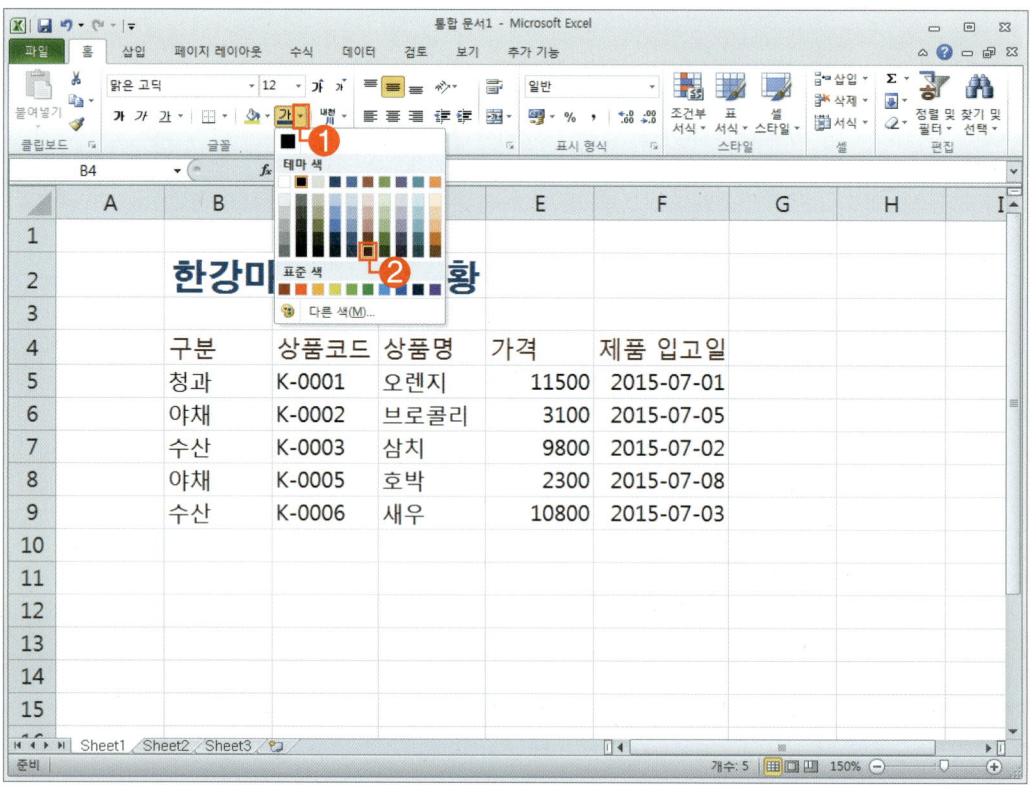

셀 병합하고 가운데 맞춤

01 셀의 가운데에 텍스트를 맞추기 위해 [홈] 탭-[맞춤] 그룹에서 [가운데 맞춤](≡)을 클릭합니다.

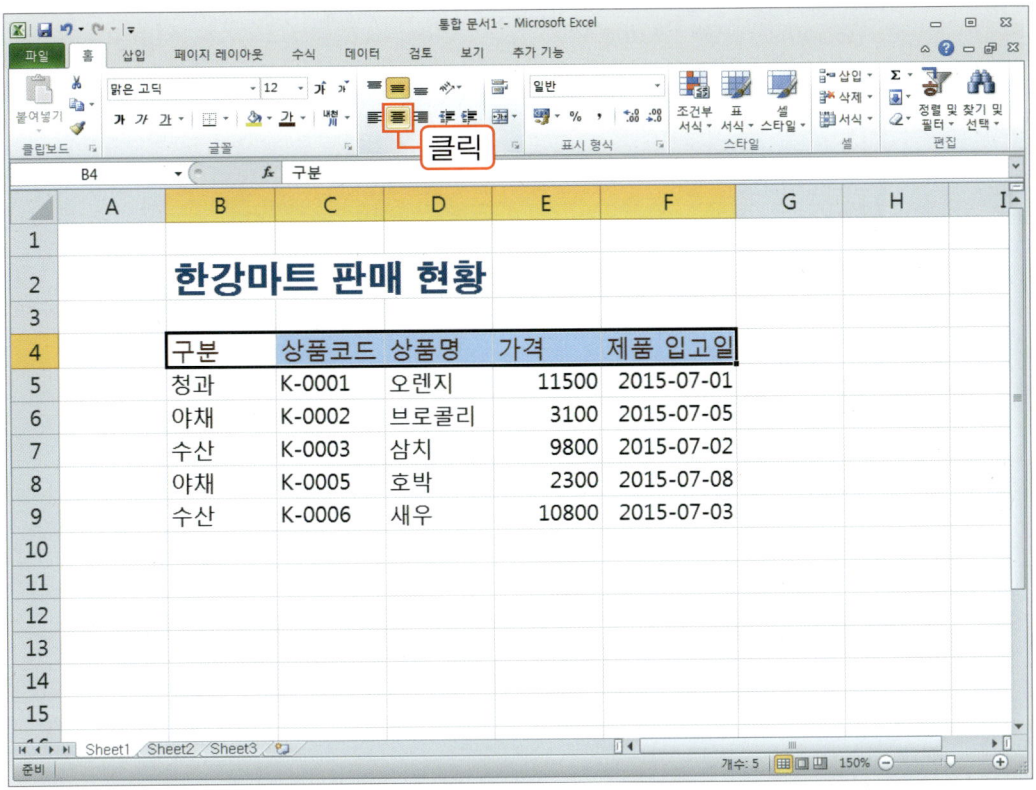

02 제목 셀을 병합하기 위해 [B2:F2] 셀을 드래그하여 범위를 지정한 후 [홈] 탭-[맞춤] 그룹에서 [병합하고 가운데 맞춤](国)을 클릭합니다.

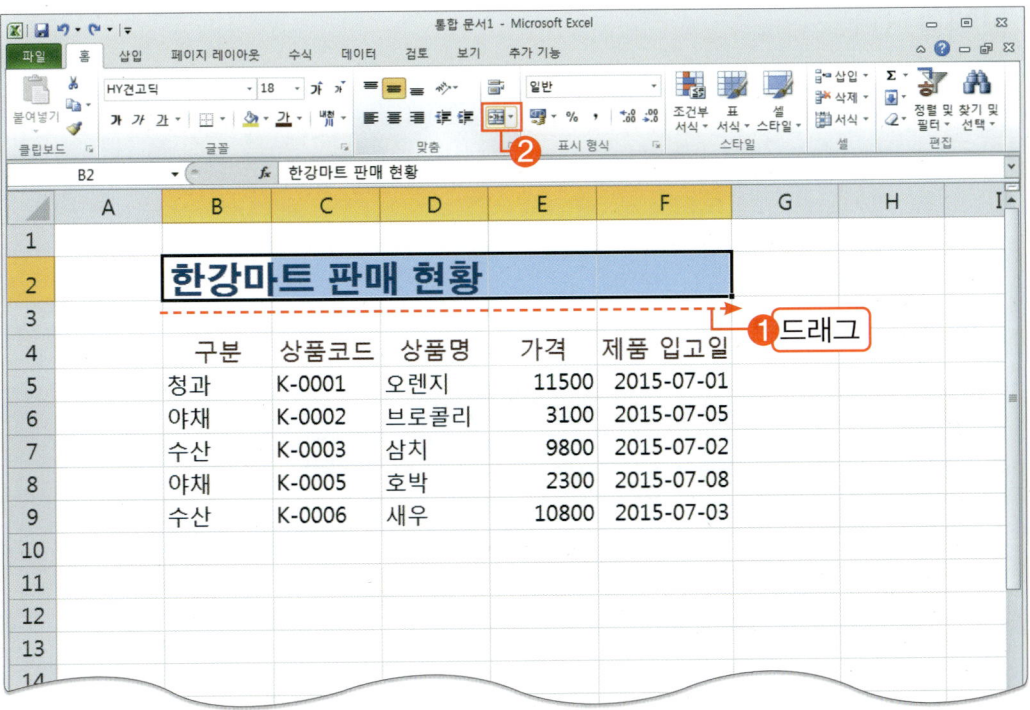

03 셀 배경색 및 테두리 설정하기

01 제목 셀의 배경색을 설정하기 위해 [홈] 탭-[글꼴] 그룹에서 [채우기 색](🪣)을 클릭한 후 [테마 색]-[황갈색, 배경 2, 10% 더 어둡게]를 선택합니다.

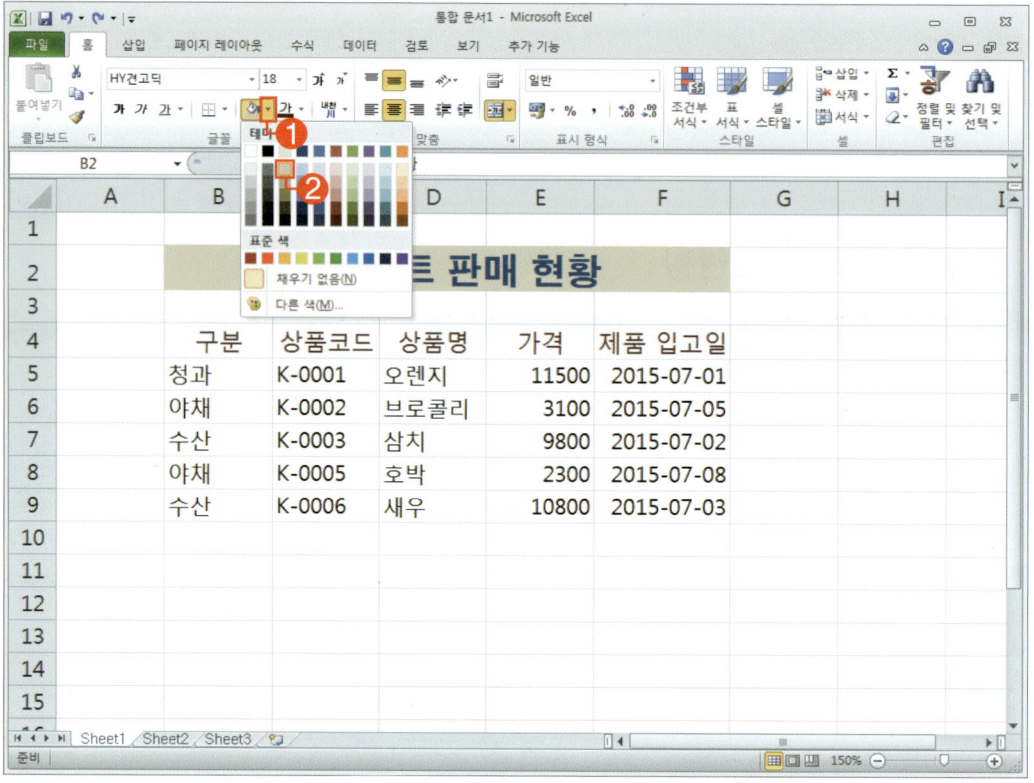

02 배경색을 설정하기 위해 [B4:F4] 셀을 드래그하여 범위를 지정합니다. [홈] 탭-[글꼴] 그룹에서 [채우기 색](🪣)을 클릭한 후 [테마 색]-[빨강, 강조 2, 80% 더 밝게]를 선택합니다.

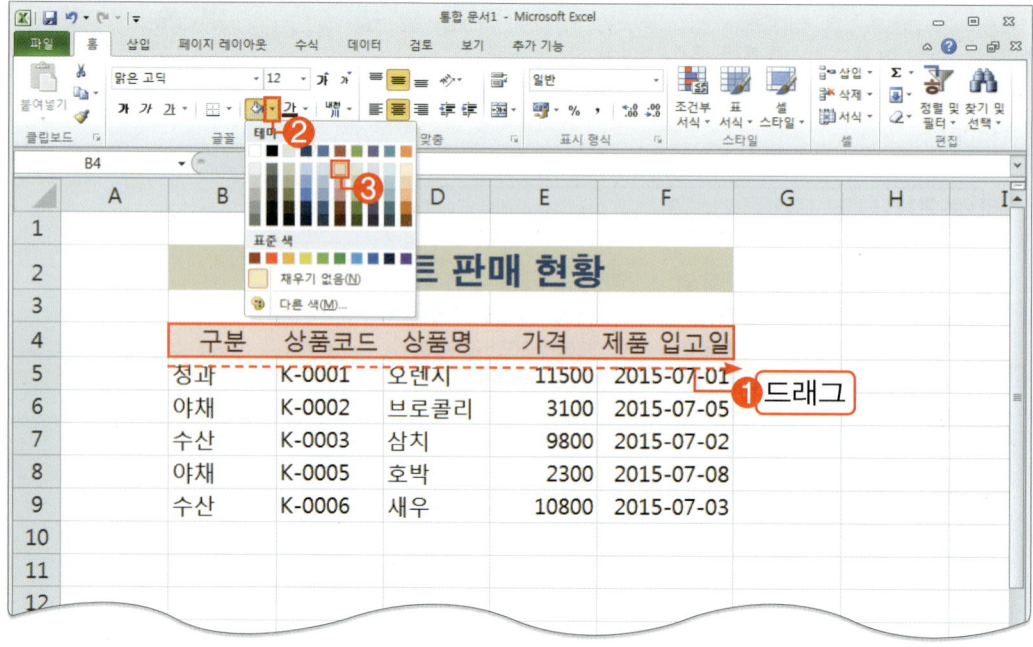

46 • 스마트한 생활을 위한 엑셀 2010

03 굵은 상자 테두리를 적용하기 위해 병합된 [B2:F2] 셀을 선택합니다.

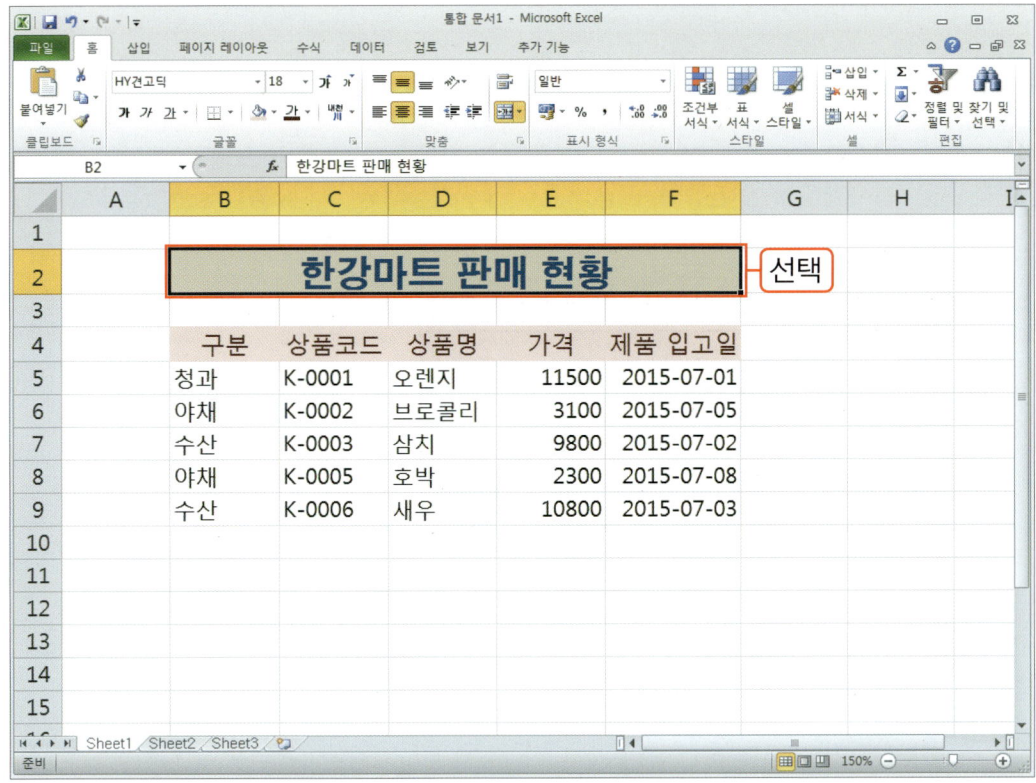

04 [홈] 탭-[글꼴] 그룹에서 [테두리](⊞)를 클릭한 후 항목에서 [굵은 상자 테두리]를 선택합니다.

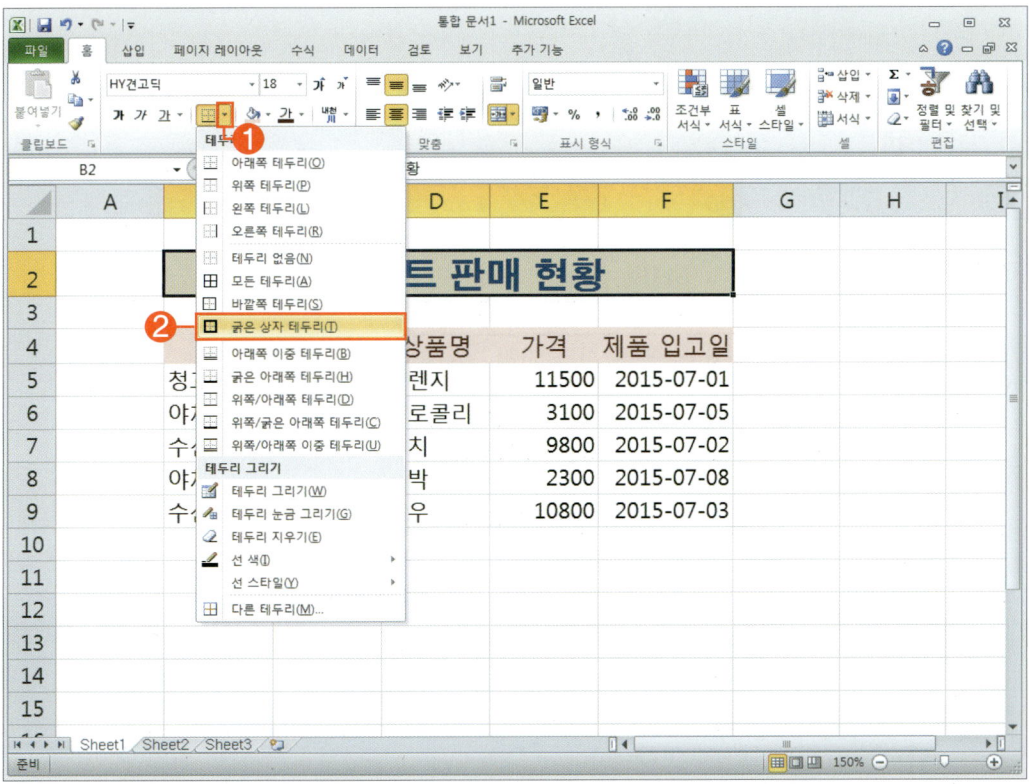

05 모든 테두리를 지정하기 위해 [B4:F9] 셀을 드래그하여 범위를 지정합니다.

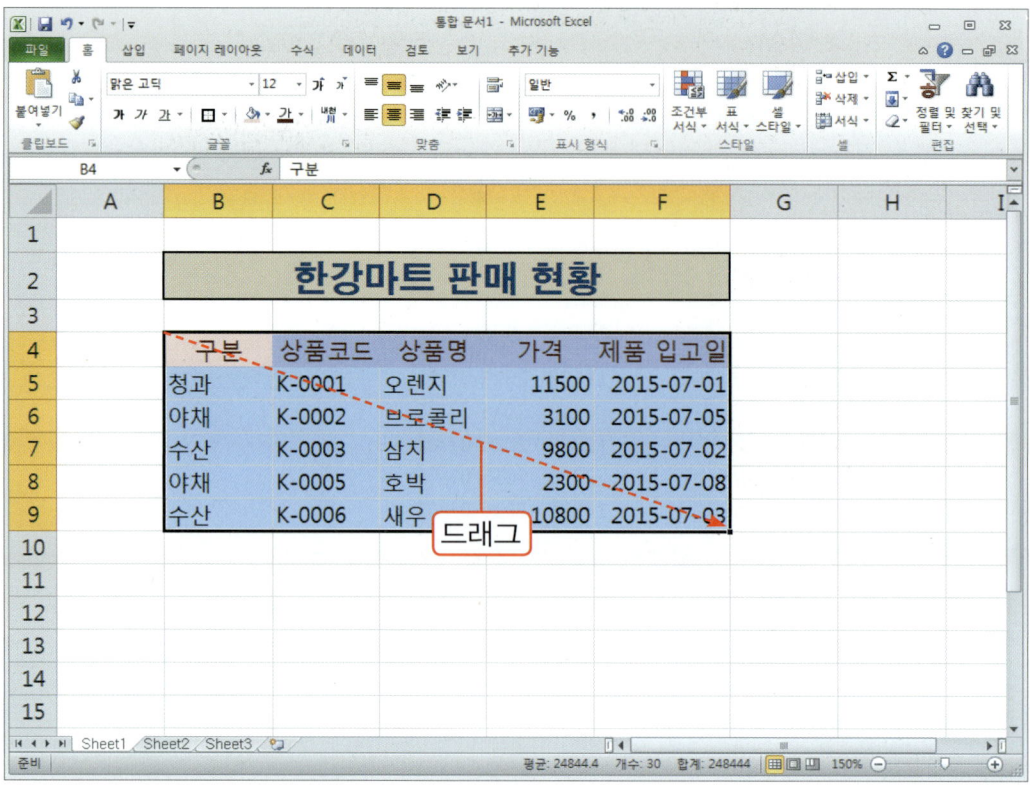

06 [홈] 탭-[글꼴] 그룹에서 [테두리](▦)를 클릭한 후 항목에서 [모든 테두리]를 선택합니다.

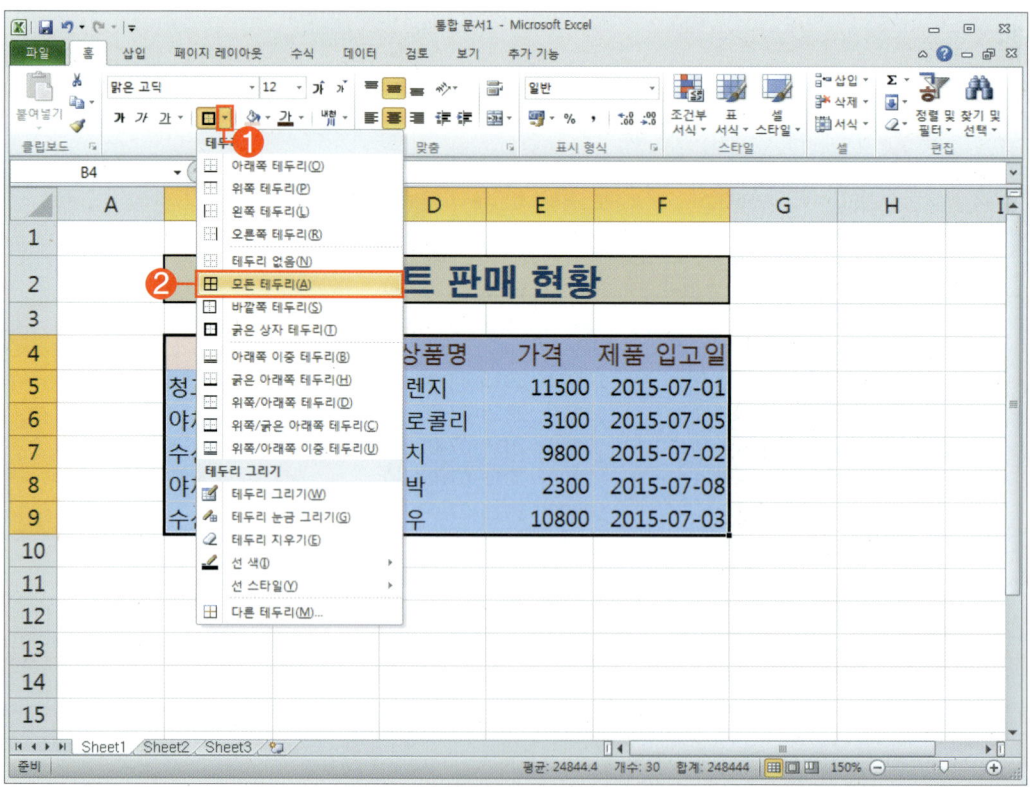

04 열 너비와 행 높이 조절하기

01 열 너비를 조절하기 위해 **[A] 열과 [B] 열의 머리글 경계 부분을 마우스로 클릭**한 후 **왼쪽으로 드래그**하여 너비를 좁게 조정합니다.

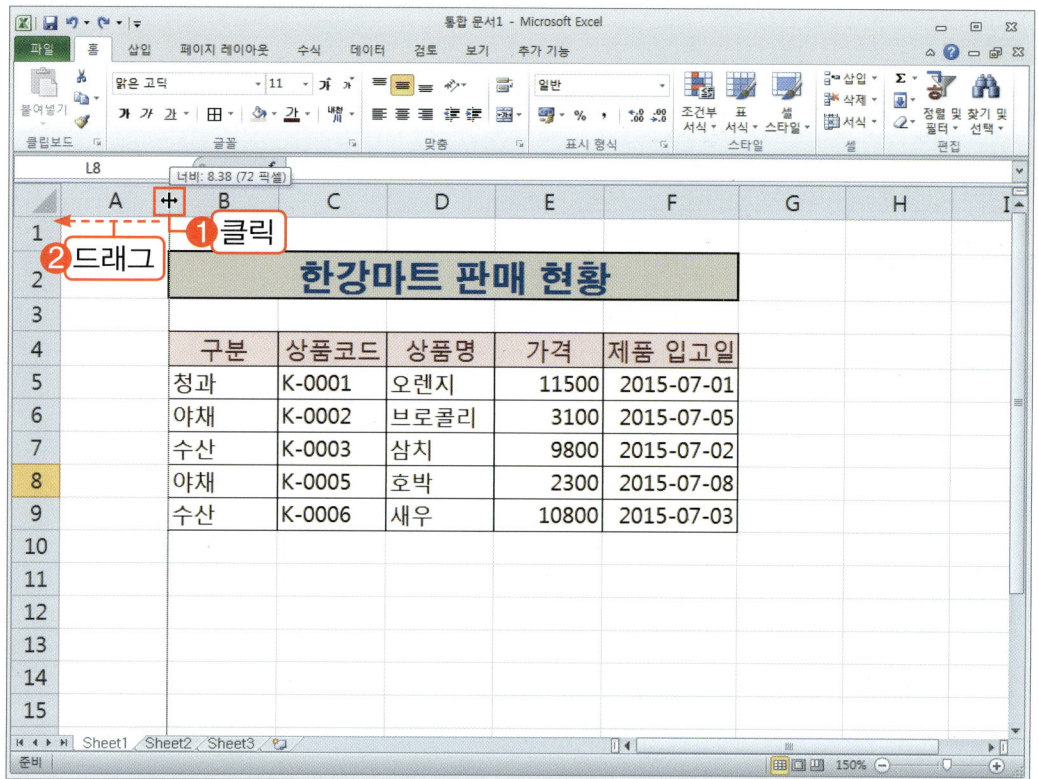

02 그림과 같이 선택한 열의 너비가 변경된 것을 확인할 수 있습니다.

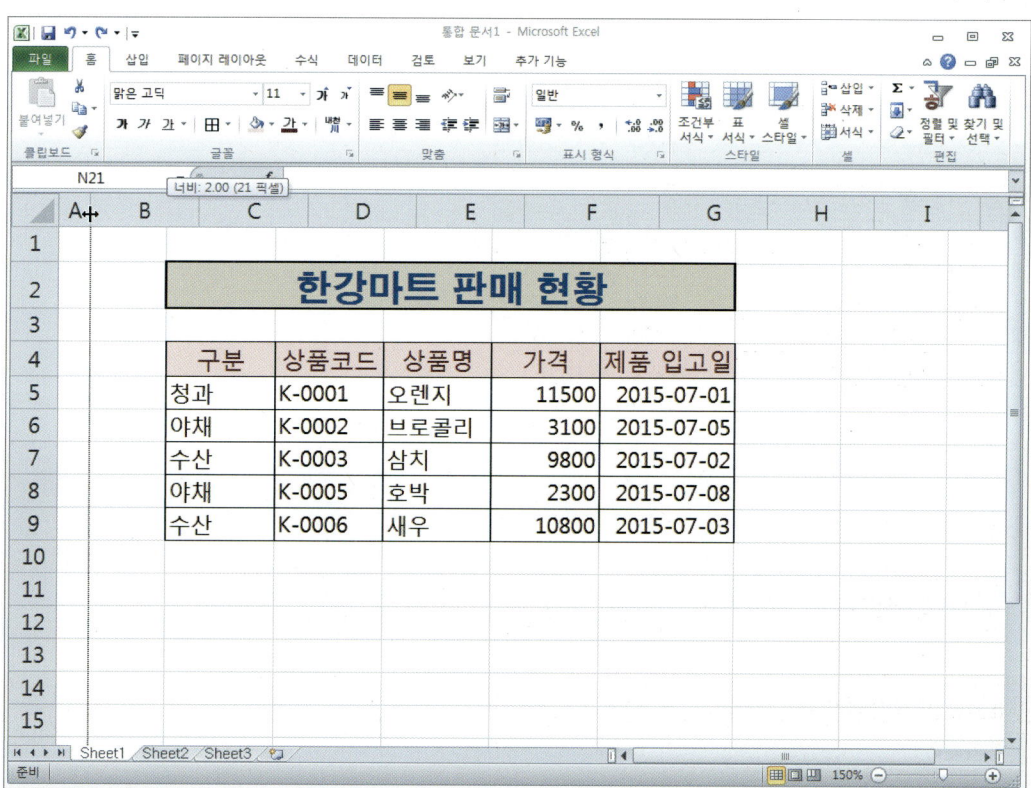

03 셀 편집 및 서식 적용하기 • **49**

03 높이를 조절하기 위해 [3] 행과 [4] 행의 머리글 경계 부분을 마우스로 **클릭**한 후 **위로 드래그**하여 좁게 조정합니다.

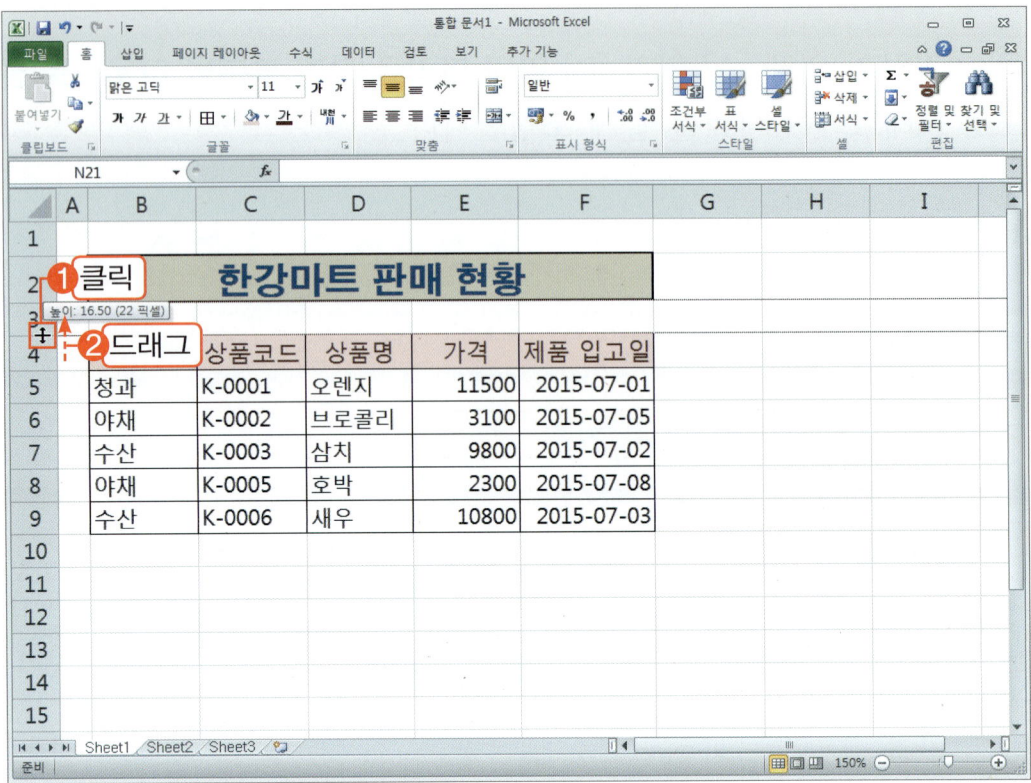

04 그림과 같이 선택한 행의 높이가 변경된 것을 확인할 수 있습니다.

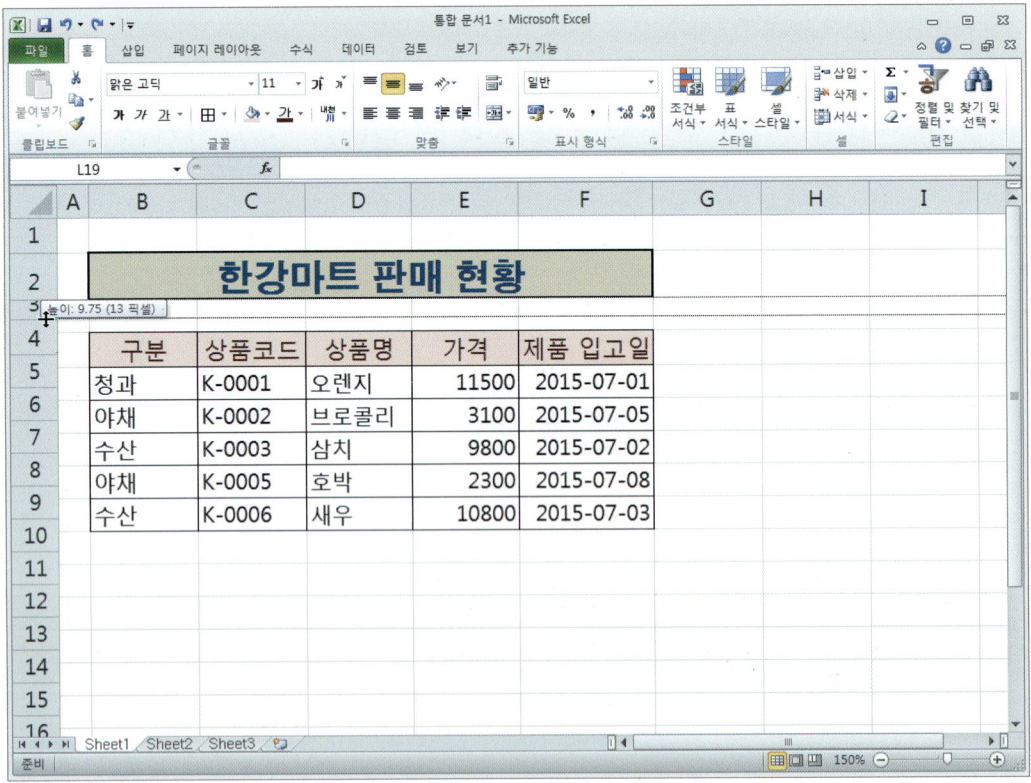

셀 삽입 및 삭제하기

01 행을 삽입하기 위해 [8] 행 머리글을 선택합니다.

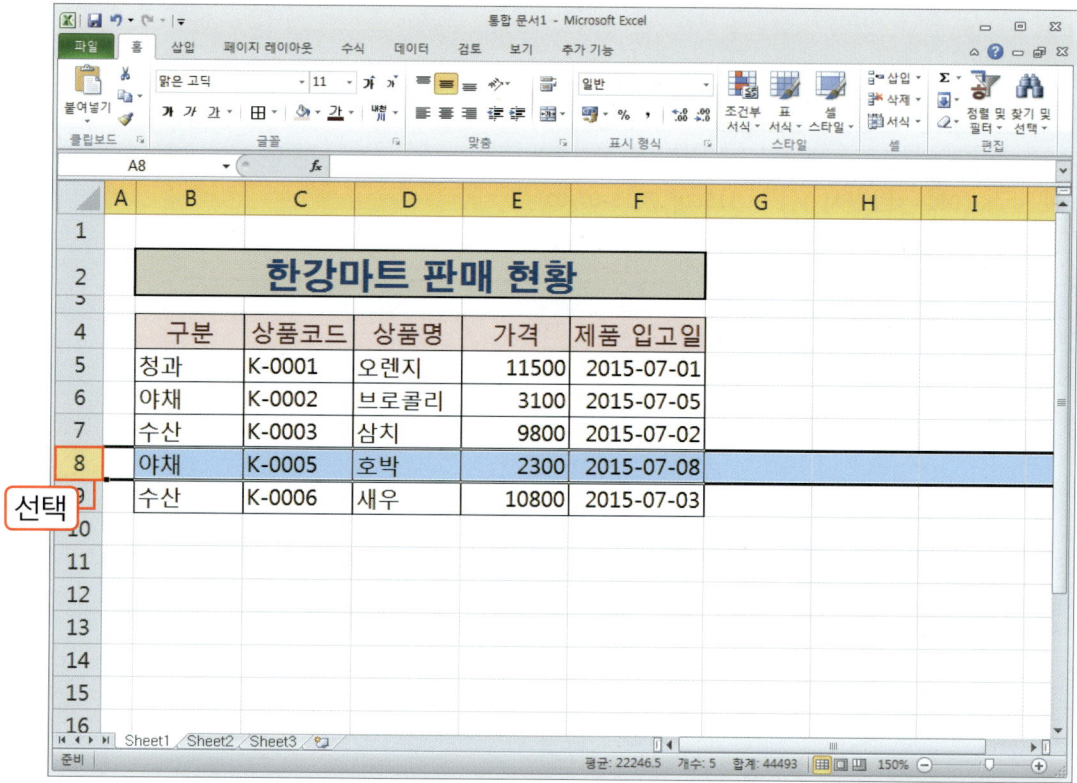

02 마우스 오른쪽 단추를 클릭한 후 바로 가기 메뉴에서 [삽입]을 선택합니다.

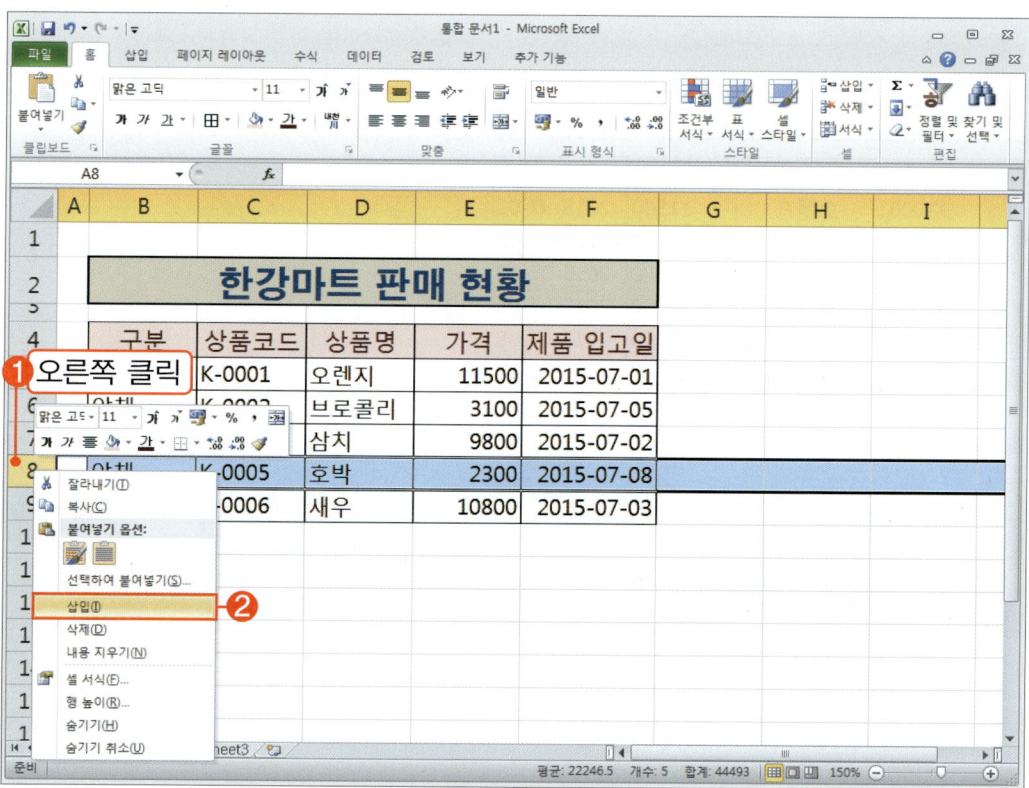

03 선택한 행 윗부분에 새로운 행이 삽입된 것을 확인할 수 있습니다.

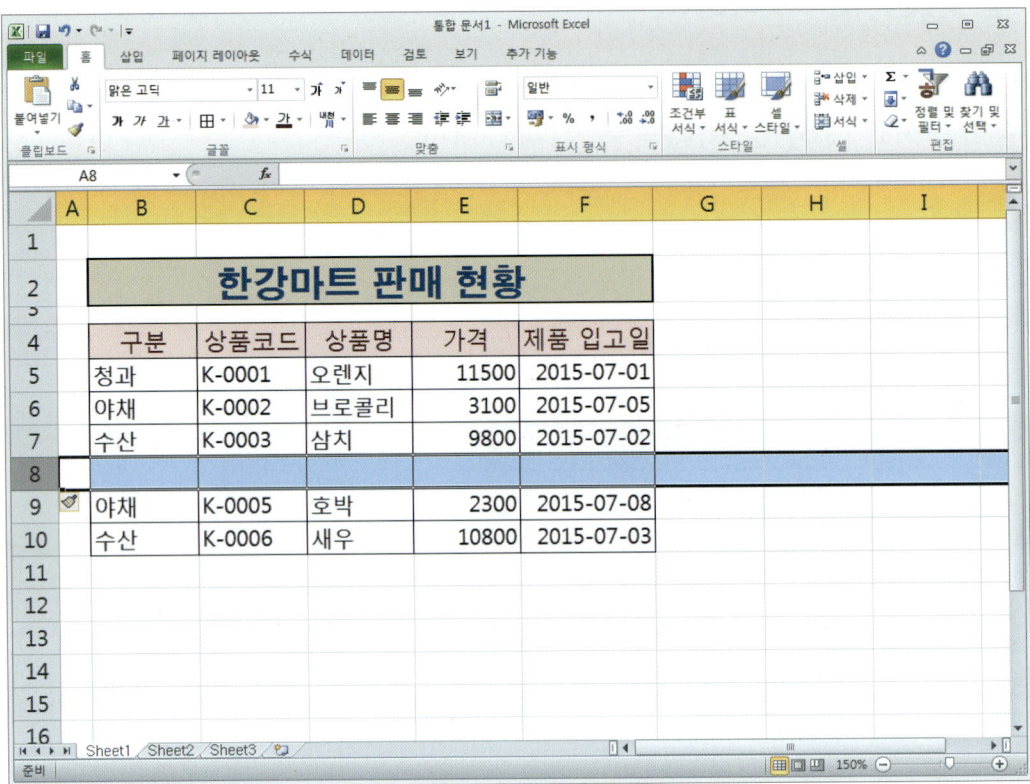

04 삽입한 셀에 그림과 같이 **데이터를 입력**합니다.

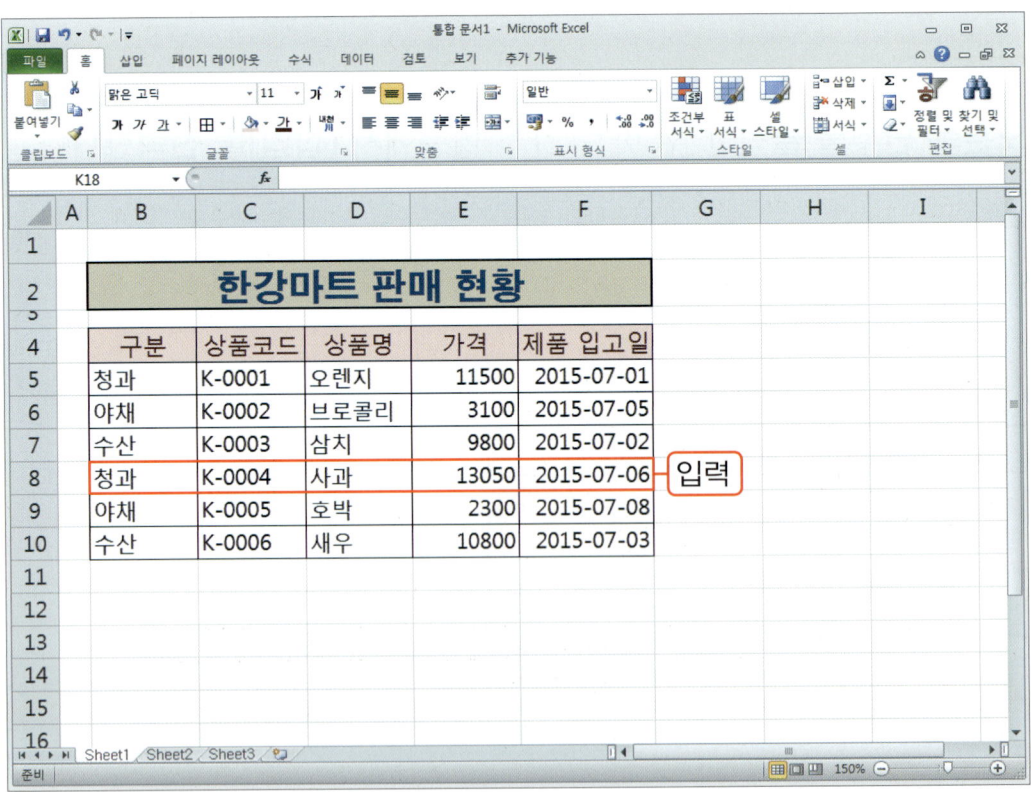

05 열을 삭제하기 위해 [C] 열 머리글을 선택하고 **마우스 오른쪽 단추를 클릭**한 후 바로 가기 메뉴에서 **[삭제]를 선택**합니다.

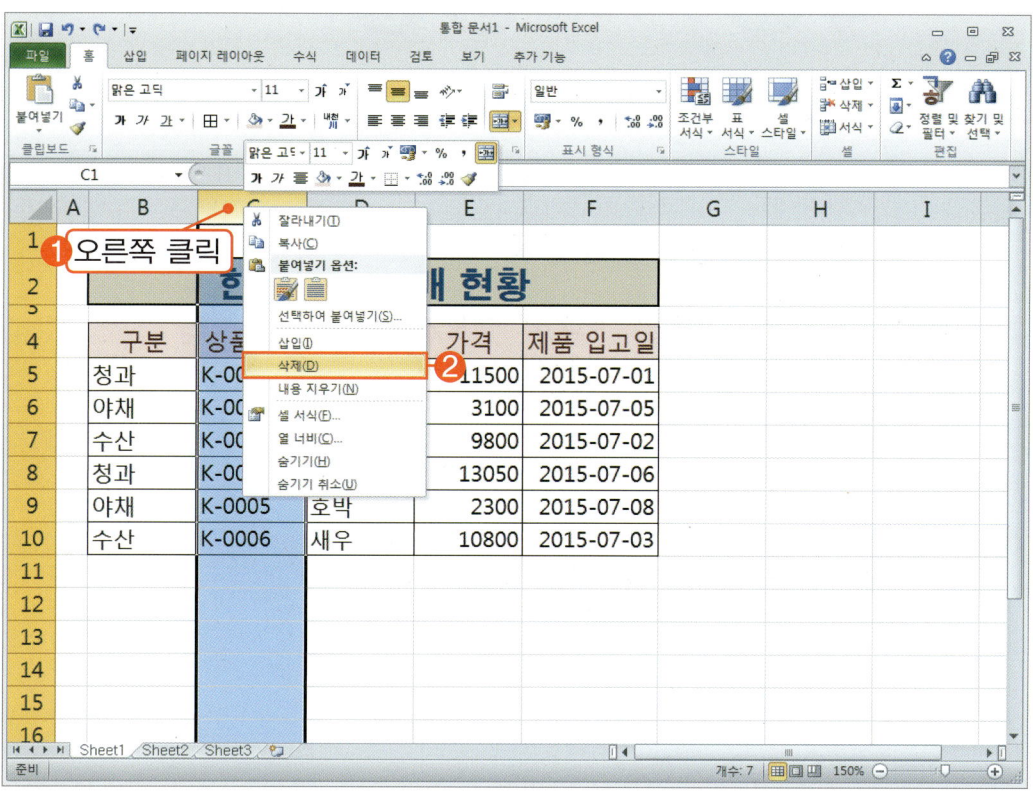

06 그림과 같이 선택한 열이 워크시트에서 삭제된 것을 확인할 수 있습니다.

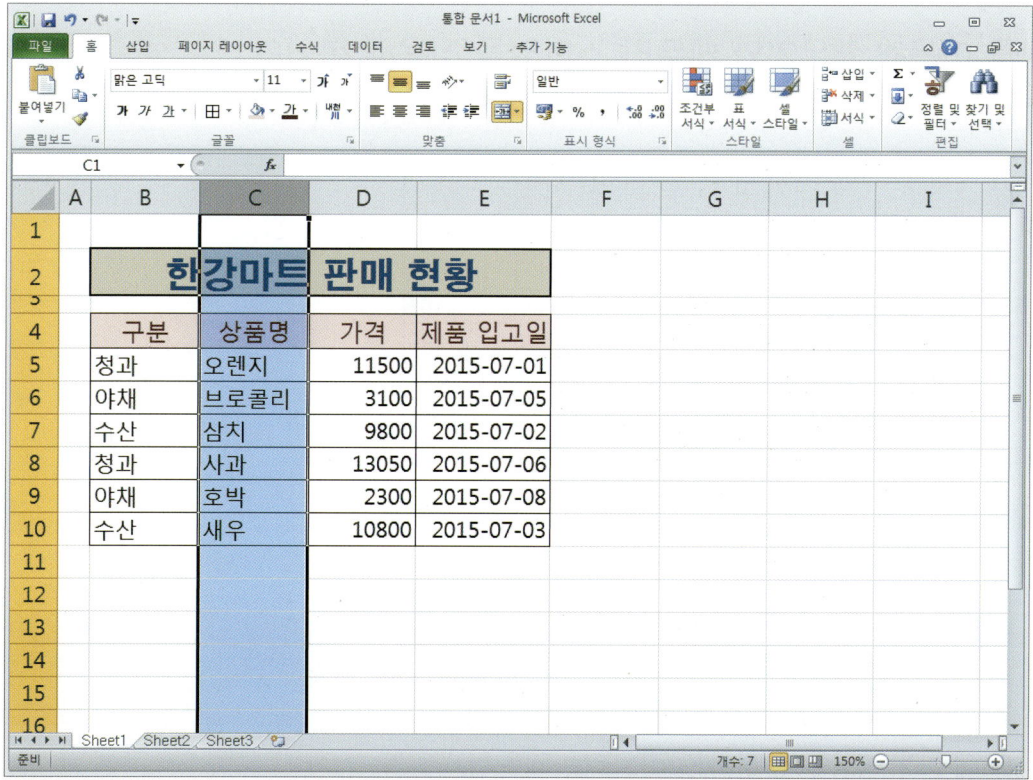

디딤돌학습

1 데이터를 입력한 후 그림과 같이 셀 서식을 적용해 봅니다.

	A	B	C	D	E	F
1						
2		한국가구 전문몰 신상품				
3						
4		상품코드	분류	상품명	판매가	적립금
5		KB-01	가구	의자	83500	1100
6		KB-02	사무용품	수납함	31000	840
7		KB-03	욕실용품	용기세트	15300	300
8		KB-04	가구	책상	108000	2700
9		KB-05	욕실용품	사각거울	66000	540

도움터 • 병합하고 가운데 맞춤(🔲) • 가운데 맞춤(≡)

2 셀 서식을 이용해 채우기와 테두리 스타일을 적용해 봅니다.

도움터 • 테두리 – 굵은 상자 테두리, 모든 테두리

3 새로운 워크시트에 데이터를 입력한 후 열 너비와 행 높이를 조절해 봅니다.

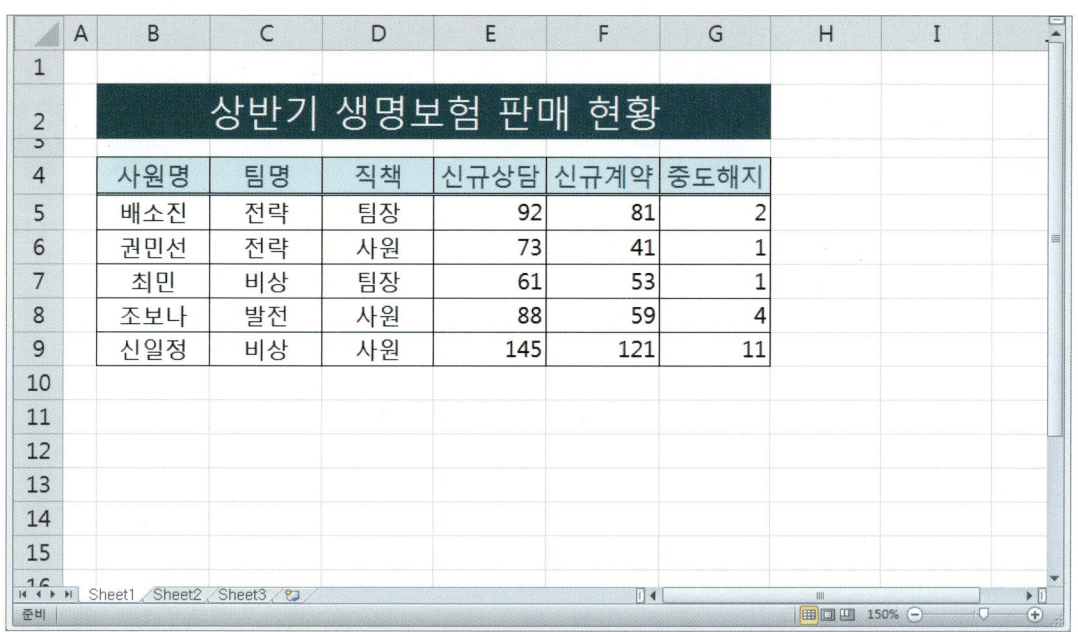

도움터 • 열 너비 – [A] 열 머리글   • 행 높이 – [3] 행 머리글

4 워크시트에 입력된 데이터를 삽입하고 삭제해 봅니다.

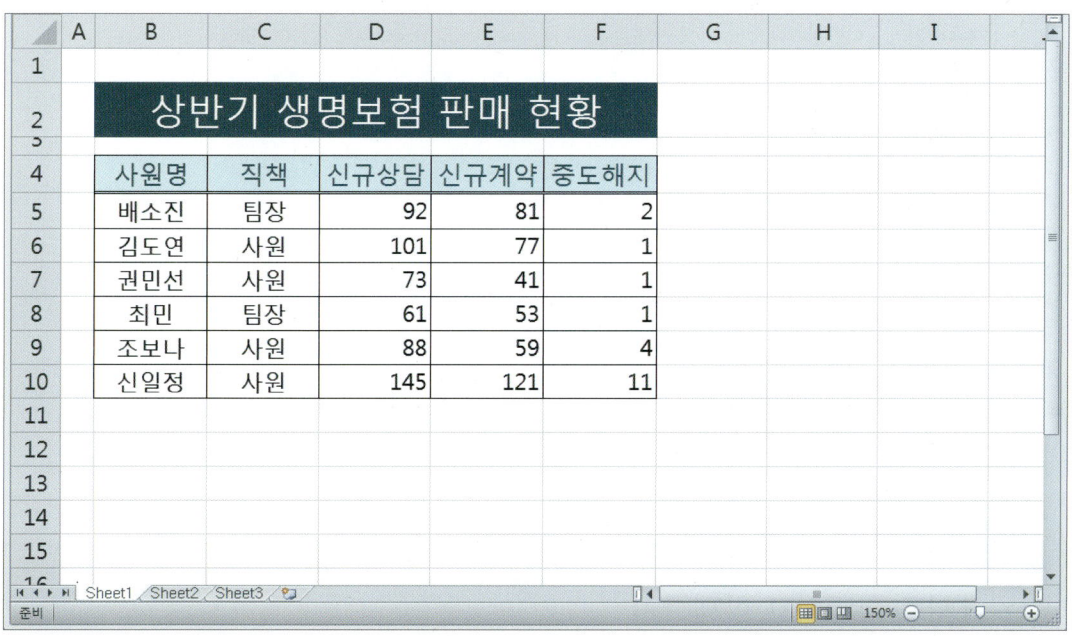

도움터 • 삽입 – [6] 행   • 삭제 – [C] 열

04 워크시트 편집하기

워크시트의 이름을 변경하고 삽입 및 삭제하여 시트 탭을 편집하는 방법과 셀의 표 서식과 셀 스타일을 지정하는 방법에 대해 알아보도록 하겠습니다.

 예제파일 : 부동산 급매물.xlsx

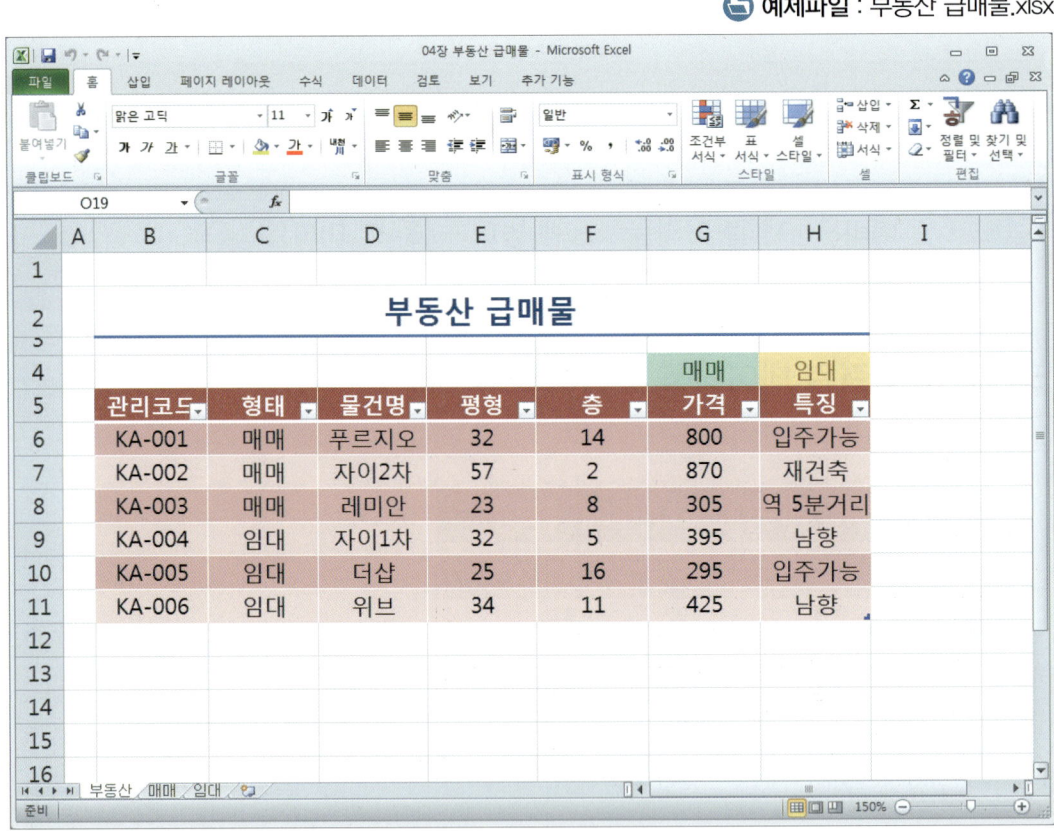

무엇을 배울까요?

- 워크시트 삽입하고 삭제하기
- 워크시트 이름 변경하기
- 표 서식과 셀 스타일 지정하기
- 데이터 복사 및 붙여넣기

워크시트 삽입하고 삭제하기

01 워크시트를 추가하기 위해 시트 탭의 **워크시트 삽입 아이콘( )을 클릭**합니다.

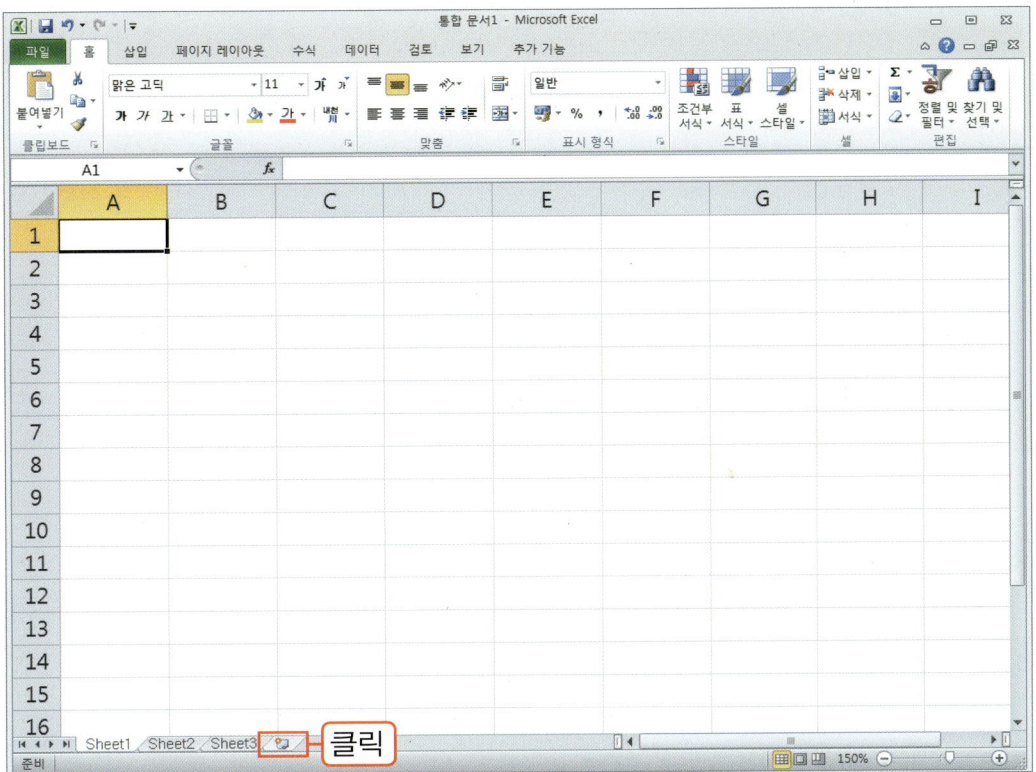

02 그림과 같이 [Sheet4] 탭이 삽입된 것을 확인할 수 있습니다.

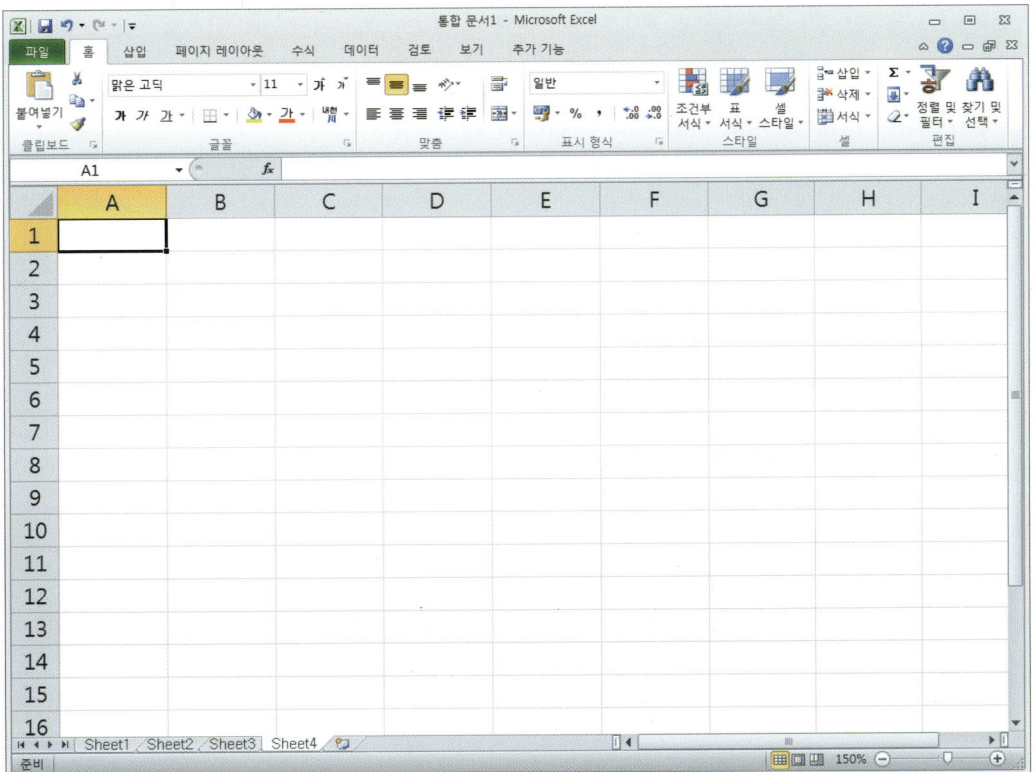

03 워크시트를 삭제하기 위해 시트 탭의 **[Sheet2] 탭을 선택**하고 **마우스 오른쪽 단추를 클릭**한 후 바로 가기 메뉴에서 **[삭제]를 선택**합니다.

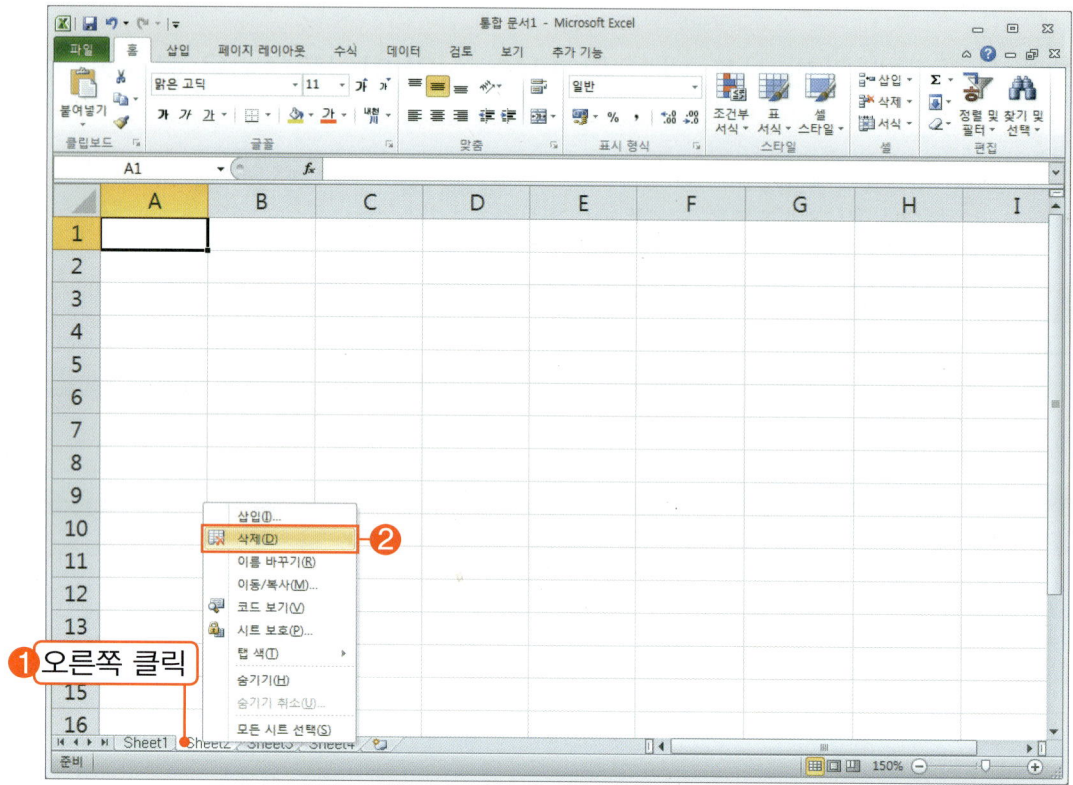

04 그림과 같이 [Sheet2] 탭이 삭제된 것을 확인할 수 있습니다.

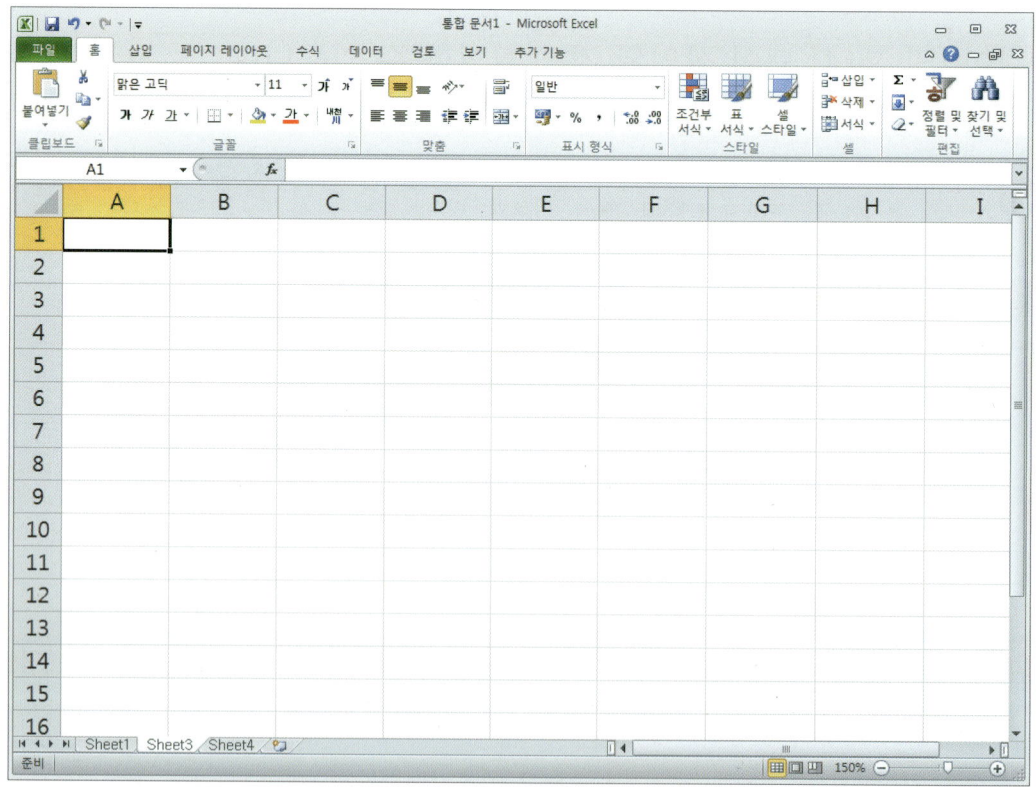

워크시트 이름 변경하기

01 워크시트 이름을 변경하기 위해 시트 탭의 **[Sheet1] 탭을 선택**하고 **마우스 오른쪽 단추를 클릭**한 후 바로 가기 메뉴에서 **[이름 바꾸기]를 선택**합니다.

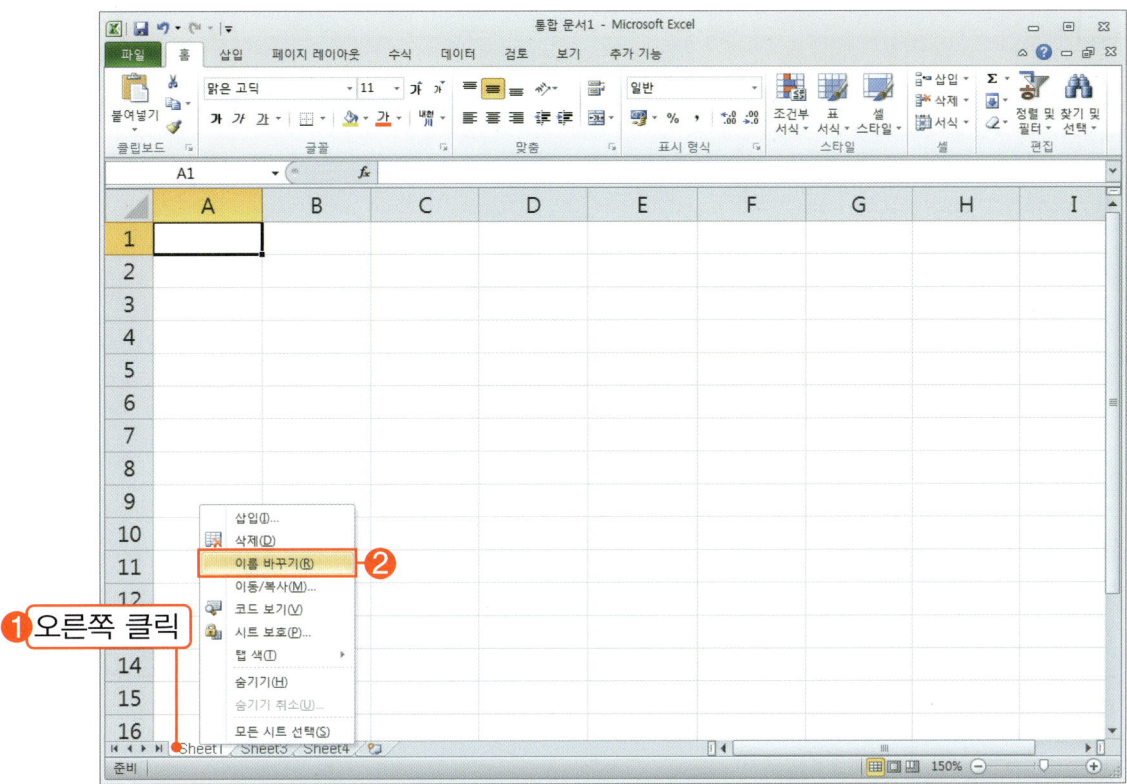

02 그림과 같이 시트 탭의 [Sheet1] 탭이 수정 상태로 변경됩니다.

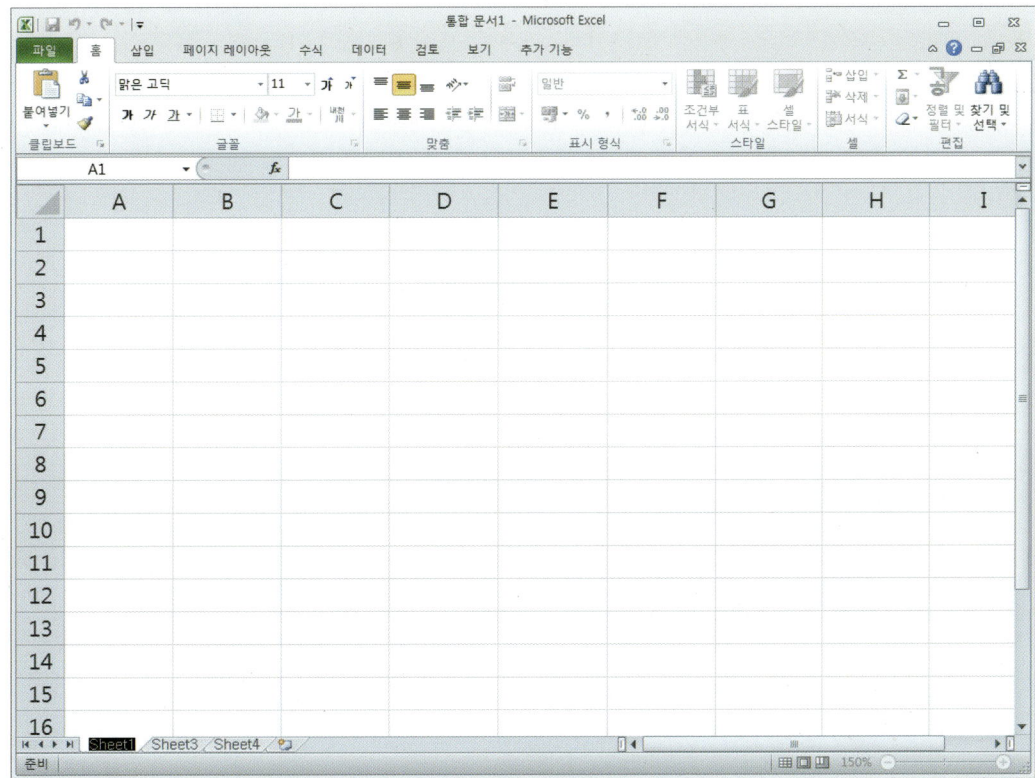

03 변경할 이름을 '**부동산**'으로 **입력**한 후 **키보드의** Enter 키를 누릅니다.

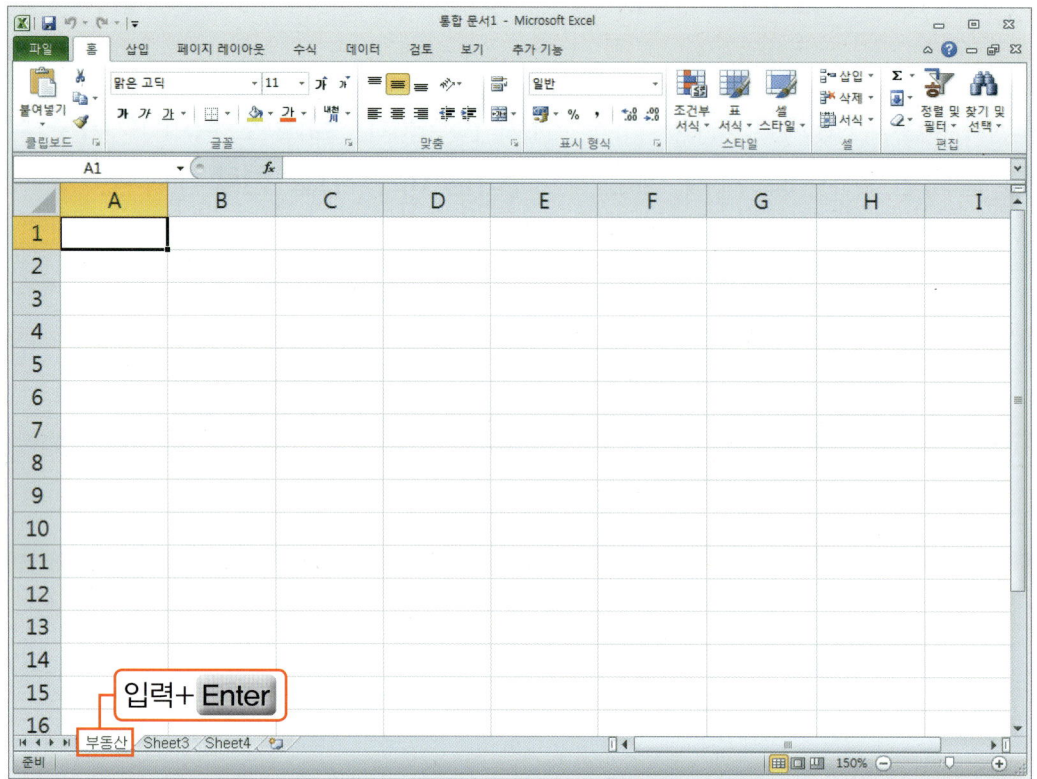

04 위와 같은 방법으로 시트 탭의 [**Sheet3**] **탭-'매매'**, [**Sheet4**] **탭-'임대'**로 이름을 변경합니다.

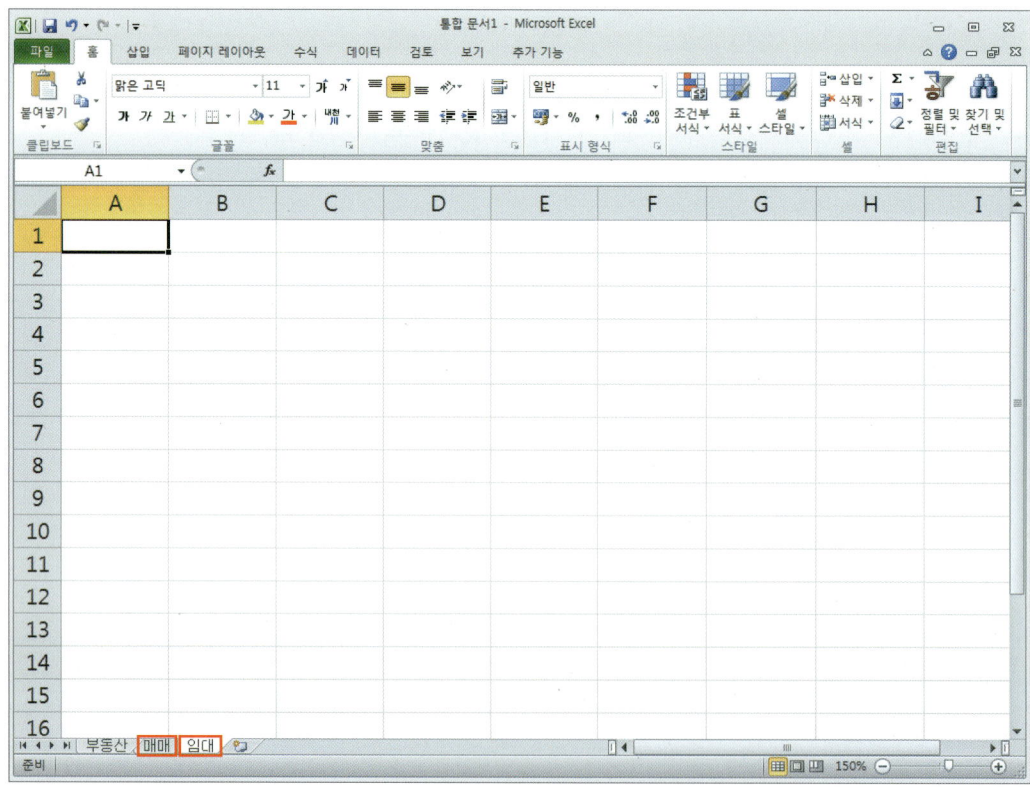

표 서식과 셀 스타일 지정하기

01 시트 탭의 **[부동산] 탭을 선택**한 후 그림과 같이 **데이터를 입력**합니다.

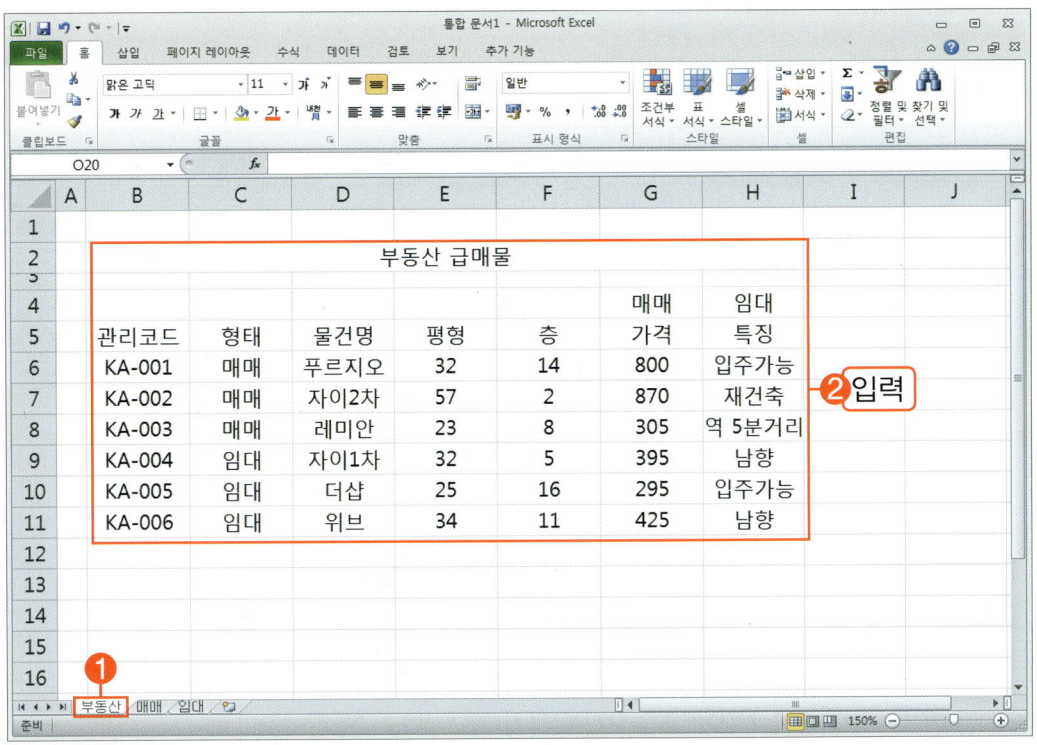

배움터 입력한 데이터에 가운데 맞춤(≡)과 병합하고 가운데 맞춤(≣)을 적용합니다.

02 제목의 셀 스타일을 적용하기 위해 **[B2:H2] 셀을 선택**하고 **[홈] 탭-[스타일]** 그룹에서 **[셀 스타일]**(📋)을 **클릭**한 후 갤러리에서 **[제목 및 머리글]-[제목 1]**을 선택합니다.

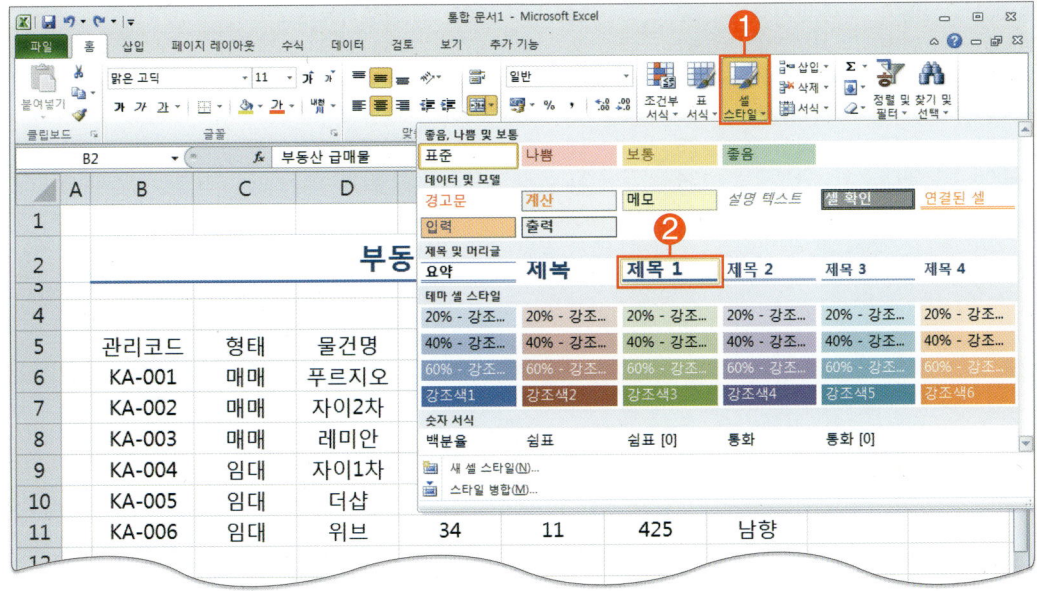

03 셀 스타일을 적용하기 위해 **[G4] 셀을 선택**하고 **[홈] 탭-[스타일] 그룹**에서 **[셀 스타일]**( )**을 클릭**한 후 갤러리에서 **[좋음, 나쁨 및 보통]-[좋음]을 선택**합니다.

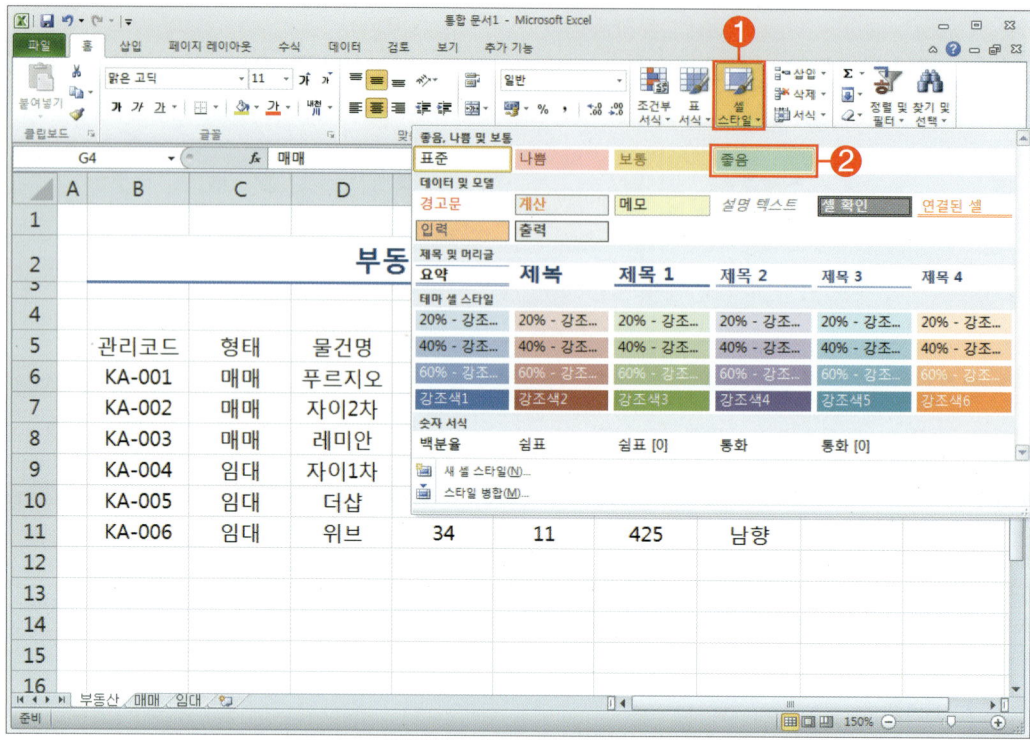

04 위와 같은 방법으로 **[H4] 셀의 스타일을 [보통]으로 적용**합니다.

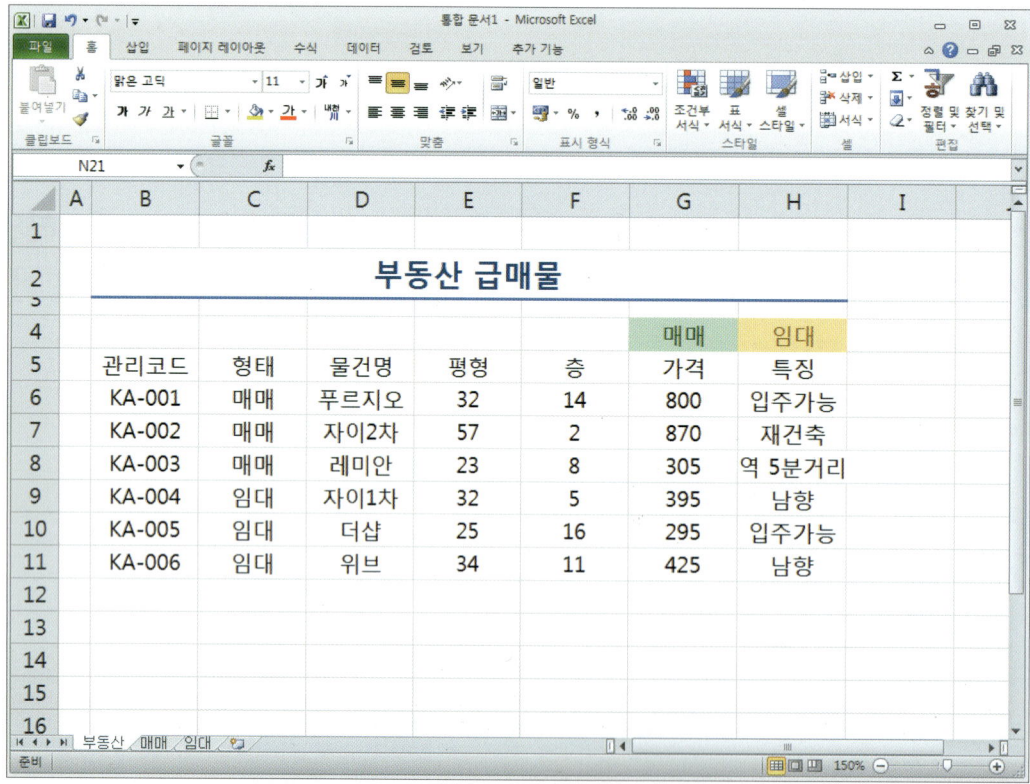

05 표 서식을 적용하기 위해 [B5:H11] 셀을 드래그하여 범위를 지정합니다.

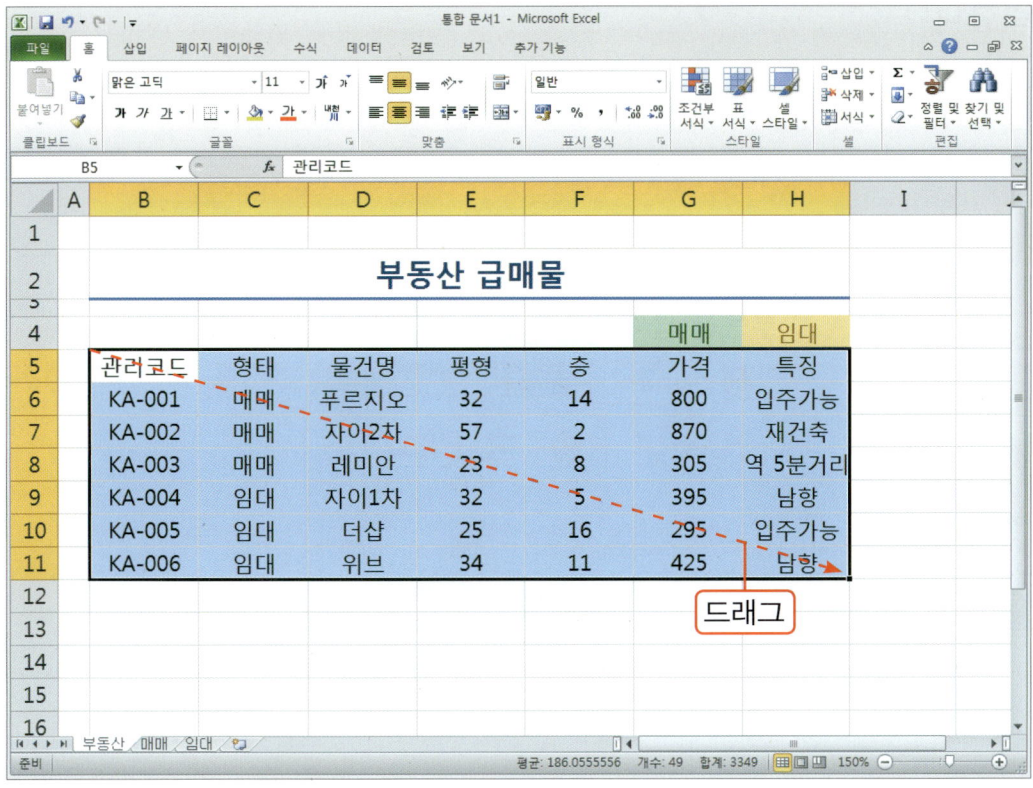

06 [홈] 탭-[스타일] 그룹에서 [표 서식](　)을 클릭한 후 갤러리에서 [보통]-[표 스타일 보통 10]을 선택합니다.

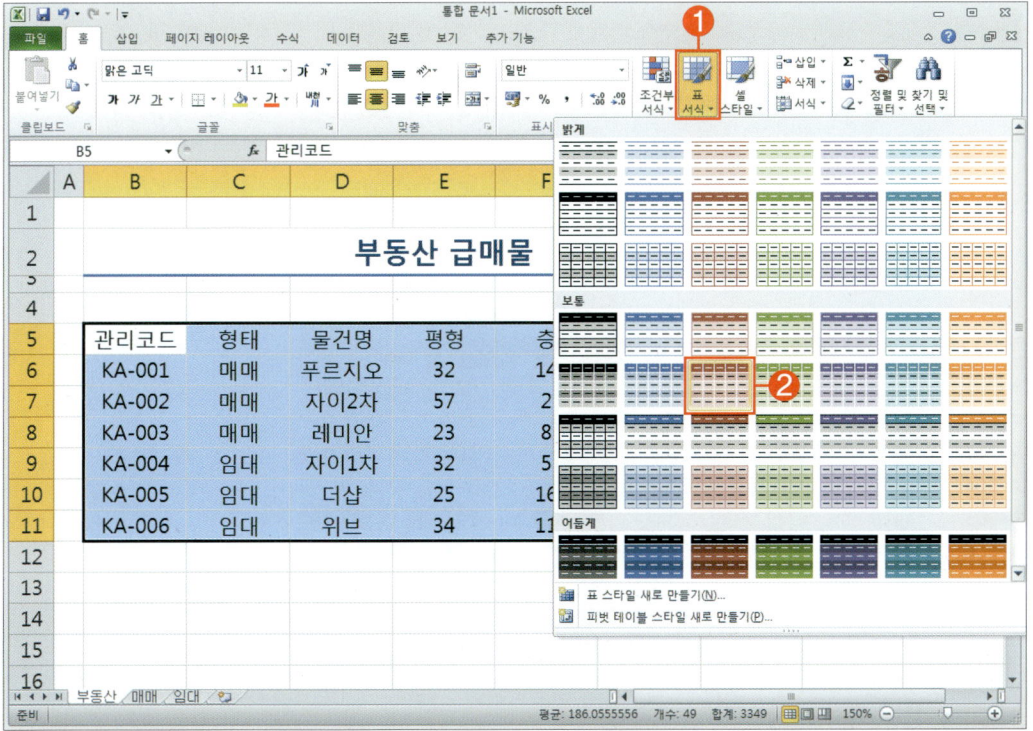

07 [표 서식] 대화상자가 나타나면 표에 사용할 **데이터 범위를 확인**한 후 [확인] 단추를 클릭합니다.

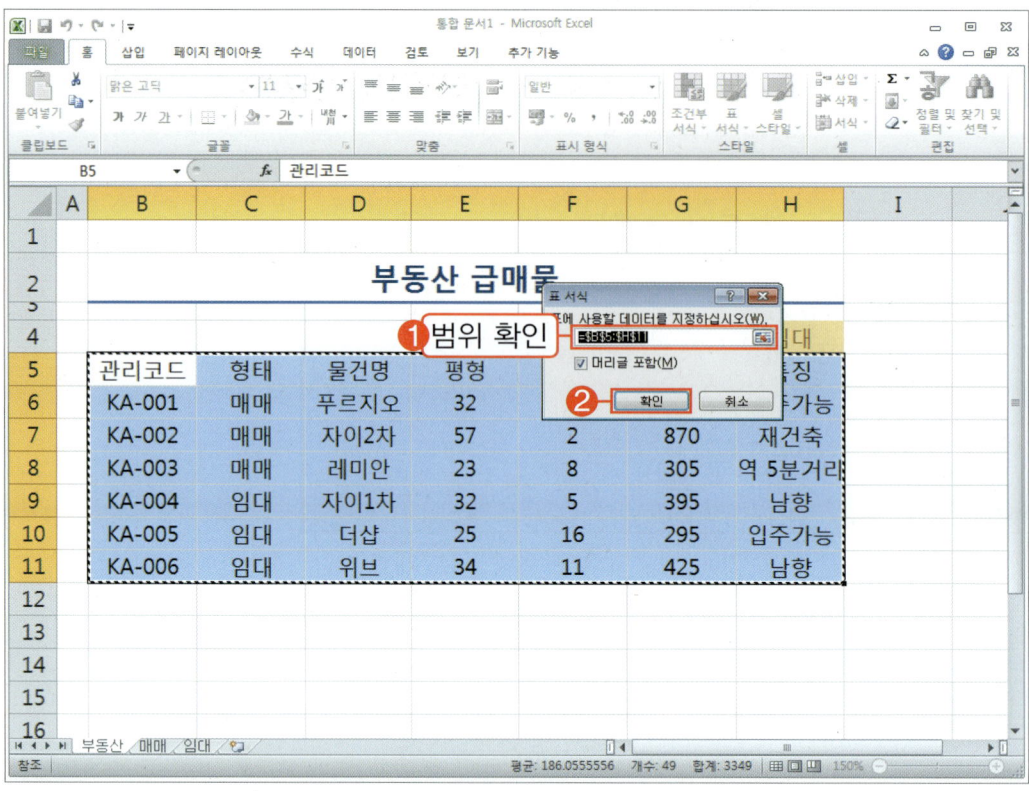

08 그림과 같이 지정한 데이터 범위에 표 서식이 적용된 것을 확인할 수 있습니다.

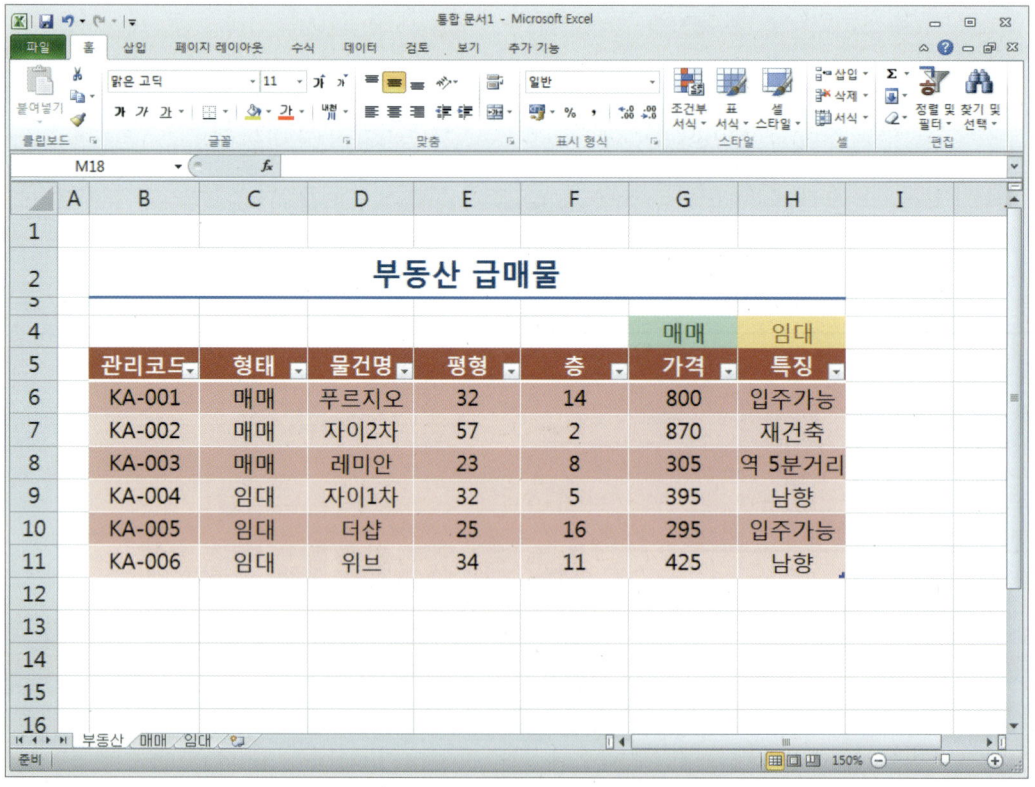

> 배움터 　빈 셀을 선택하면 데이터 범위 지정이 해제됩니다.

데이터 복사 및 붙여넣기

01 "매매" 데이터를 복사하기 위해 그림과 같이 **[B6:H8]** 셀을 드래그하여 **범위를 지정**합니다.

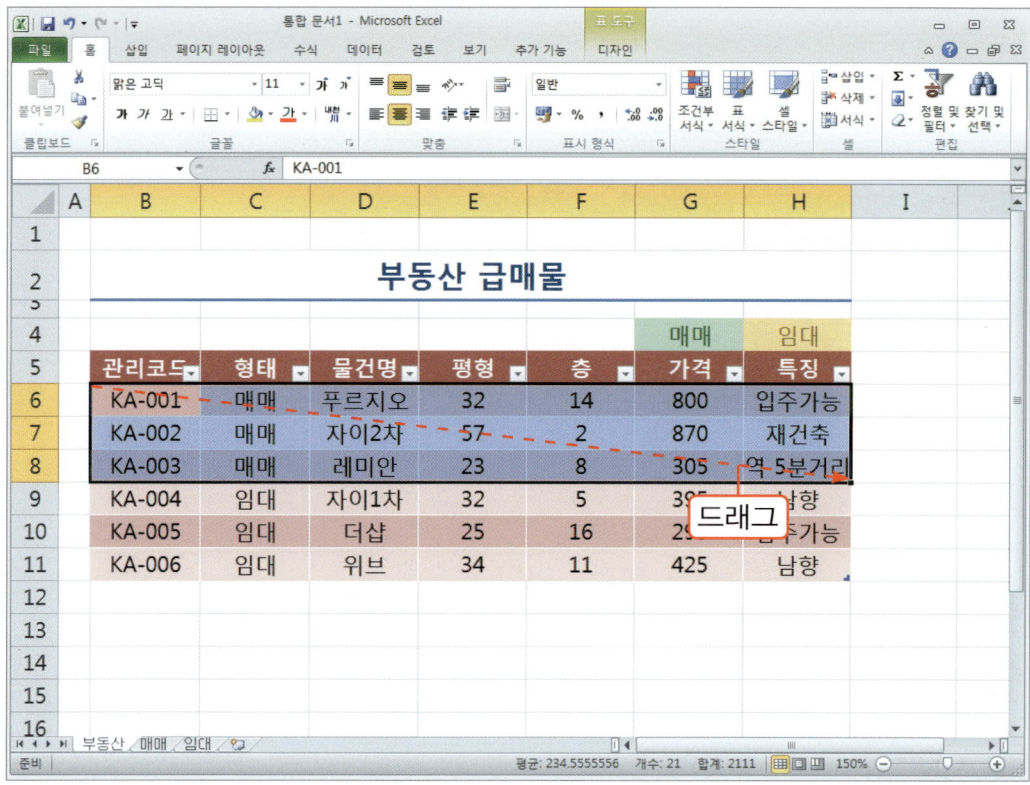

02 [홈] 탭-[클립보드] 그룹에서 [복사](📋)를 클릭한 후 항목에서 [복사]를 선택합니다.

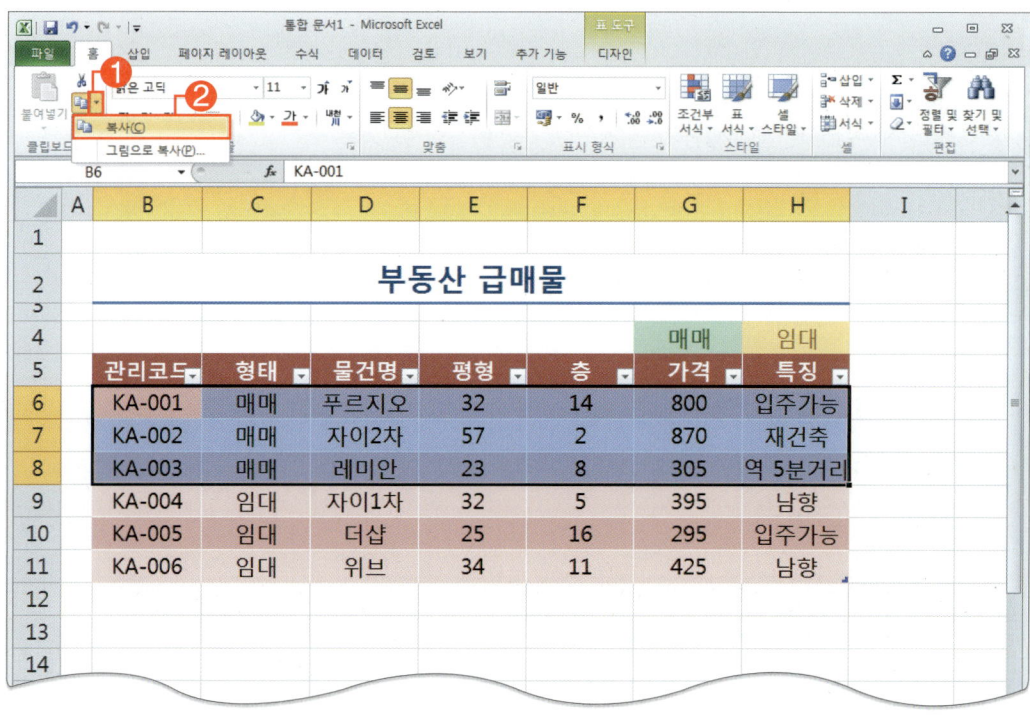

03 복사될 영역이 지정되면, 데이터를 붙여넣기 위해 시트 탭의 **[매매] 탭을 선택**합니다.

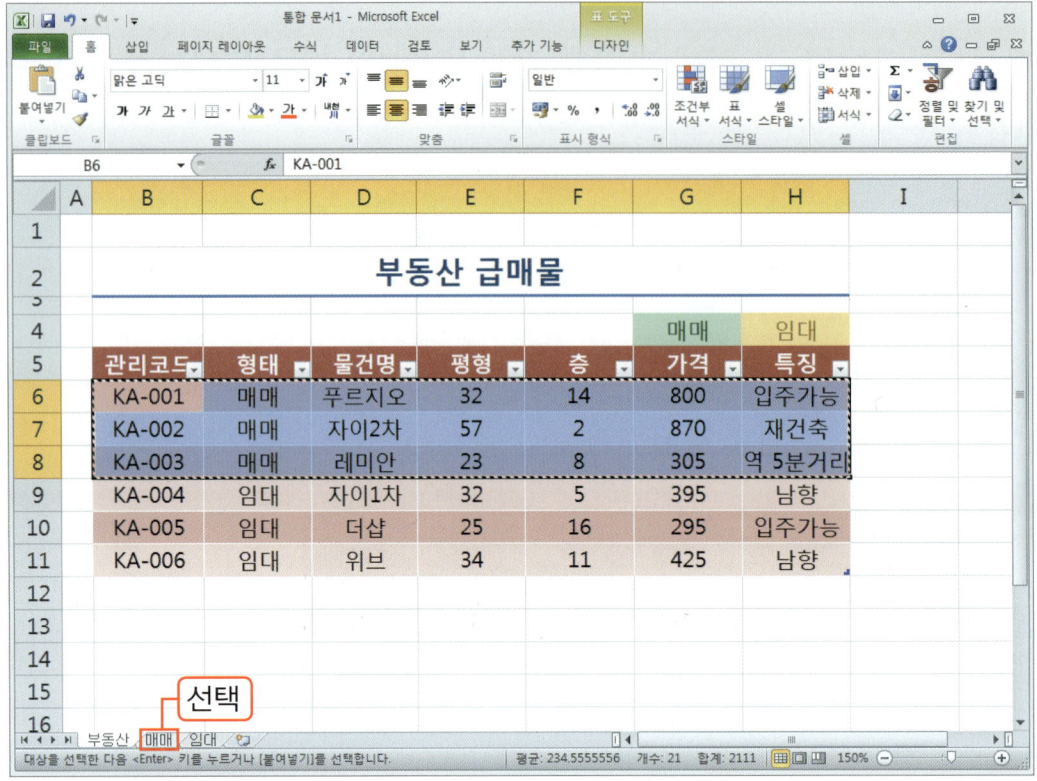

04 **[홈] 탭-[클립보드] 그룹**에서 **[붙여넣기]**( )를 클릭한 후 갤러리에서 **[원본 서식 유지]를 선택**합니다.

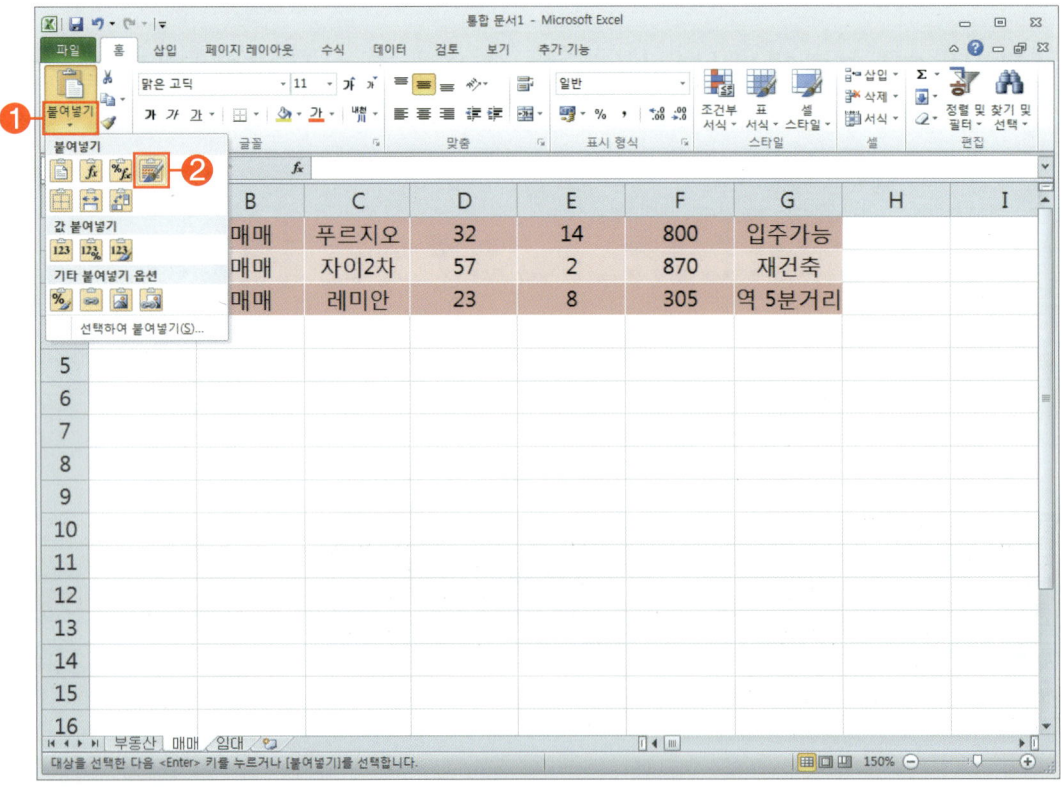

05 그림과 같이 [매매] 시트에 데이터 복사가 끝나면, 시트 탭의 **[부동산] 탭을 선택**합니다.

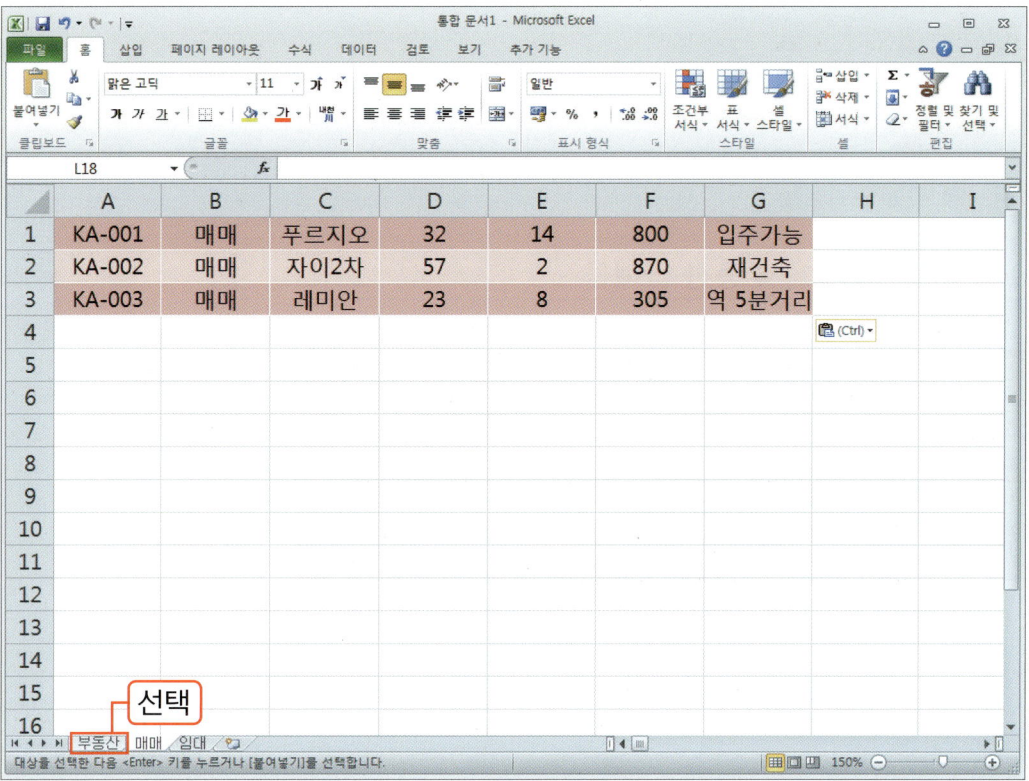

06 부동산 시트의 복사 영역을 해제하기 위해 **키보드의 Esc 키를 누릅니다.**

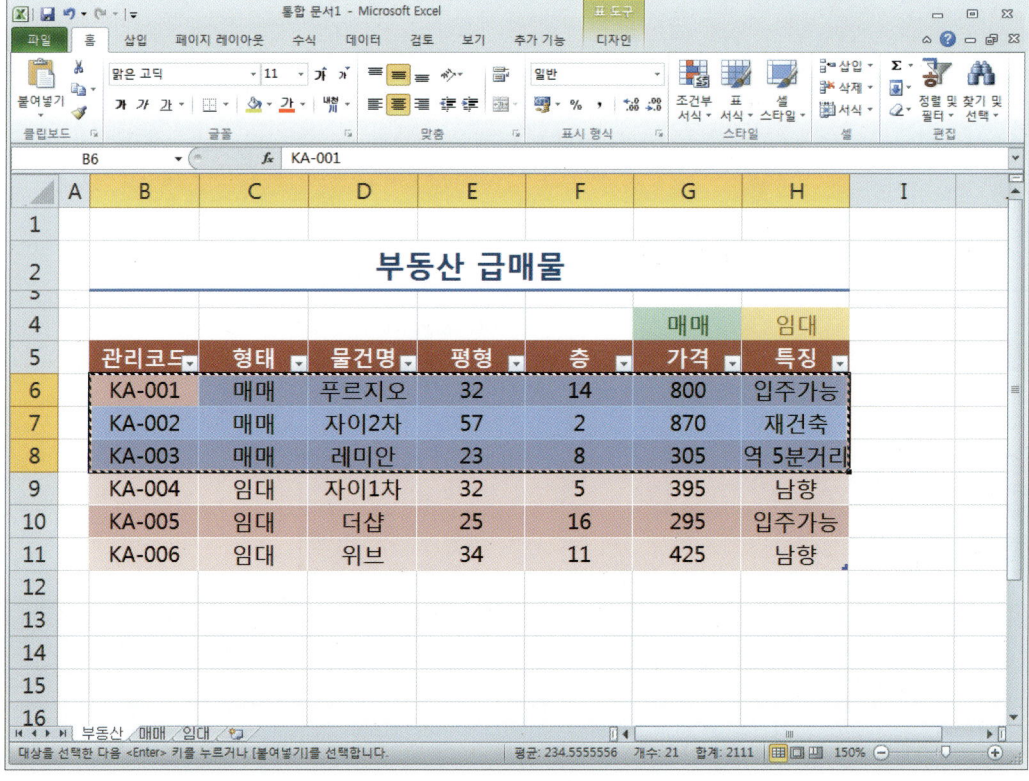

07 "임대" 데이터를 복사하기 위해 [B9:H11] 셀을 드래그하여 범위를 지정하고 [홈] 탭-[클립보드] 그룹에서 [복사](📋)를 클릭한 후 항목에서 [복사]를 선택합니다.

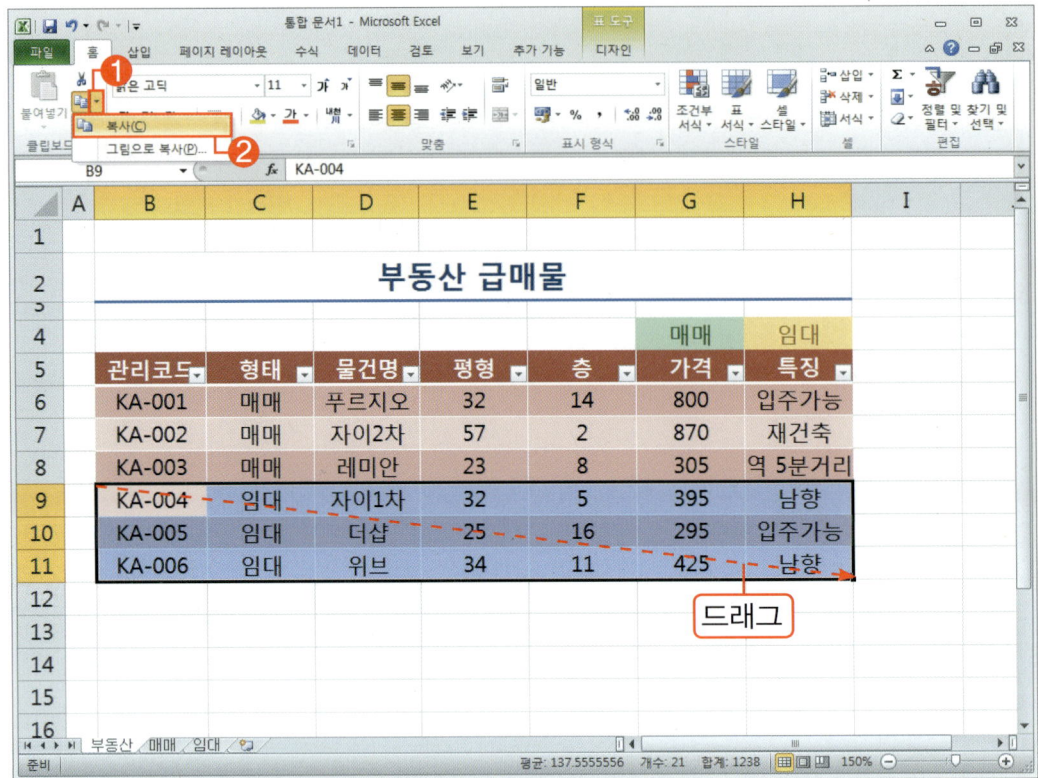

08 복사될 영역이 지정되면, 데이터를 붙여넣기 위해 시트 탭의 **[임대] 탭을 선택**합니다.

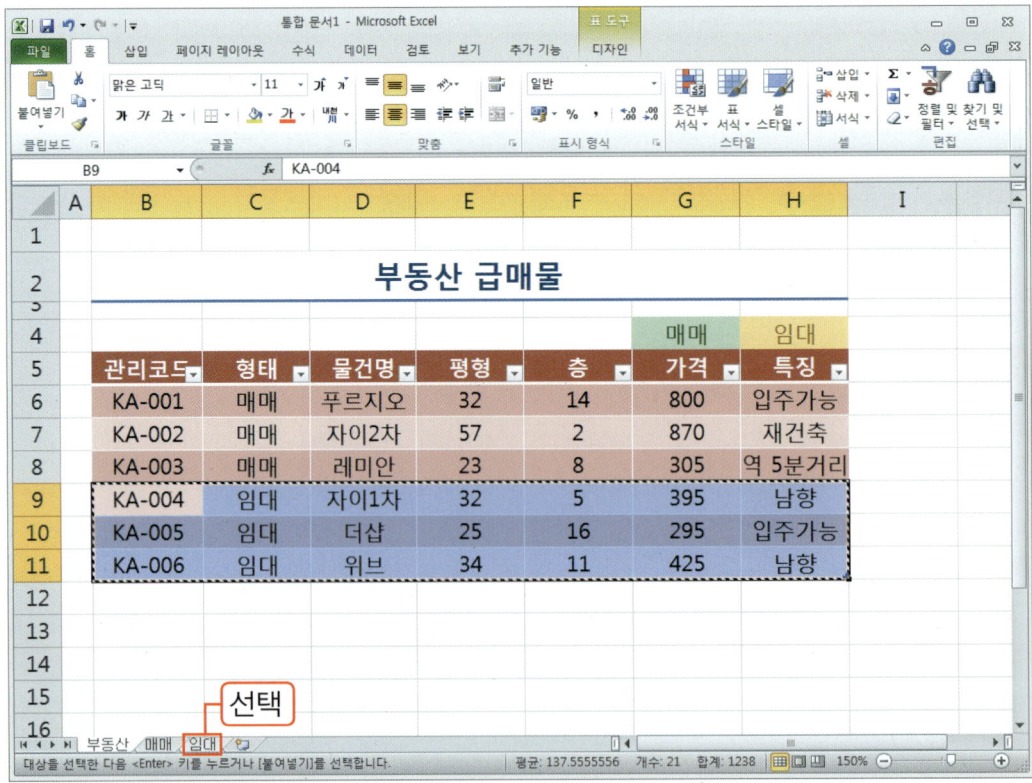

09 [홈] 탭-[클립보드] 그룹에서 [붙여넣기](📋)를 클릭한 후 갤러리에서 [바꾸기]를 선택합니다.

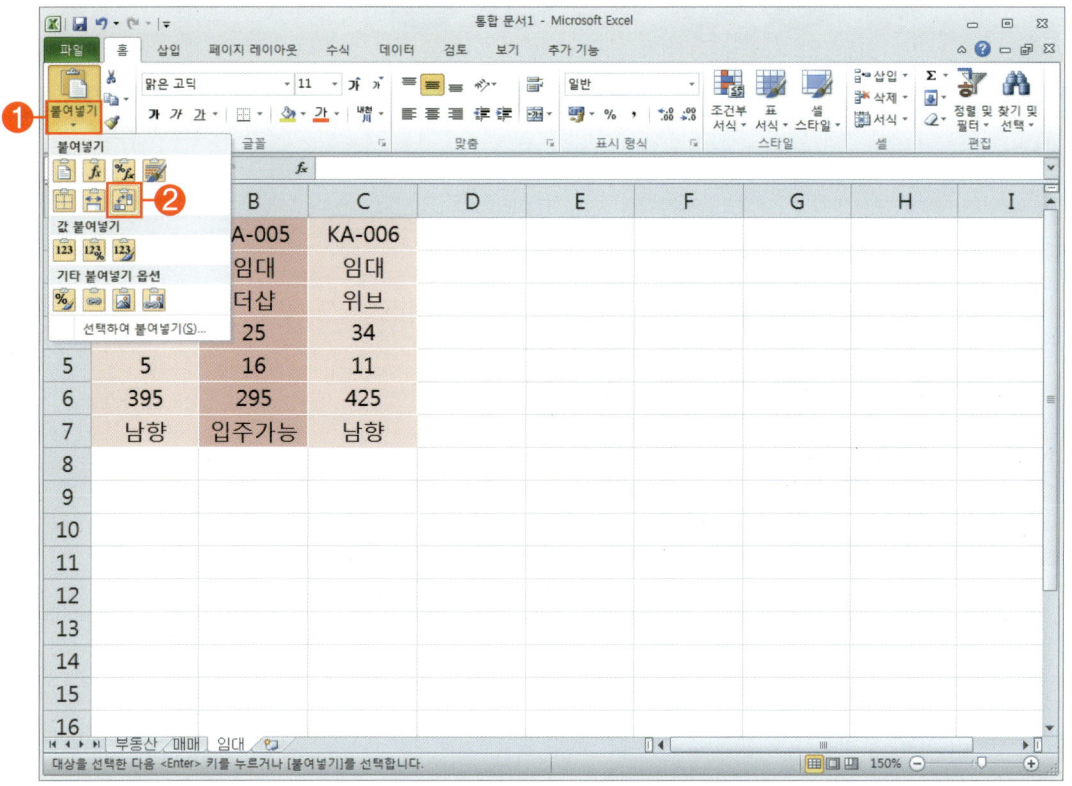

10 그림과 같이 행과 열이 전환되어 데이터가 나타난 것을 확인할 수 있습니다.

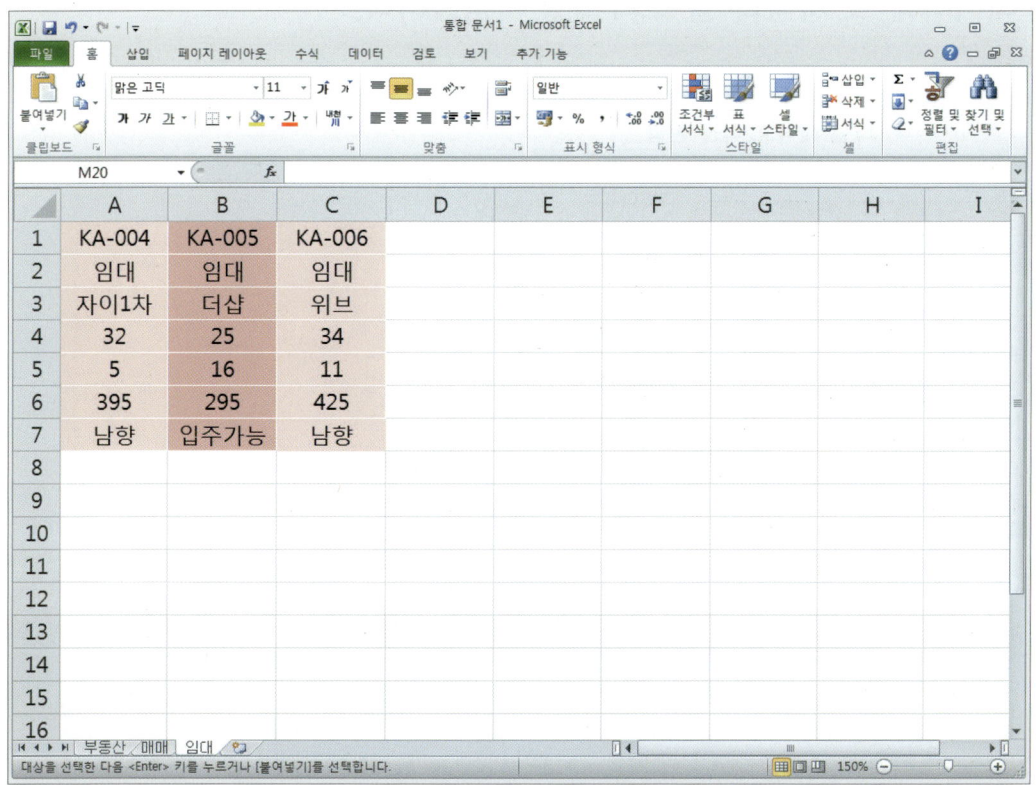

1 시트 탭의 이름을 '세탁소', '남성', '여성'으로 변경한 후 그림과 같이 데이터를 입력합니다.

	A	B	C	D	E	F
1						
2			12월 세탁소 이용 현황			
3						
4					진행	완료
5		코드	품목	구분	세탁비	당월집계
6		Y-0001	와이셔츠	남성	1200	4210
7		N-0001	니트류	남성	3500	1904
8		C-0001	코트	남성	5000	1202
9		F-0001	정장	여성	5500	923
10		B-0001	블라우스	여성	3000	606
11		N-0001	니트류	여성	3500	2403

2 입력된 데이터에 표 서식과 셀 스타일을 지정합니다.

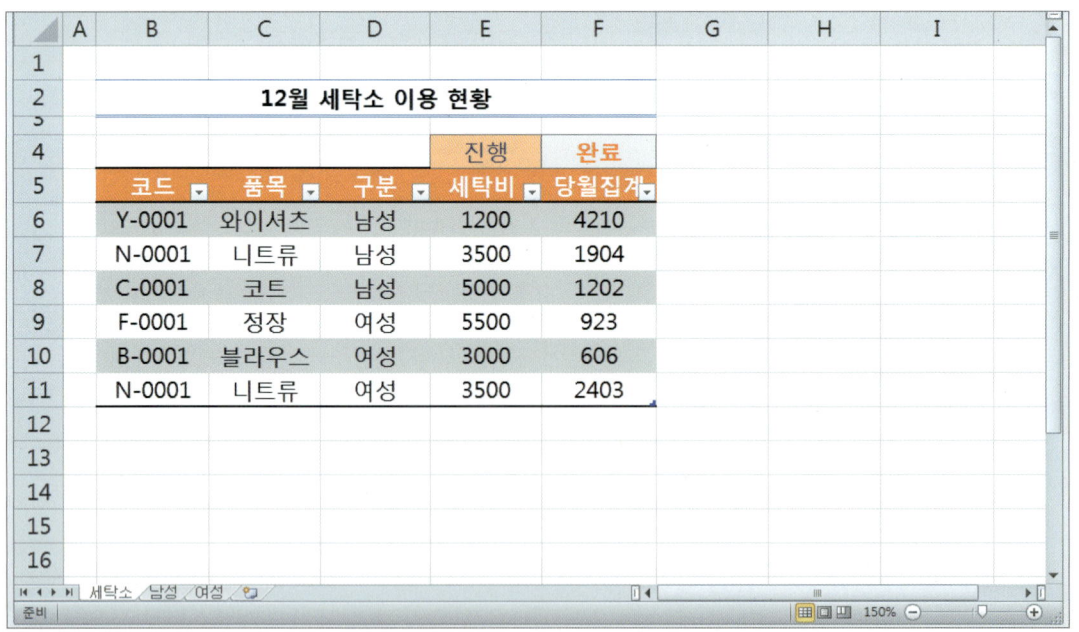

도움터 • 셀 스타일 – 요약, 계산, 입력   • 표 서식 – 표 스타일 보통 21

3 남성 데이터를 복사하여 [남성] 탭에 값을 붙여넣어 봅니다.

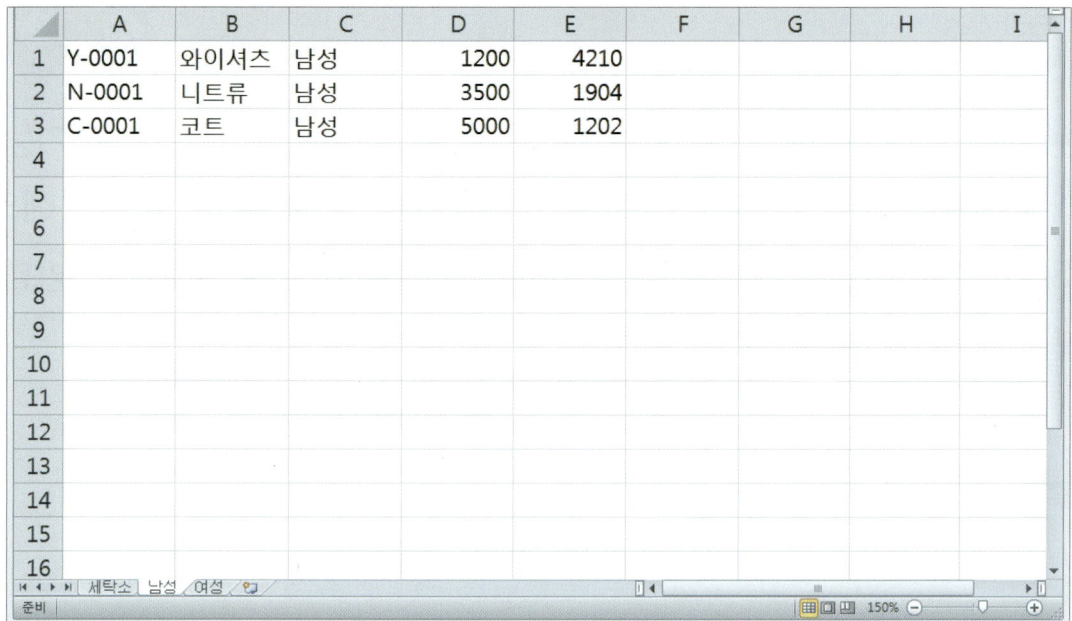

4 여성 데이터를 복사하여 [여성] 탭에 그림으로 붙여넣어 봅니다.

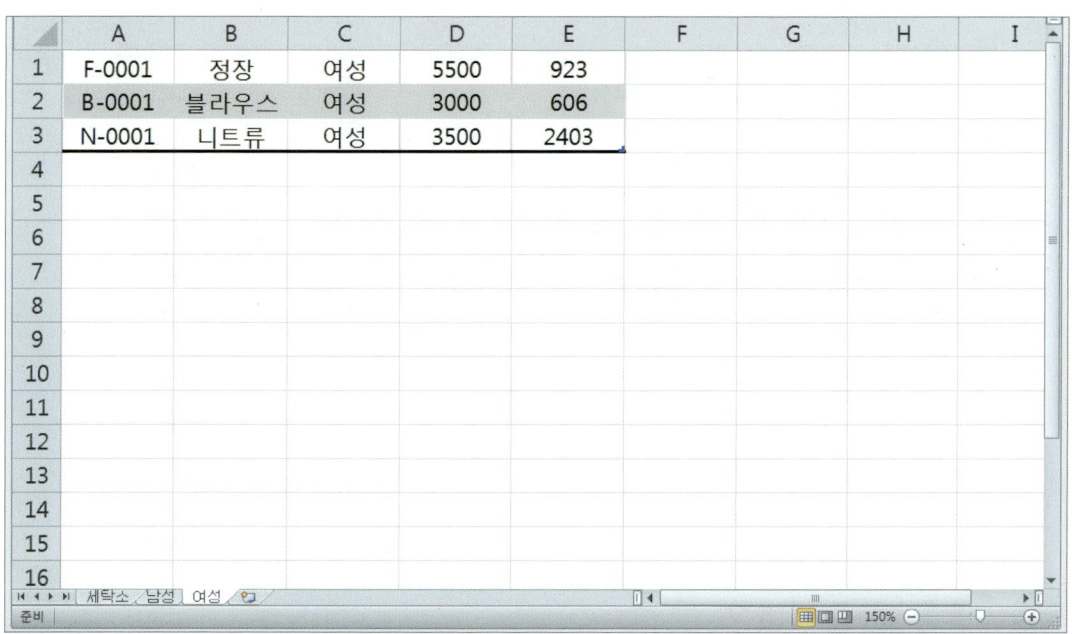

도움터 붙여넣기() - 값(), 그림()

05 자동 수식으로 계산하기

평균 또는 최대값과 같은 간단한 함수를 자동으로 계산하는 자동 합계 기능과 조건에 따라 데이터 막대, 색조 및 아이콘 집합을 사용하여 주요 셀이나 예외적인 값을 강조하여 데이터를 시각적으로 표시하는 조건부 서식을 지정하는 방법에 대해 알아보도록 하겠습니다.

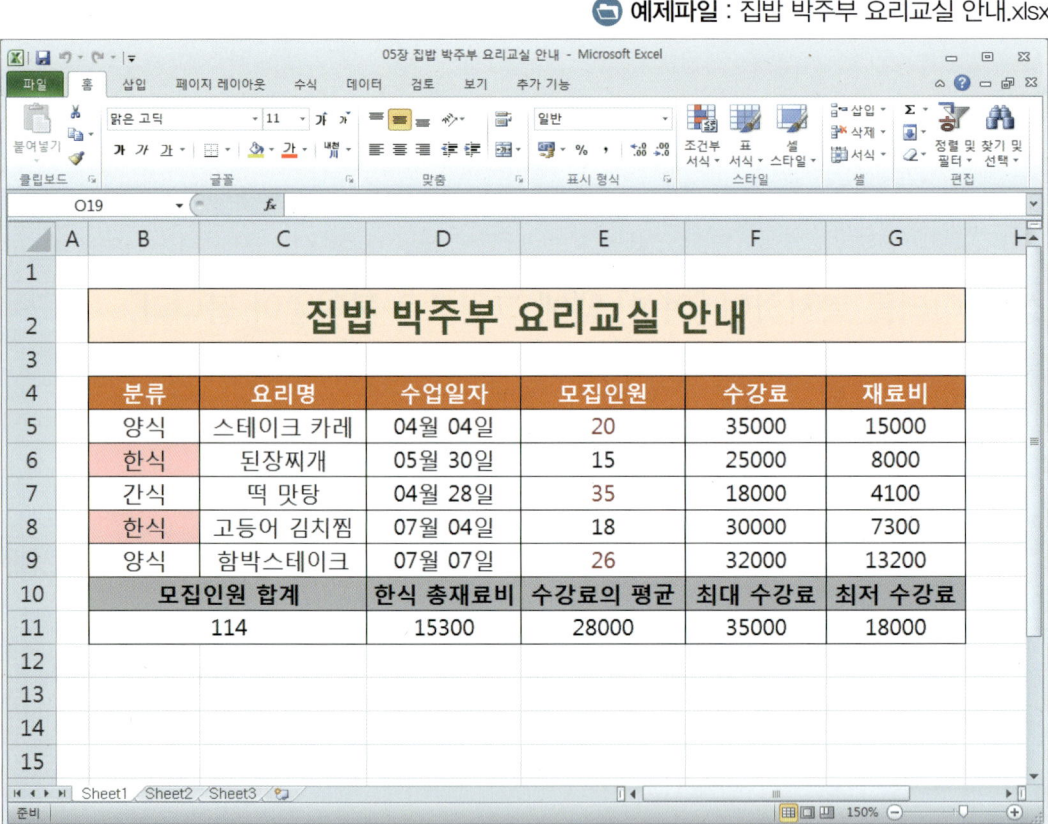

예제파일 : 집밥 박주부 요리교실 안내.xlsx

 무엇을 배울까요?

··· 자동 합계 구하기
··· 자동 평균 구하기
··· 최대값과 최소값 계산하기
··· 조건부 서식 지정하기

자동 합계 구하기

01 새로운 워크시트에 그림과 같이 **데이터를 입력하고 셀 서식을 적용**합니다.

02 모집인원의 합계를 구하기 위해 [B11:C11] 셀을 선택하고 [수식] 탭-[함수 라이브러리] 그룹에서 [자동 합계](Σ)를 클릭한 후 항목에서 [합계]를 선택합니다.

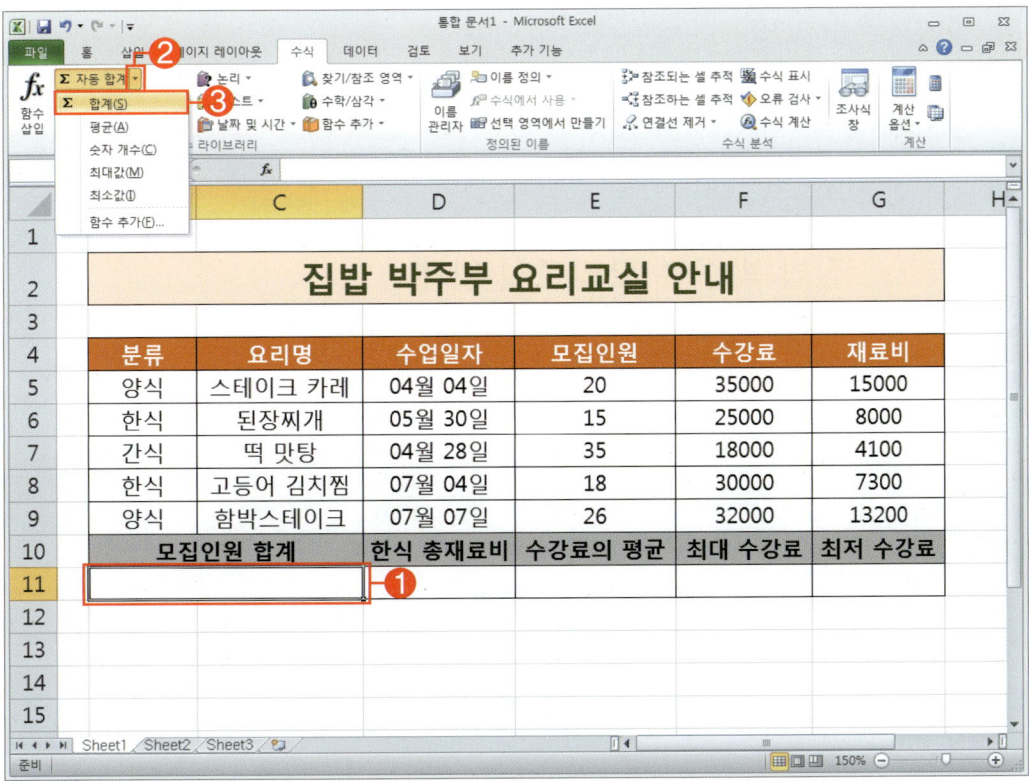

05 자동 수식으로 계산하기 • **73**

03 함수식(=SUM())이 표시되면 [E5:E9] 셀을 드래그하여 범위를 지정한 후 **키보드**의 Enter 키를 누릅니다.

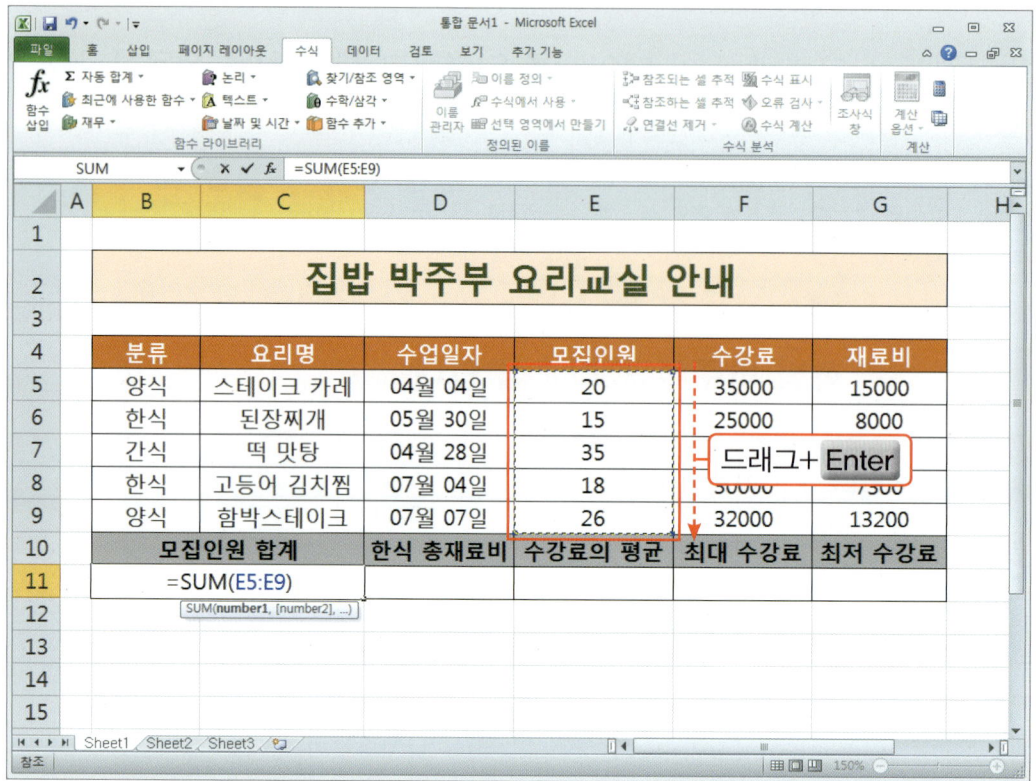

> **배움터** SUM 함수는 인수들의 합을 구할 때 사용합니다.

04 그림과 같이 [B11] 셀에 모집인원 합계가 입력된 것을 확인할 수 있습니다.

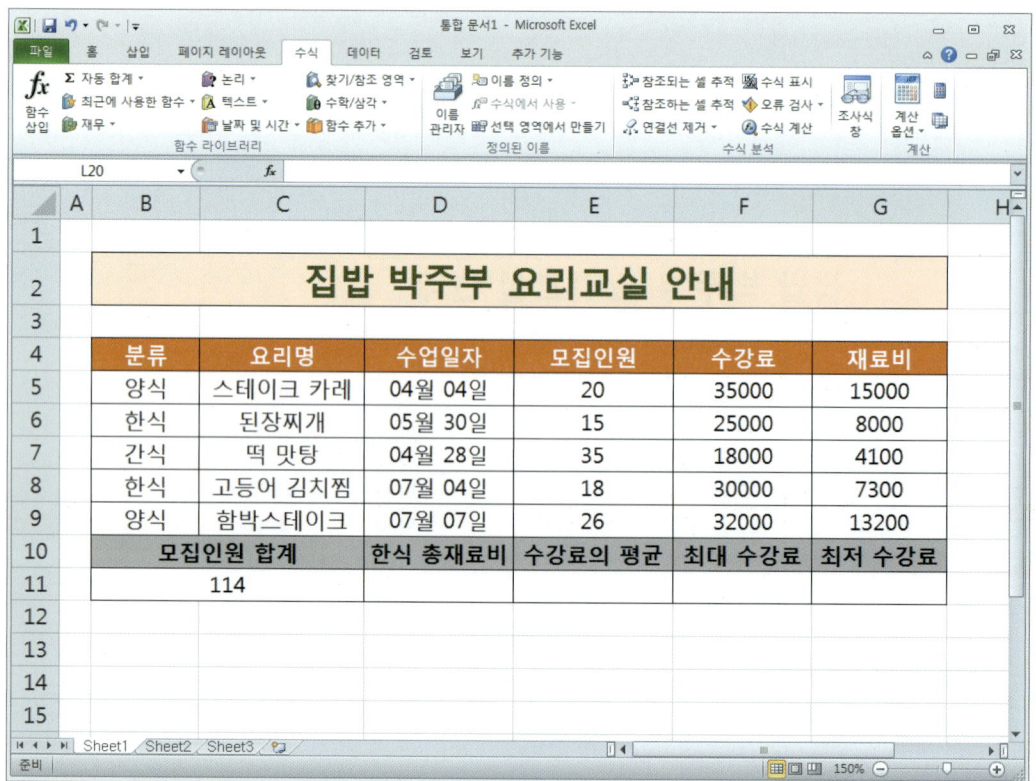

05 계산식을 이용해 한식 재료비의 합계를 구하기 위해 [D11] 셀을 선택하고 '=G6+G8'을 입력한 후 키보드의 Enter 키를 누릅니다.

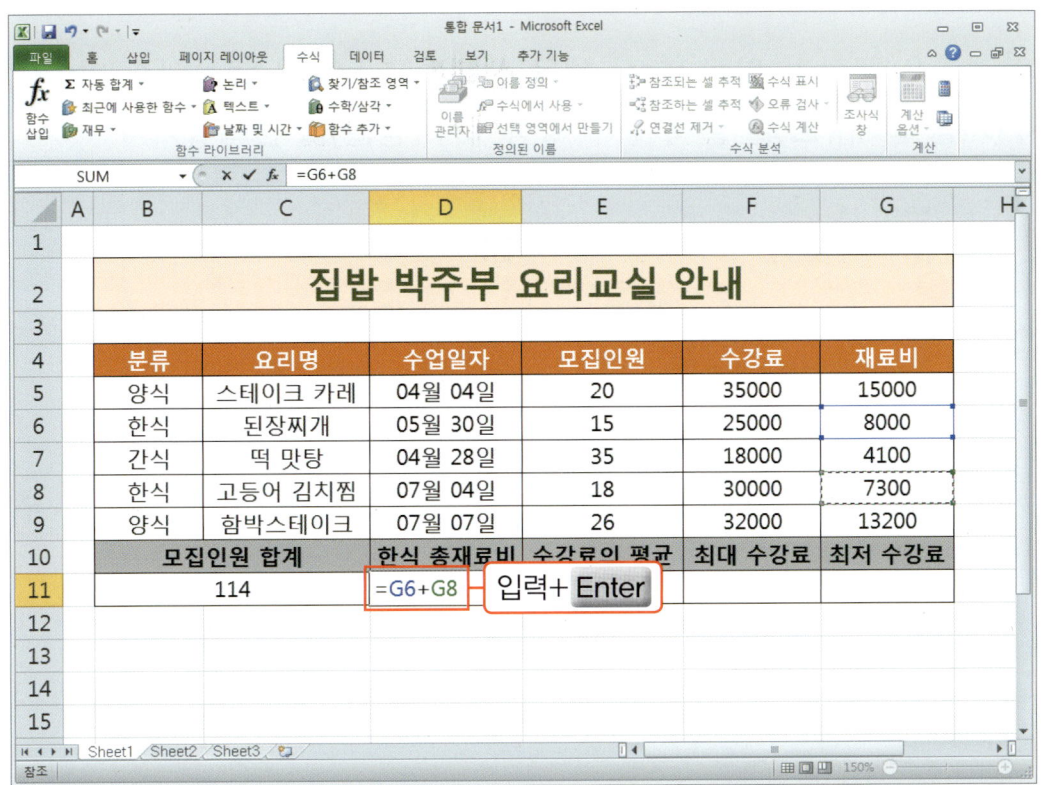

> **배움터** 셀에 계산식을 입력할 때는 =, +, - 기호를 입력한 다음 계산식을 입력합니다.

06 그림과 같이 [D11] 셀에 한식 재료비의 합계가 입력된 것을 확인할 수 있습니다.

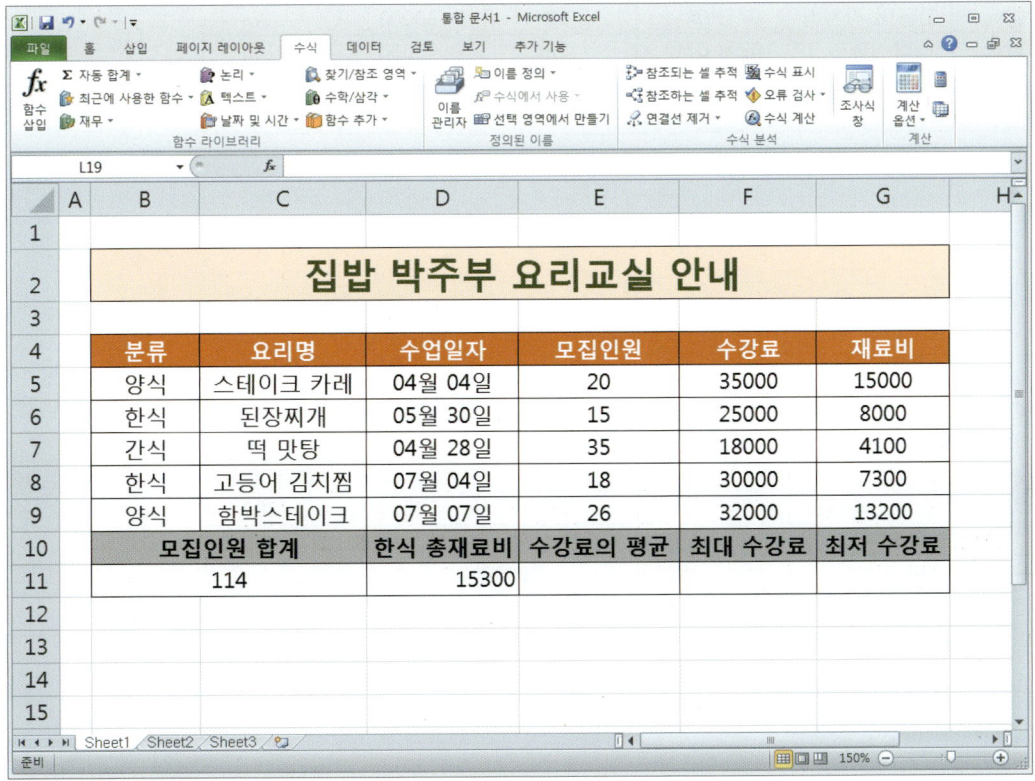

자동 평균 구하기

01 수강료의 평균을 구하기 위해 [E11] 셀을 선택하고 [수식] 탭-[함수 라이브러리] 그룹에서 [자동 합계](Σ)를 클릭한 후 항목에서 [평균]을 선택합니다.

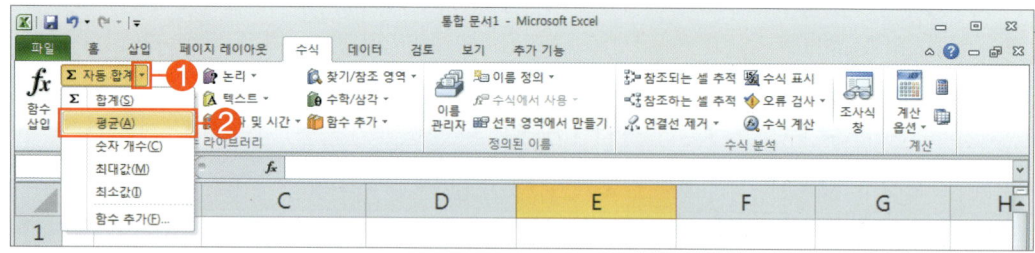

02 함수식(=AVERAGE())이 표시되면 [F5:F9] 셀을 드래그하여 범위를 지정한 후 키보드의 Enter 키를 누릅니다.

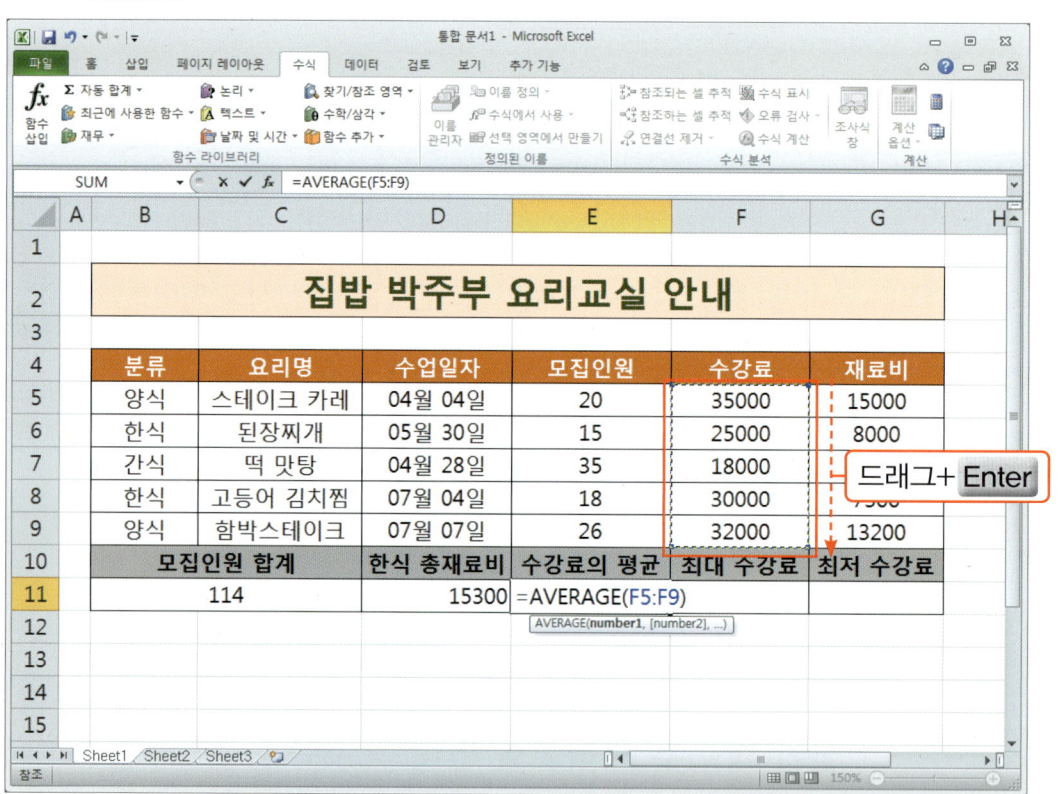

03 그림과 같이 [E11] 셀에 수강료의 평균값이 입력된 것을 확인할 수 있습니다.

최대값과 최소값 계산하기

01 수강료의 최대값을 구하기 위해 [F11] 셀을 선택하고 [수식] 탭-[함수 라이브러리] 그룹에서 [자동 합계](Σ)를 클릭한 후 항목에서 [최대값]을 선택합니다.

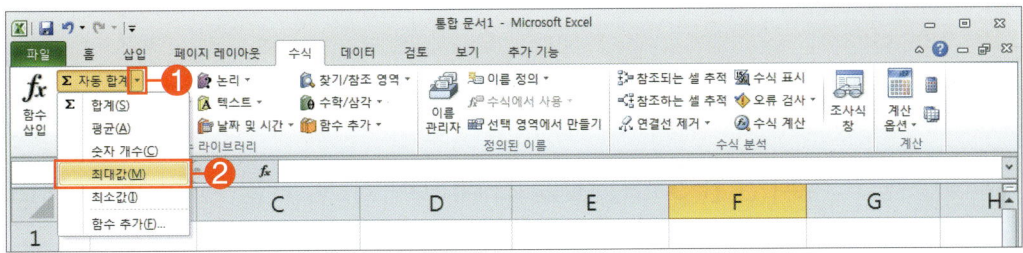

02 함수식(=MAX())이 표시되면 [F5:F9] 셀을 드래그하여 범위를 지정한 후 키보드의 Enter 키를 누릅니다.

03 그림과 같이 [F11] 셀에 수강료의 최대값이 입력된 것을 확인할 수 있습니다.

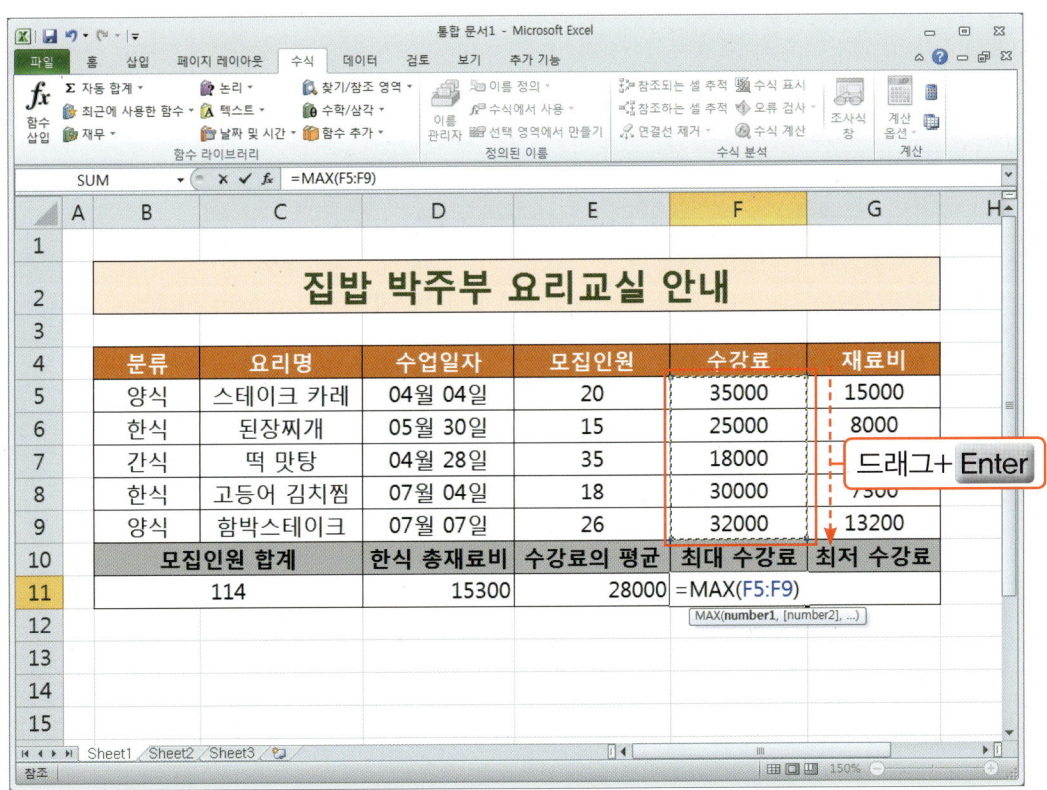

04 수강료의 최소값을 구하기 위해 [G11] 셀을 선택하고 [수식] 탭-[함수 라이브러리] 그룹에서 [자동 합계](Σ)를 클릭한 후 항목에서 [최소값]을 선택합니다.

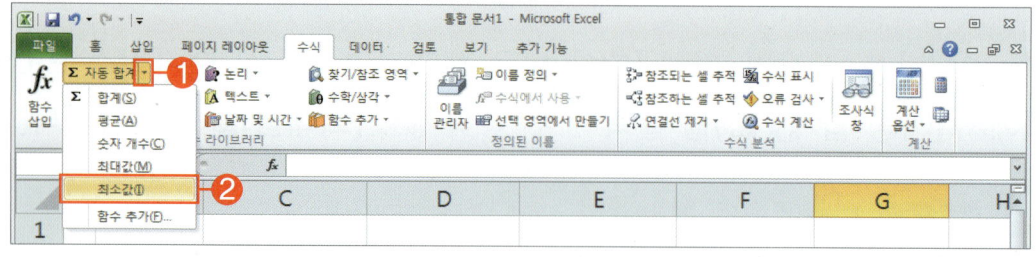

05 함수식(=MIN())이 표시되면 [F5:F9] 셀을 드래그하여 범위를 지정한 후 키보드의 Enter 키를 누릅니다.

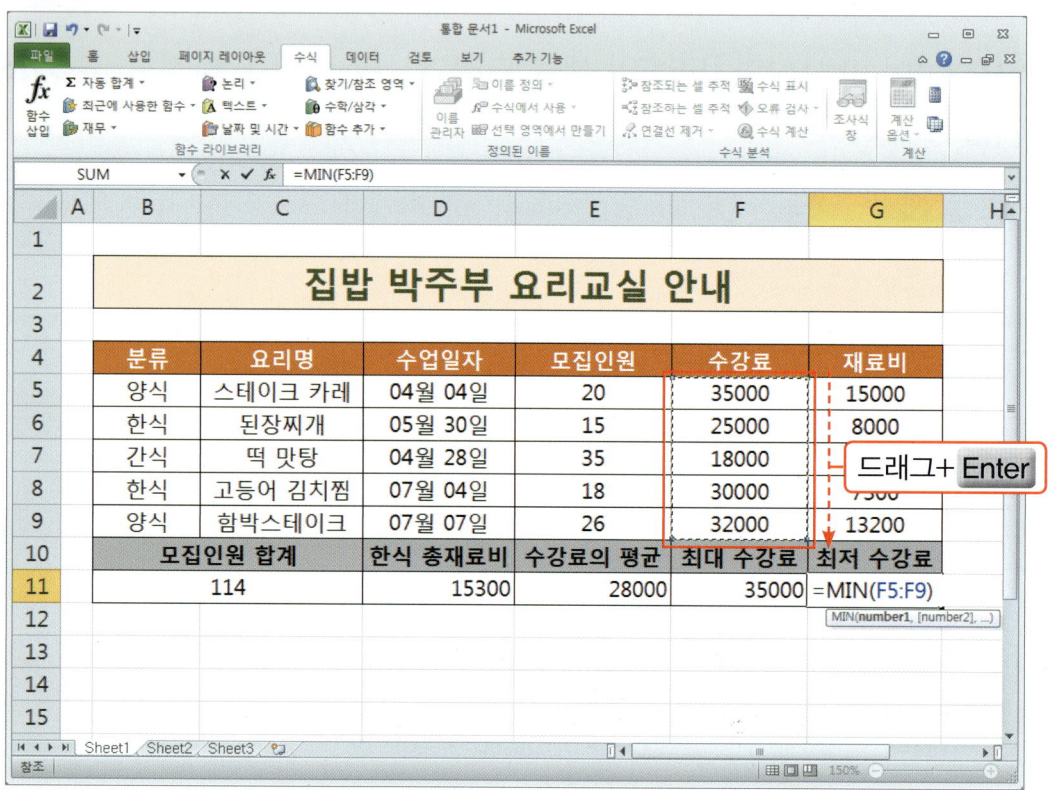

06 그림과 같이 [G11] 셀에 수강료의 최소값이 입력된 것을 확인할 수 있습니다.

04 조건부 서식 지정하기

01 분류 데이터에 조건부 서식을 지정하기 위해 [B5:B9] 셀을 드래그하여 범위를 지정하고 [홈] 탭-[스타일] 그룹에서 [조건부 서식](📋)을 클릭한 후 [셀 강조 규칙]-[같음]을 선택합니다.

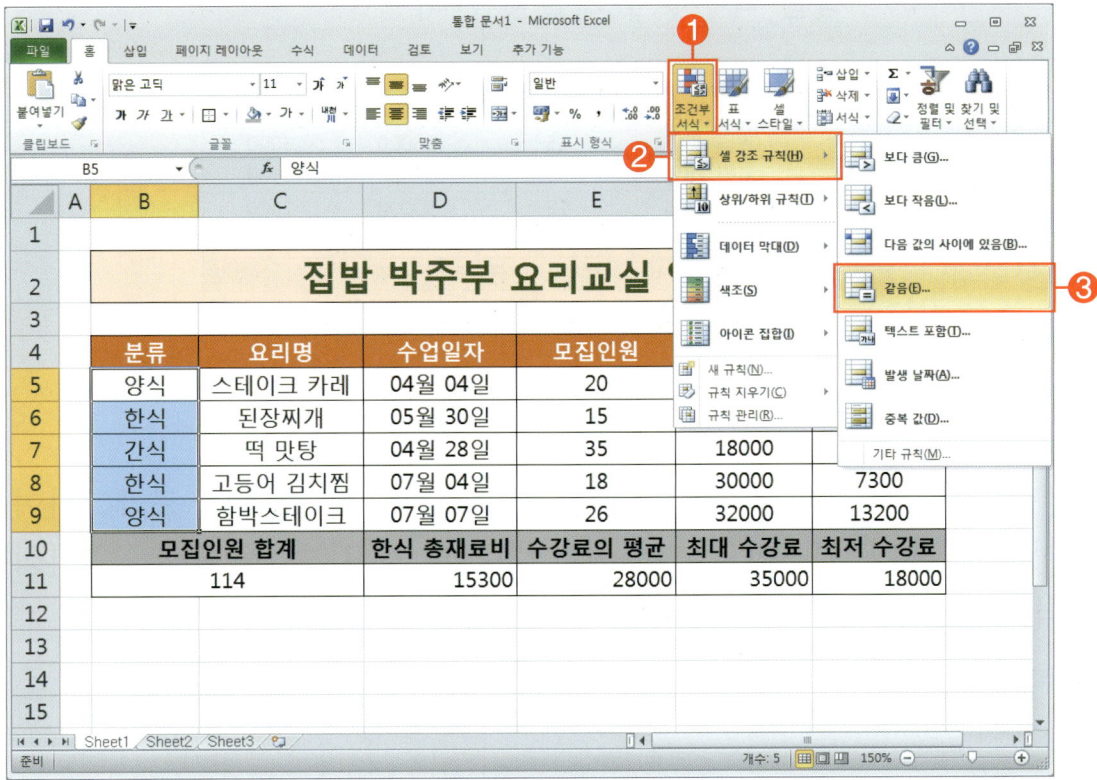

02 [같음] 대화상자가 나타나면 [다음 값과 같은 셀의 서식 지정]에 '**한식**'을 **입력**한 후 [적용할 서식]의 **펼침 메뉴**(▼)를 클릭하여 [**연한 빨강 채우기**]를 **선택**합니다.

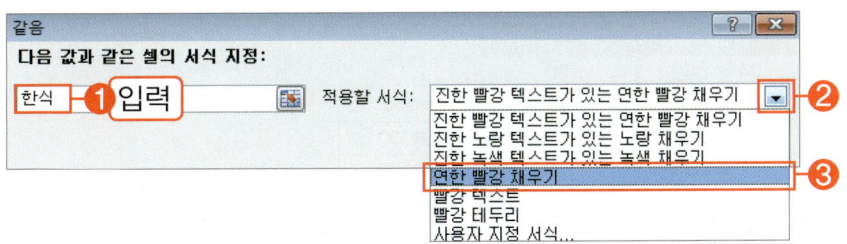

03 서식 지정이 끝나면 [**확인**] 단추를 클릭합니다.

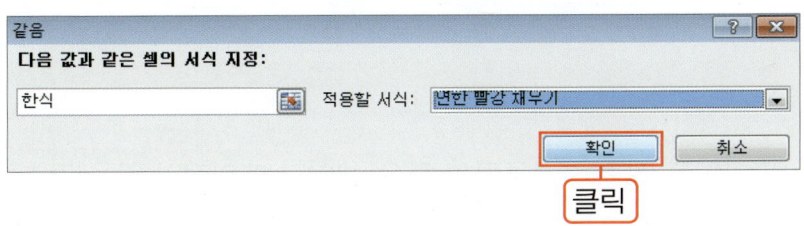

04 분류 데이터 중 "한식" 셀에만 서식이 적용된 것을 확인할 수 있습니다.

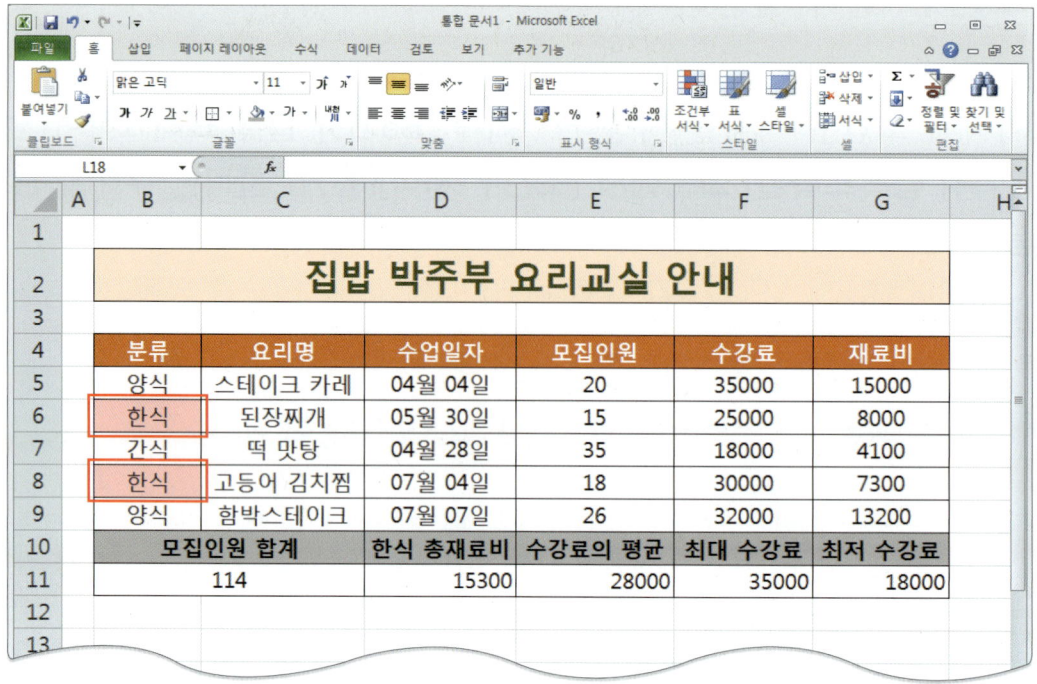

05 모집인원 데이터에 조건부 서식을 지정하기 위해 [E5:E9] 셀을 드래그하여 범위를 지정하고 [홈] 탭-[스타일] 그룹에서 [조건부 서식](🔲)을 클릭한 후 [상위/하위 규칙]-[상위 10개 항목]을 선택합니다.

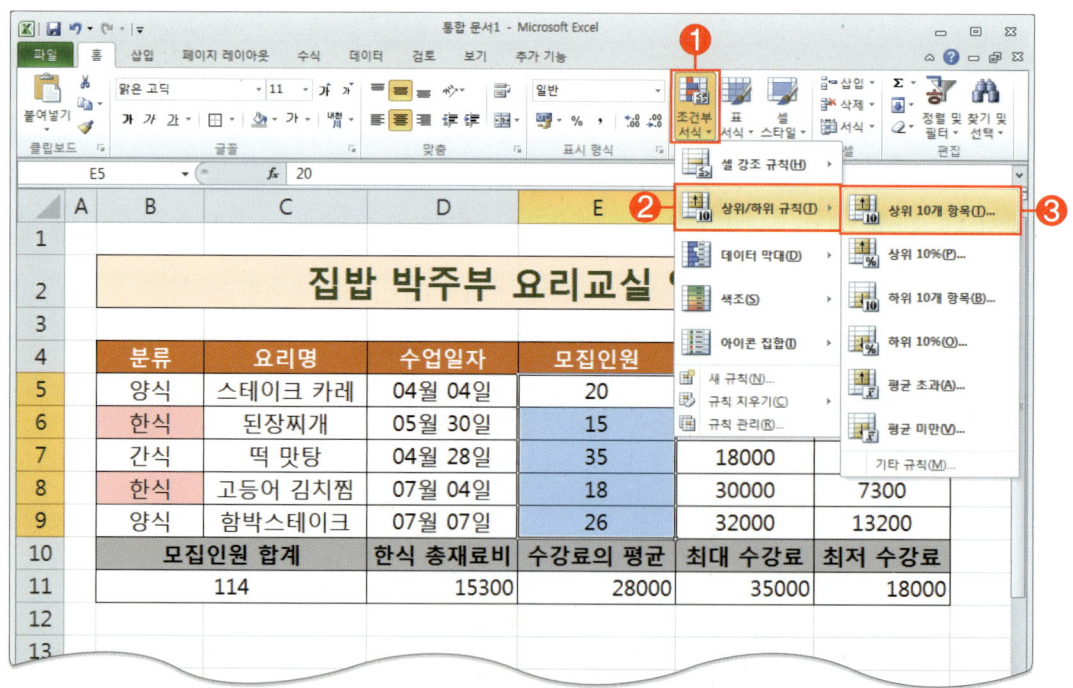

> **배움터** 조건부 서식(🔲)
>
> 조건에 따라 데이터 막대, 색조 및 아이콘 집합을 사용하여 주요 셀이나 예외적인 값을 강조하고 데이터를 시각적으로 표시할 때 사용합니다.

06 [상위 10개 항목] 대화상자가 나타나면 [다음 상위 순위에 속하는 셀의 서식 지정]에 '**3**'을 **입력**한 후 [적용할 서식]의 **펼침 메뉴(▼)를 클릭**하여 [**빨강 텍스트**]**를 선택**합니다.

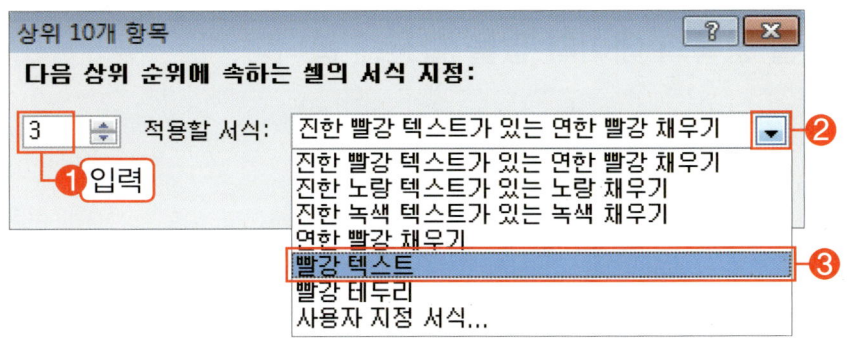

07 서식 지정이 끝나면 [**확인**] **단추를 클릭**합니다.

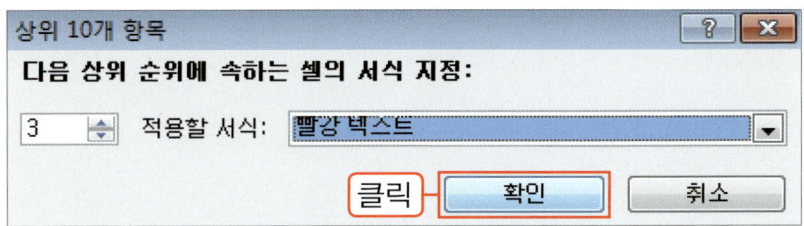

08 모집인원 데이터 중 지정한 상위 3위에 속하는 셀에만 서식이 적용된 것을 확인할 수 있습니다.

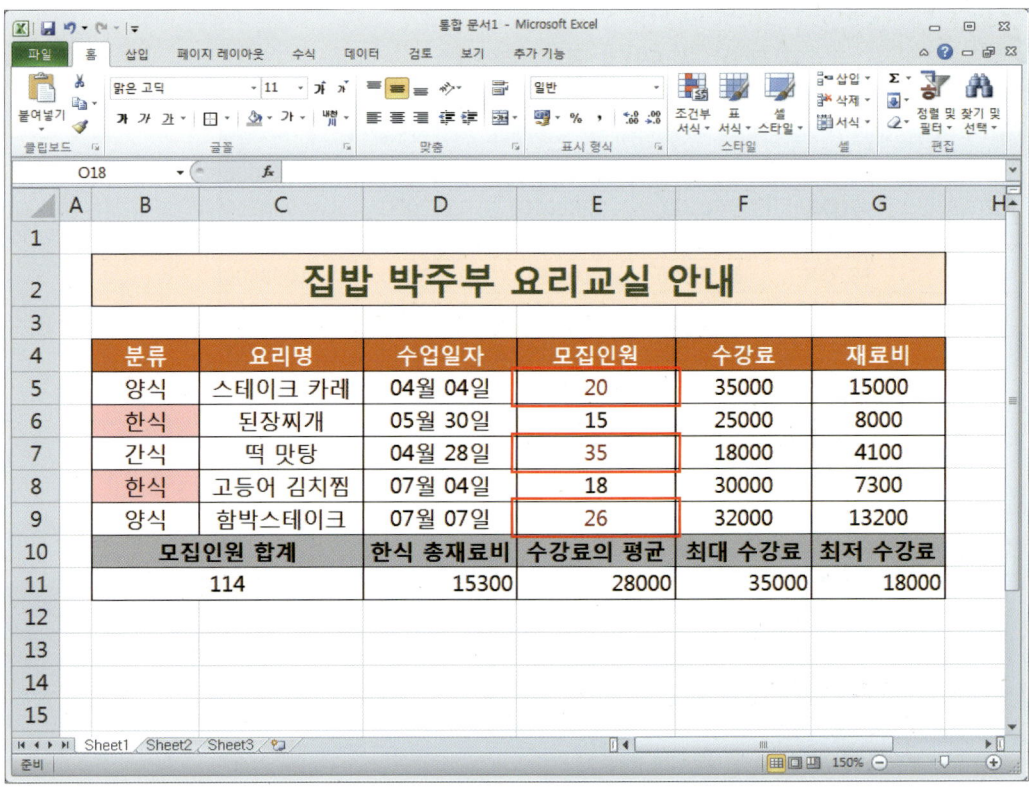

디딤돌학습

1 자동 합계를 이용해 팀별 항목의 데이터 값을 합산해 봅니다.

연도	KIA	롯데	LG	두산
2004	663000	830000	1167000	1128000
2013	470000	770000	1289000	1152000
2012	502000	1368000	1259000	1291000
2011	592000	1358000	1191000	1253000
2010	436000	1175000	1010000	1070000
합계	2663000	5501000	5916000	5894000

프로야구 역대 관중현황

2 항목의 연도별 데이터 평균값을 계산하여 결과를 입력해 봅니다.

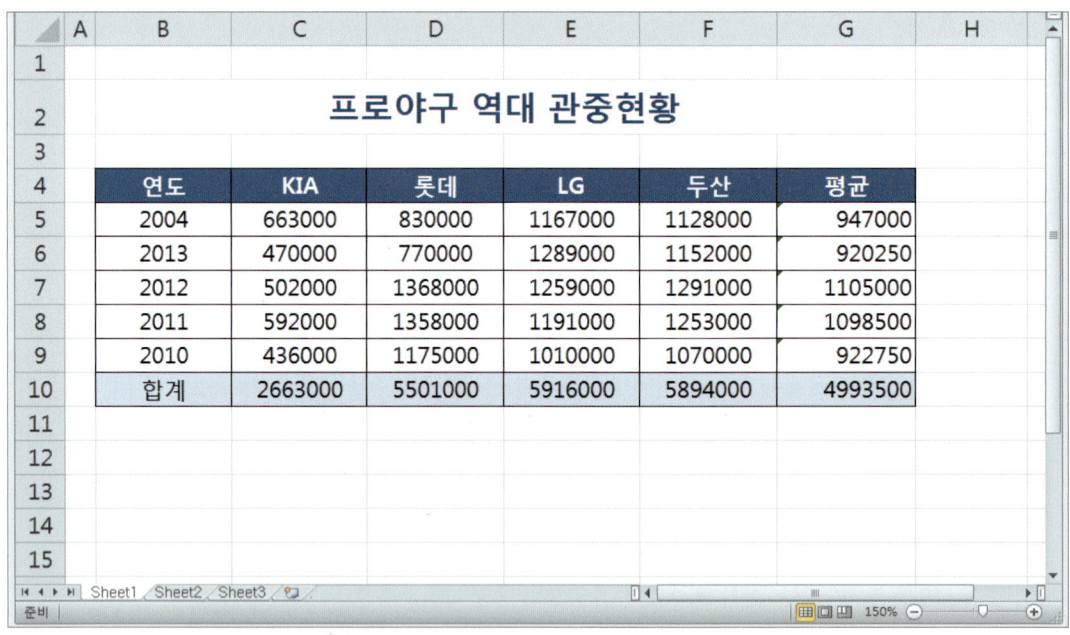

도움터 자동 합계(Σ) : 합계, 평균

3 '최대 기기 구입비'와 '최저 앱 구입비'에 대한 최대값과 최소값을 계산해 봅니다.

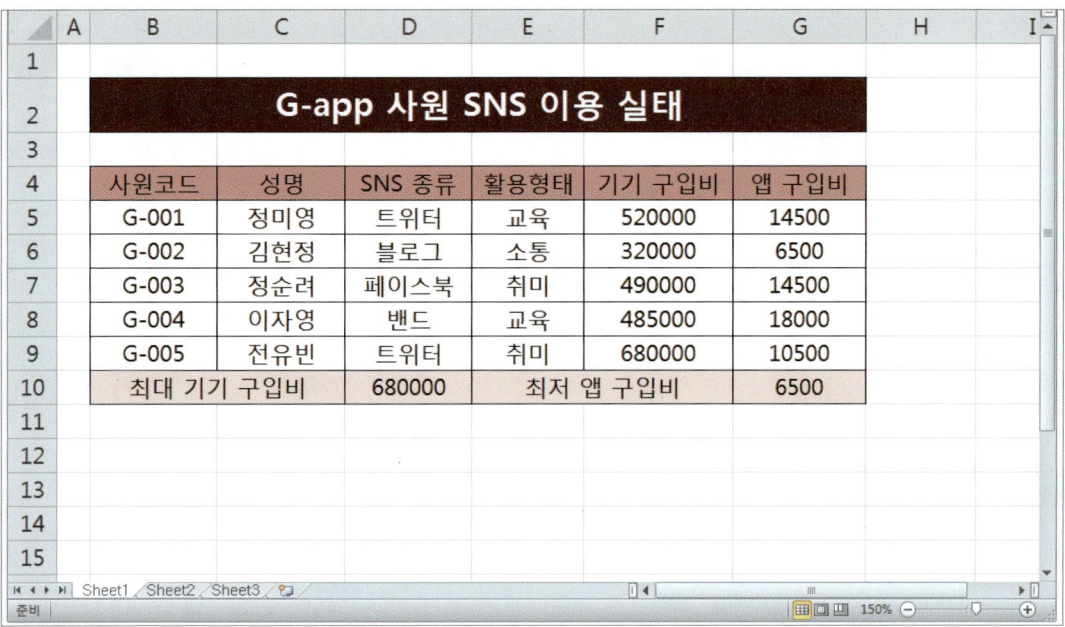

4 조건부 서식을 이용해 조건을 만족하는 셀에 서식을 적용해 봅니다.

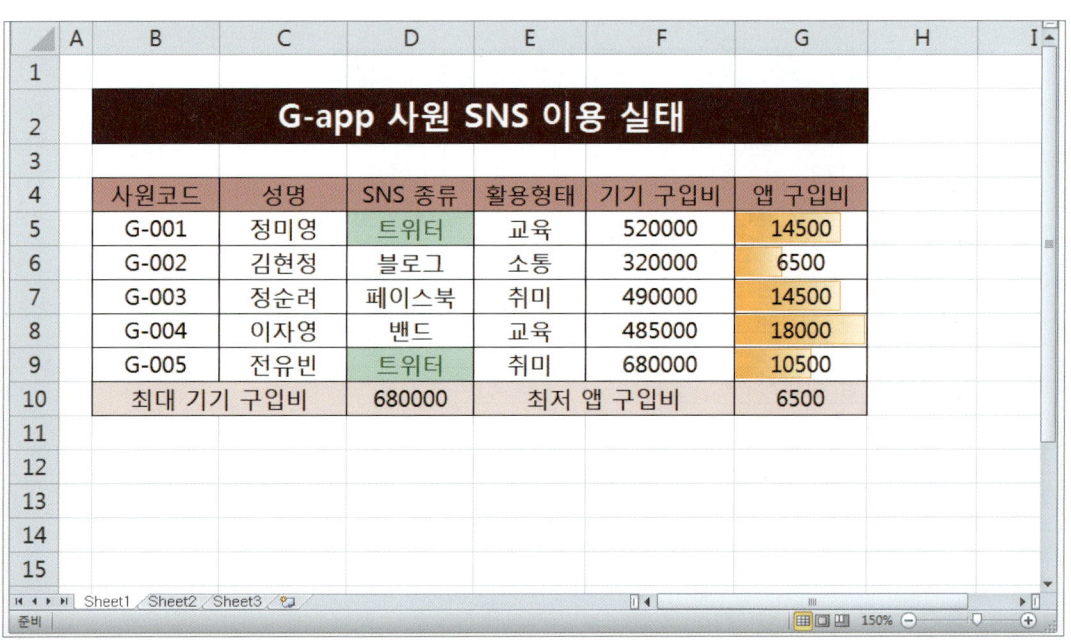

도움터 • 셀 강조 규칙(📋) – 중복 값 • 데이터 막대(📋) – 주황 데이터 막대

06 함수 라이브러리

함수 라이브러리에 있는 RANK, IF, COUNTA 함수 등을 삽입해 조건에 맞는 값을 구하고 함수 마법사를 이용해 다양한 함수를 이해하고 수식을 입력하는 방법에 대해 알아보도록 하겠습니다.

예제파일 : 건강검진 예약자 현황.xlsx

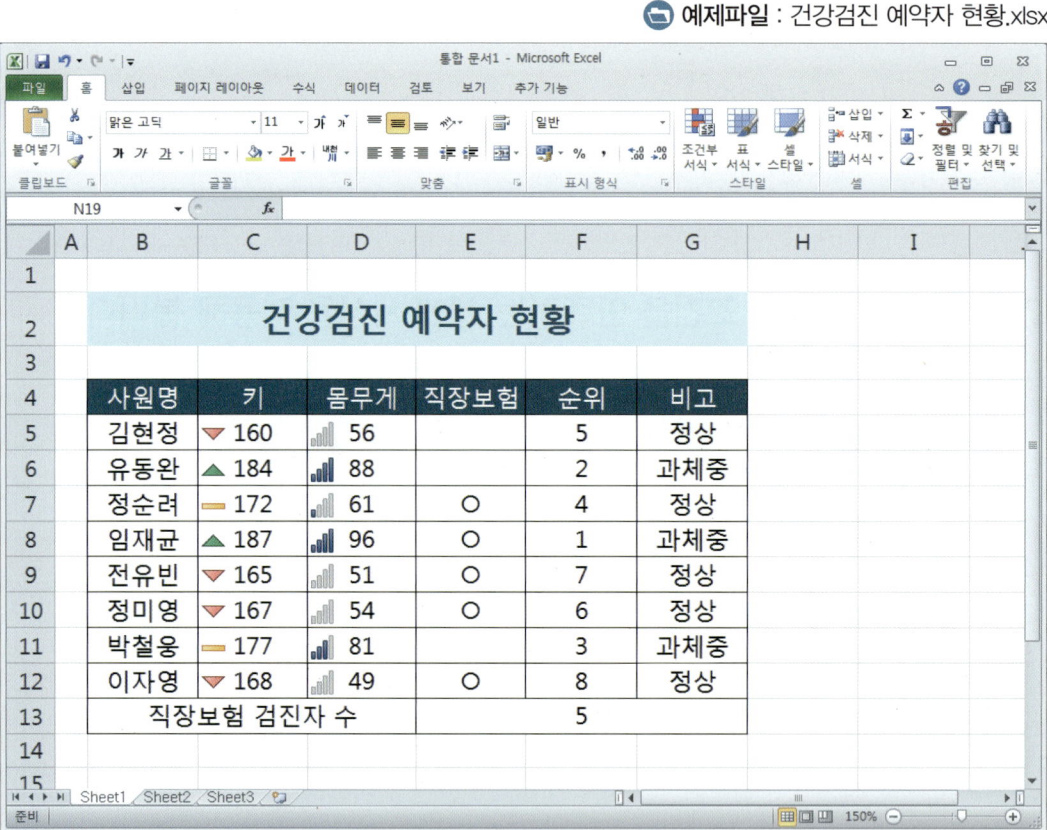

무엇을 배울까요?

- ⋯▶ RANK 함수 삽입하기
- ⋯▶ IF 함수 삽입하기
- ⋯▶ COUNTA 함수 삽입하기
- ⋯▶ 아이콘 집합 표시하기

RANK 함수 삽입하기

01 함수를 삽입하기 위해 그림과 같이 **데이터를 입력**합니다.

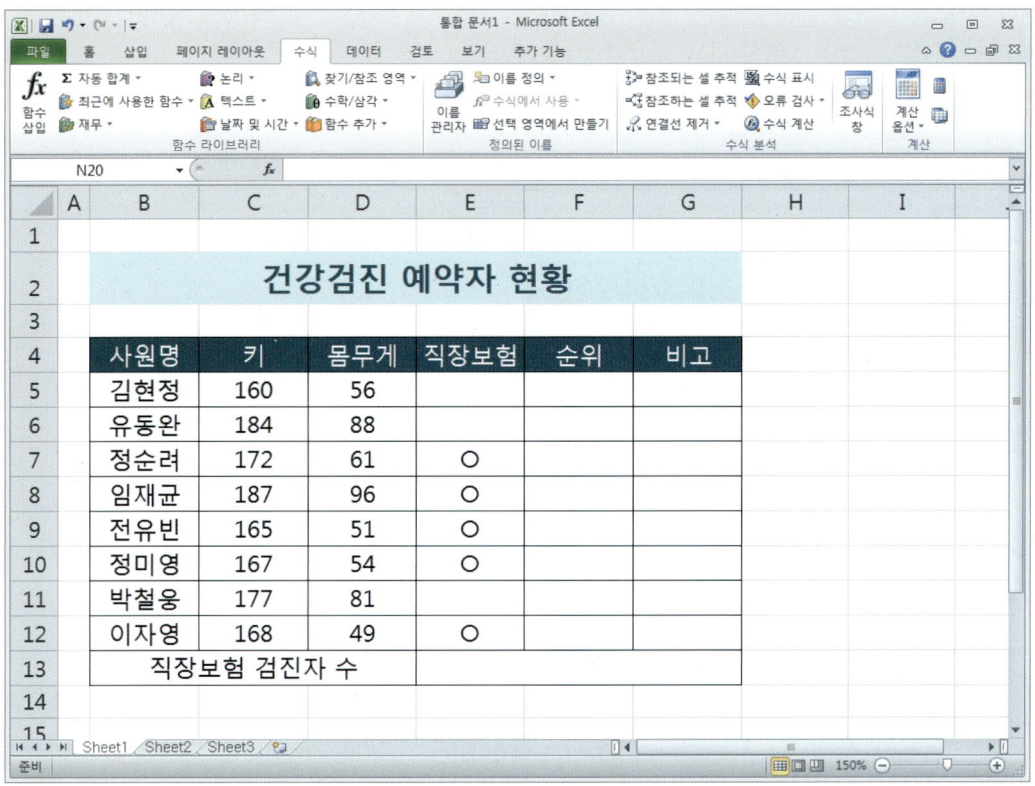

> **배움터** 기호(Ω)-[Wingdings]에서 "○" 기호를 삽입합니다.

02 함수 마법사로 몸무게의 순위를 구하기 위해 [F5] 셀을 선택하고, [수식] 탭-[함수 라이브러리] 그룹에서 [함수 삽입](*fx*)을 클릭합니다.

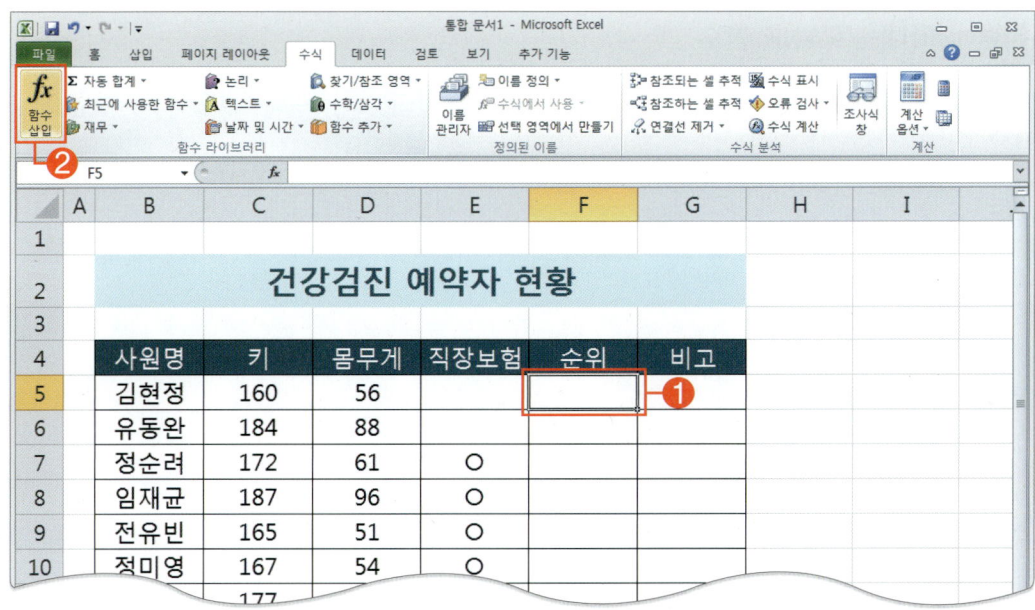

03 [함수 마법사] 대화상자에서 [범주 선택]-[모두], [함수 선택]-[RANK]를 선택한 후 [확인] 단추를 클릭합니다.

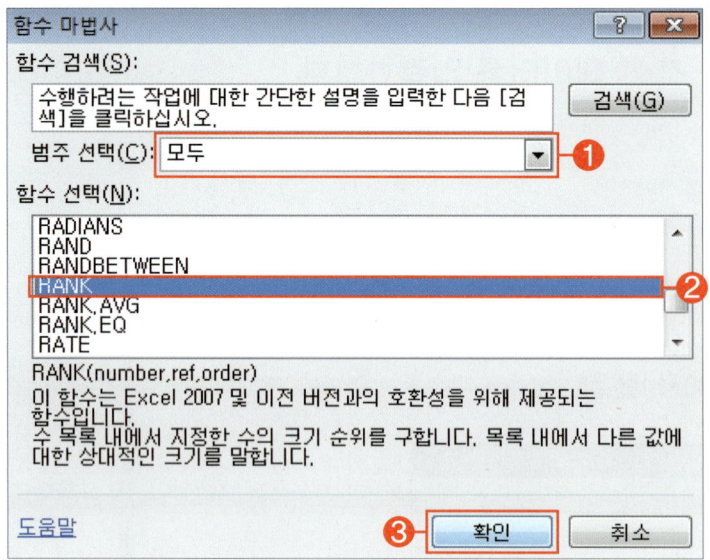

04 [함수 인수] 대화상자에서 [Number]-'D5', [Ref]-'$D$5:$D$12'를 입력한 후 [확인] 단추를 클릭합니다.

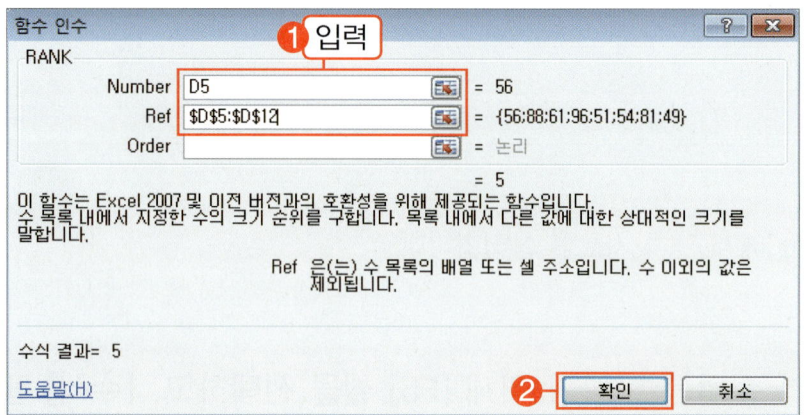

> **배움터** 순위를 나타내는 RANK 함수
>
> 숫자 목록 내에서 지정한 수의 크기 순위를 구할 때 사용합니다. 즉, 목록 내에서 다른 값에 대한 상대적인 크기를 말합니다.

05 수식 결과가 "5"로 표시되면 **채우기 핸들( )**을 [F12] 셀까지 드래그합니다.

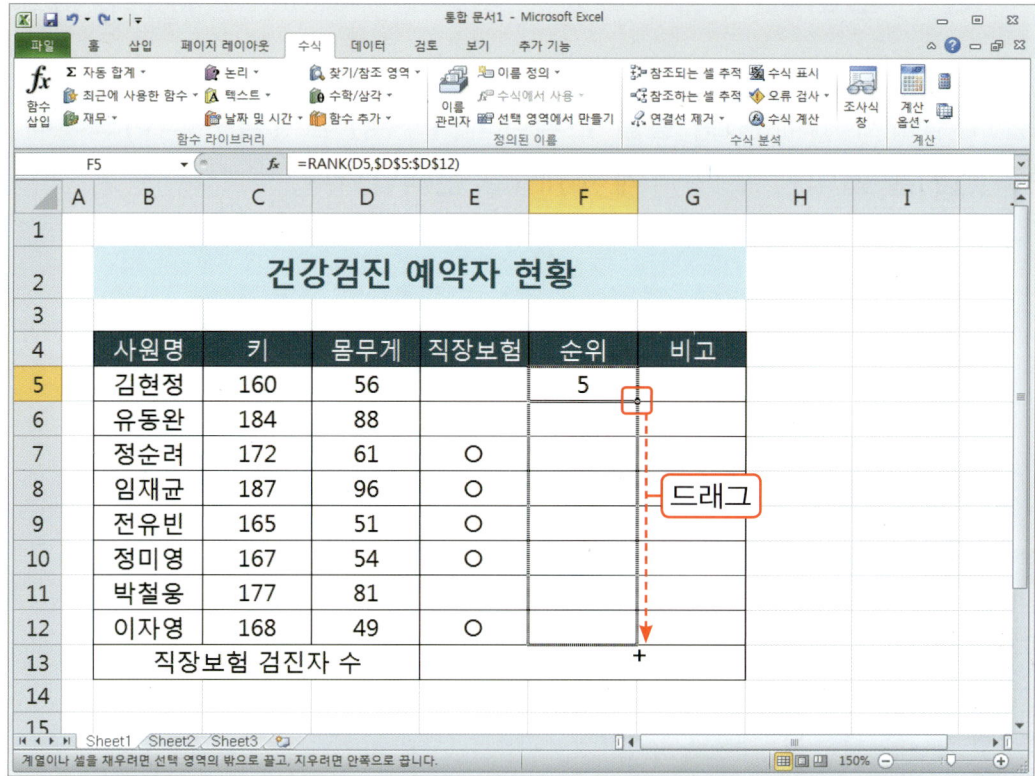

06 그림과 같이 [F5:F12] 셀에 순위가 자동으로 입력된 것을 확인할 수 있습니다.

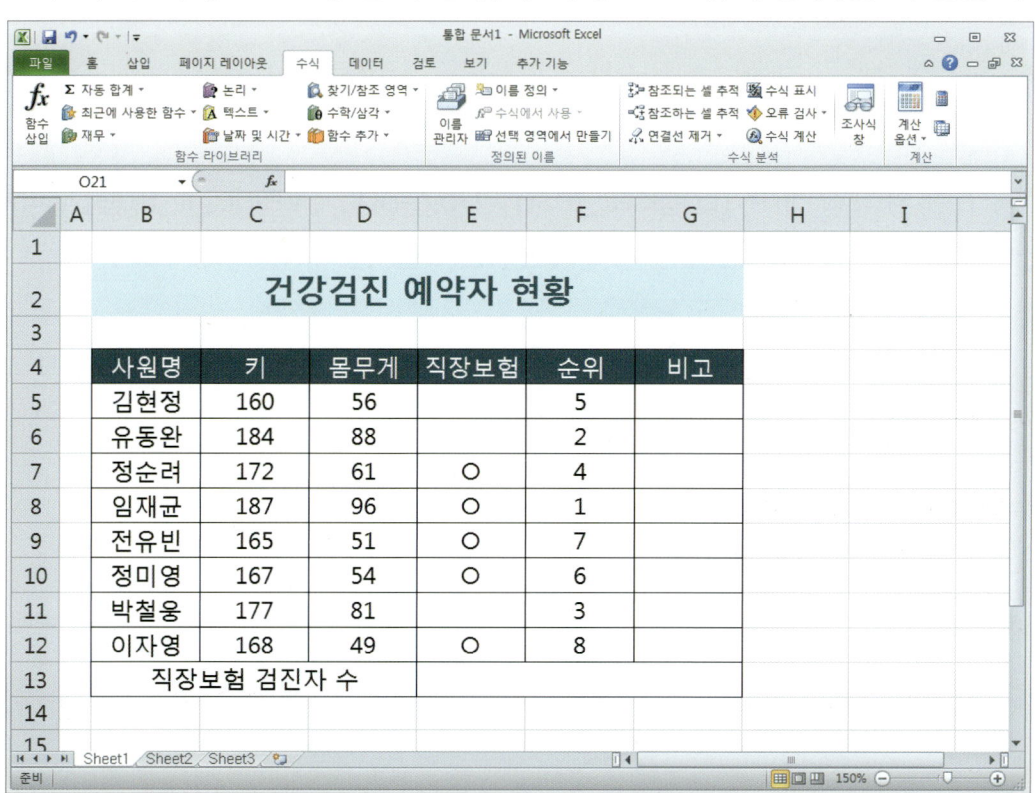

IF 함수 삽입하기

01 IF 함수를 삽입하기 위해 [G5] 셀을 선택하고, [수식] 탭-[함수 라이브러리] 그룹에서 [논리]( )를 클릭한 후 항목에서 [IF]를 선택합니다.

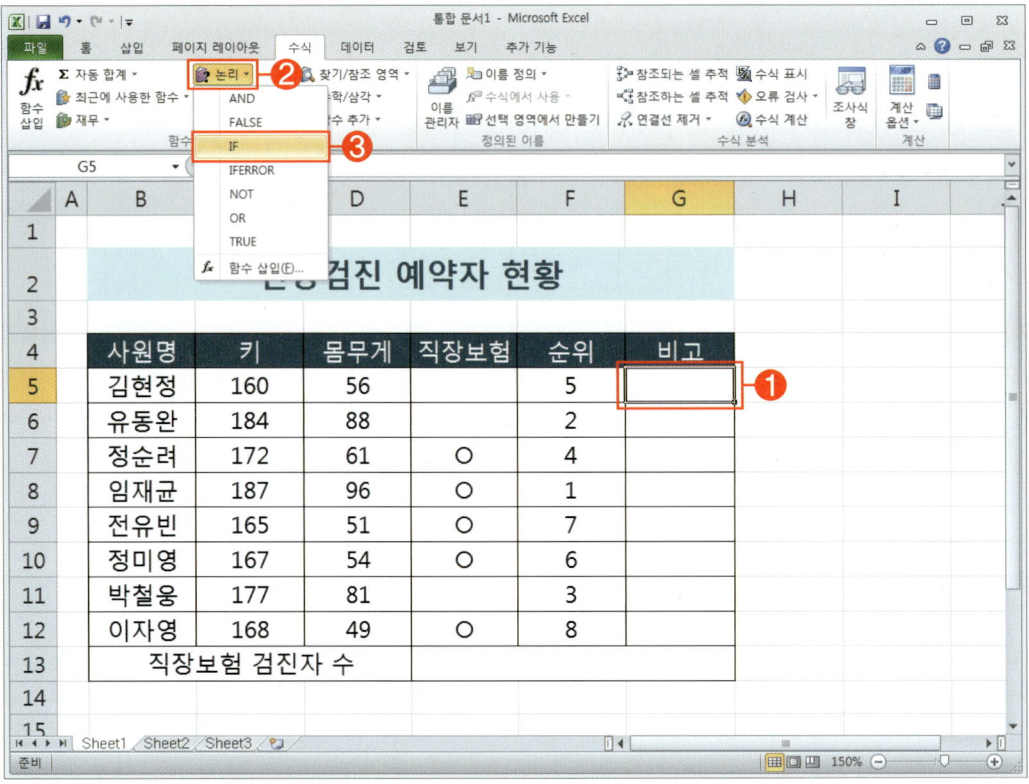

02 [함수 인수] 대화상자에서 [Logical_test]-'D5>=80', [Value_if_true]-'과체중', [Value_if_false]-'정상'을 입력한 후 [확인] 단추를 클릭합니다.

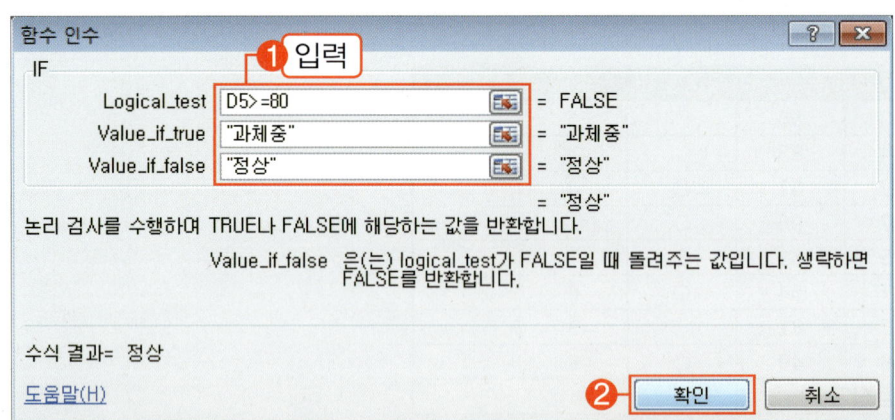

배움터 IF 함수

논리 검사를 수행하여 조건에 맞는 값을 나타냅니다.

03 수식 결과가 "정상"으로 표시되면 **채우기 핸들(+)을 [G12] 셀까지 드래그**합니다.

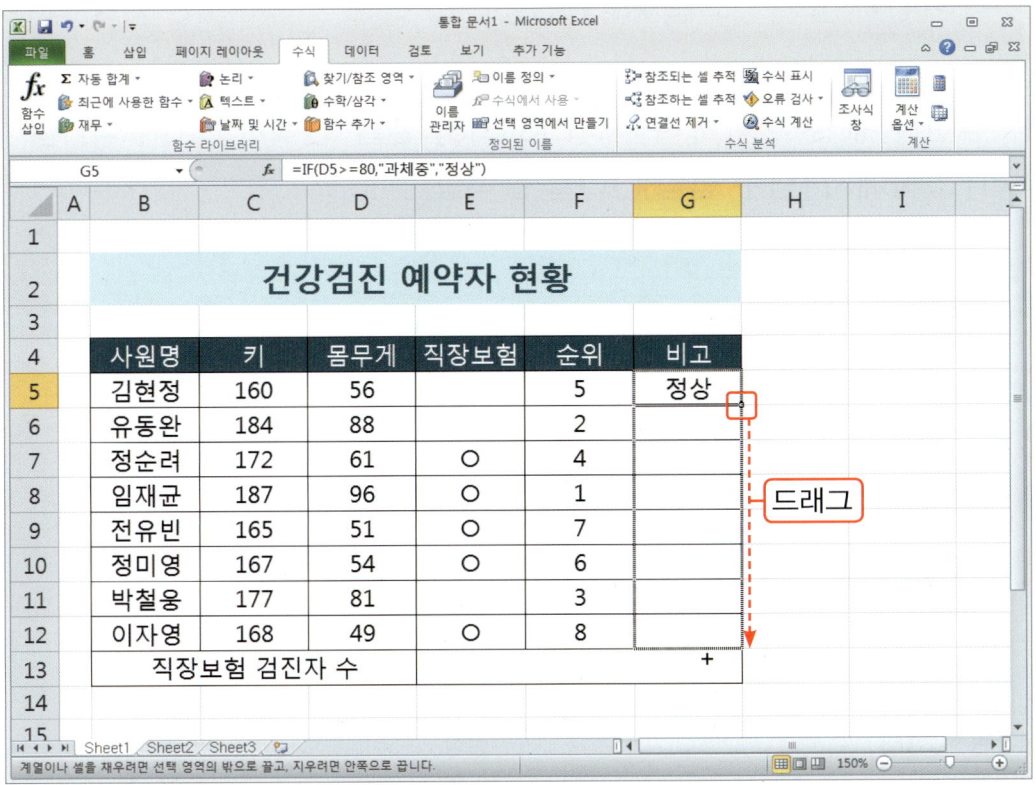

04 그림과 같이 [G5:G12] 셀에 IF 함수가 자동으로 입력된 것을 확인할 수 있습니다.

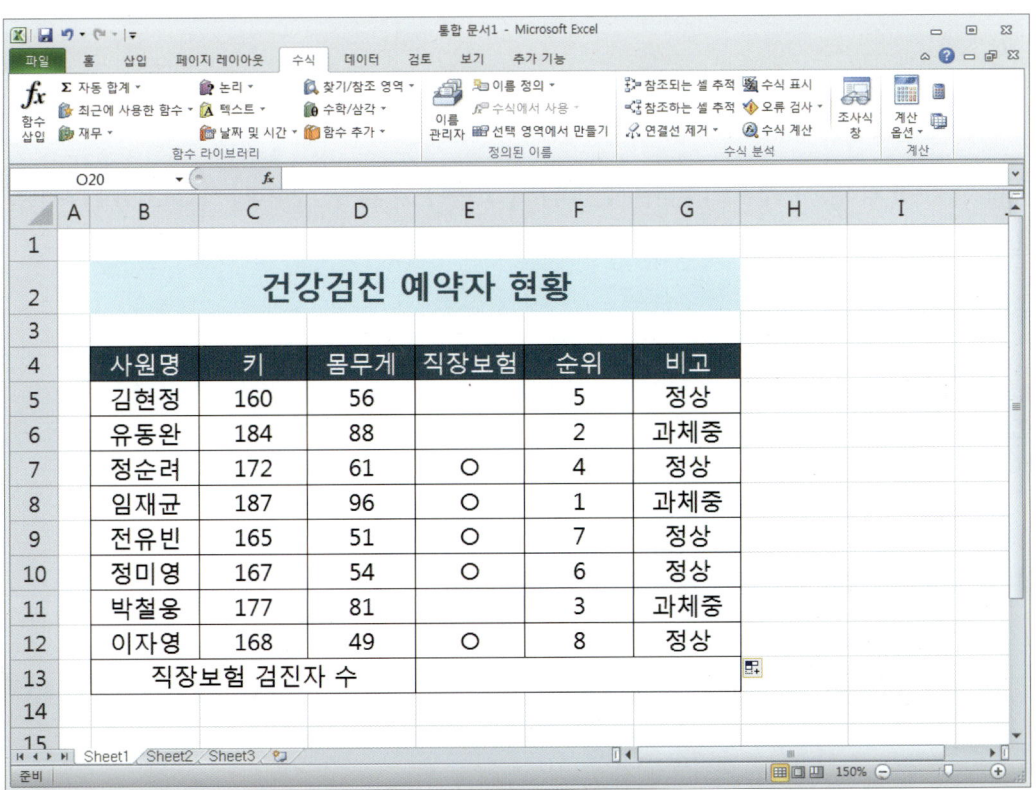

COUNTA 함수 삽입하기

01 직장보험 검진자 수를 구하기 위해 **[E13:G13] 셀을 선택**하고, **[수식] 탭-[함수 라이브러리] 그룹**에서 **[함수 삽입]**(f_x)을 **클릭**합니다.

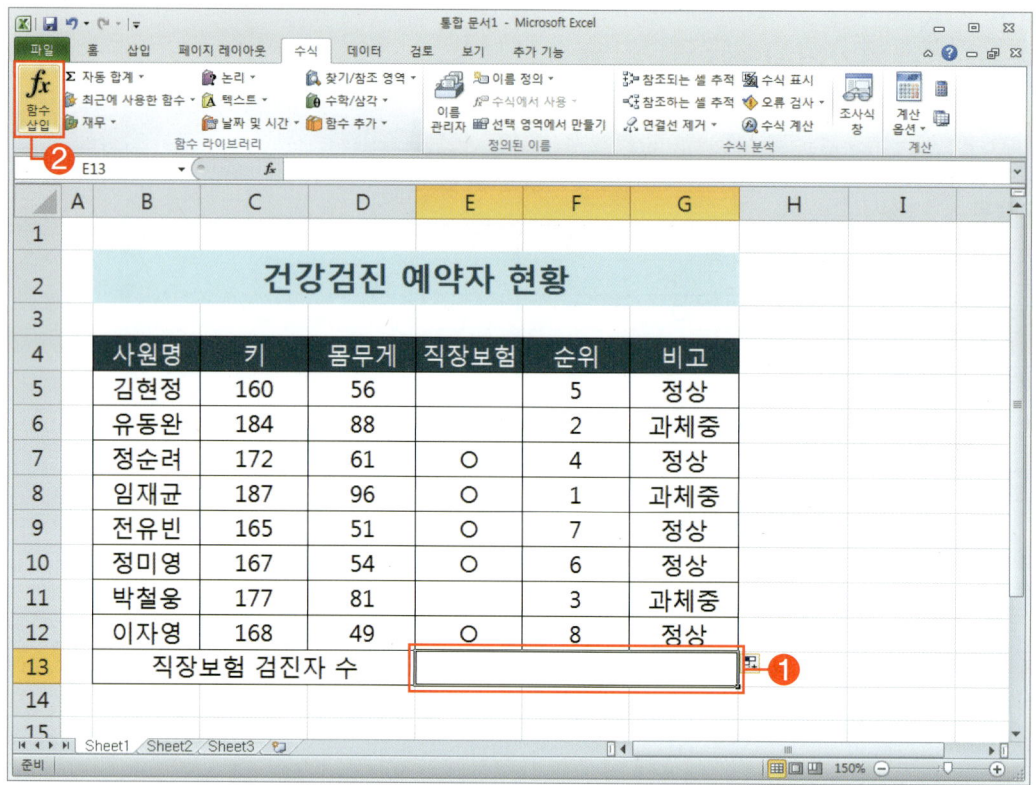

02 **[함수 마법사] 대화상자**에서 **[범주 선택]-[모두]**, **[함수 선택]-[COUNTA]**를 선택한 후 **[확인] 단추**를 **클릭**합니다.

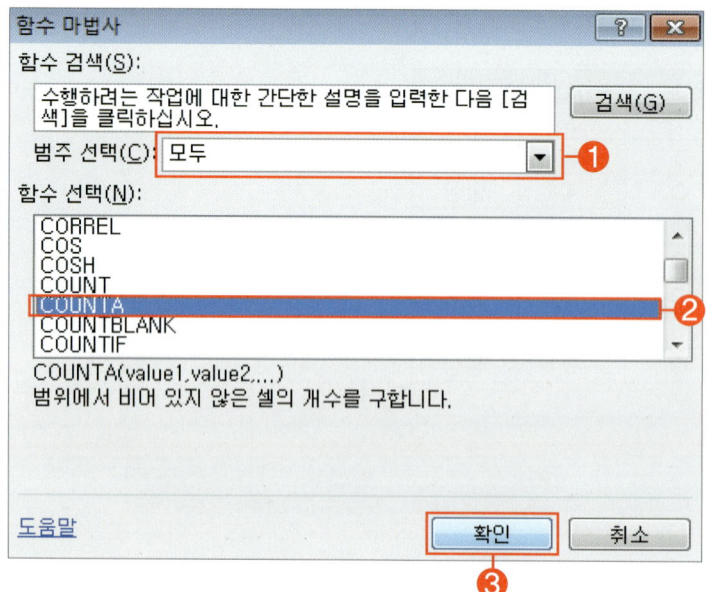

03 [함수 인수] 대화상자에서 [Value1]-'E5:E12'를 입력한 후 [확인] 단추를 클릭합니다.

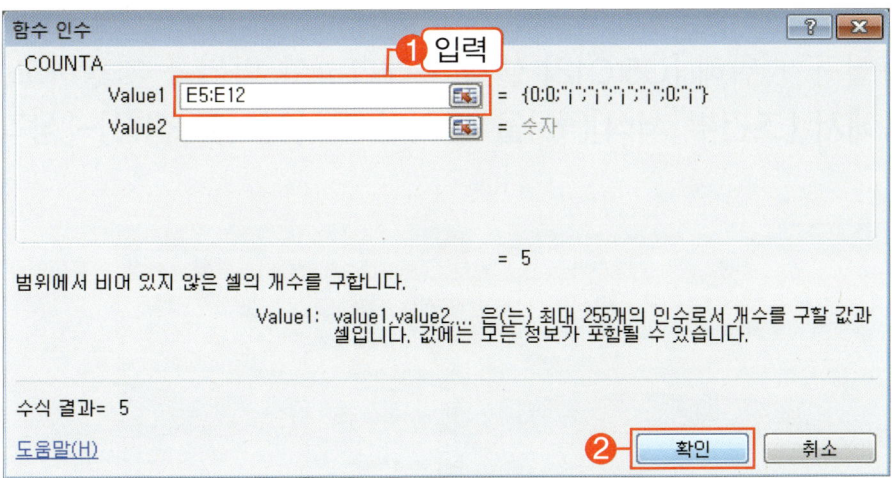

04 그림과 같이 COUNTA 함수의 수식 결과 "5"를 확인할 수 있습니다.

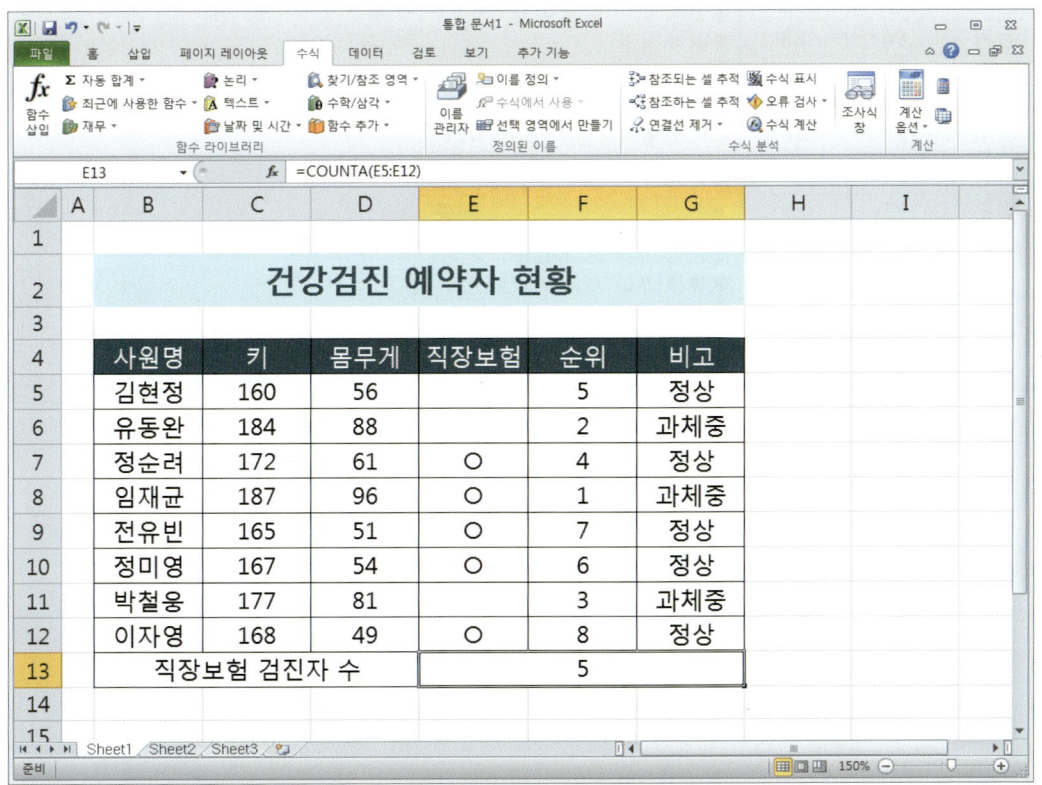

> **배움터** COUNT · COUNTA · COUNTIF 함수의 차이점
>
> • COUNT : 범위에서 숫자가 포함된 셀의 개수를 구합니다.
> • COUNTA : 범위에서 비어 있지 않은 셀의 개수를 구합니다.
> • COUNTIF : 지정한 범위 내에서 조건에 맞는 셀의 개수를 구합니다.

04 아이콘 집합 표시하기

01 방향 아이콘을 삽입하기 위해 [C5:C12] 셀을 드래그하여 범위를 지정하고, [홈] 탭-[스타일] 그룹에서 [조건부 서식]()을 클릭한 후 [아이콘 집합]-[삼각형 3개]를 선택합니다.

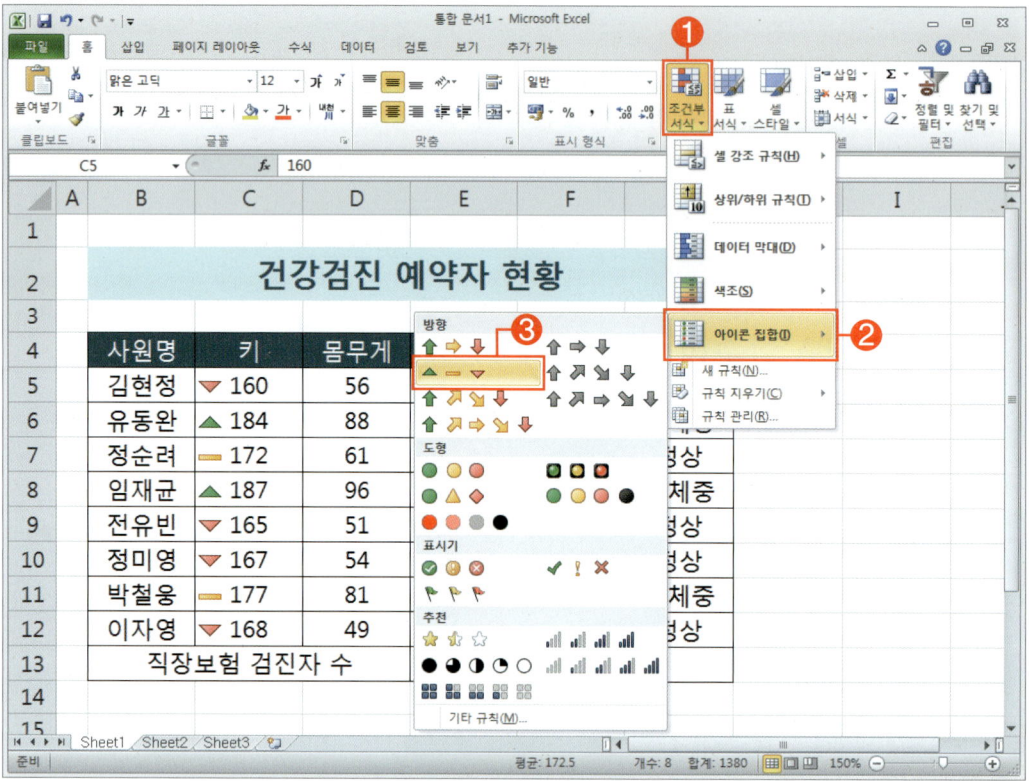

02 그림과 같이 삼각형 3개 아이콘이 표시되는 것을 확인할 수 있습니다.

03 추천 아이콘을 삽입하기 위해 **[D5:D12]** 셀을 드래그하여 범위를 지정하고, **[홈] 탭-[스타일]** 그룹에서 **[조건부 서식]**()을 클릭한 후 **[아이콘 집합]-[5등급]**을 선택합니다.

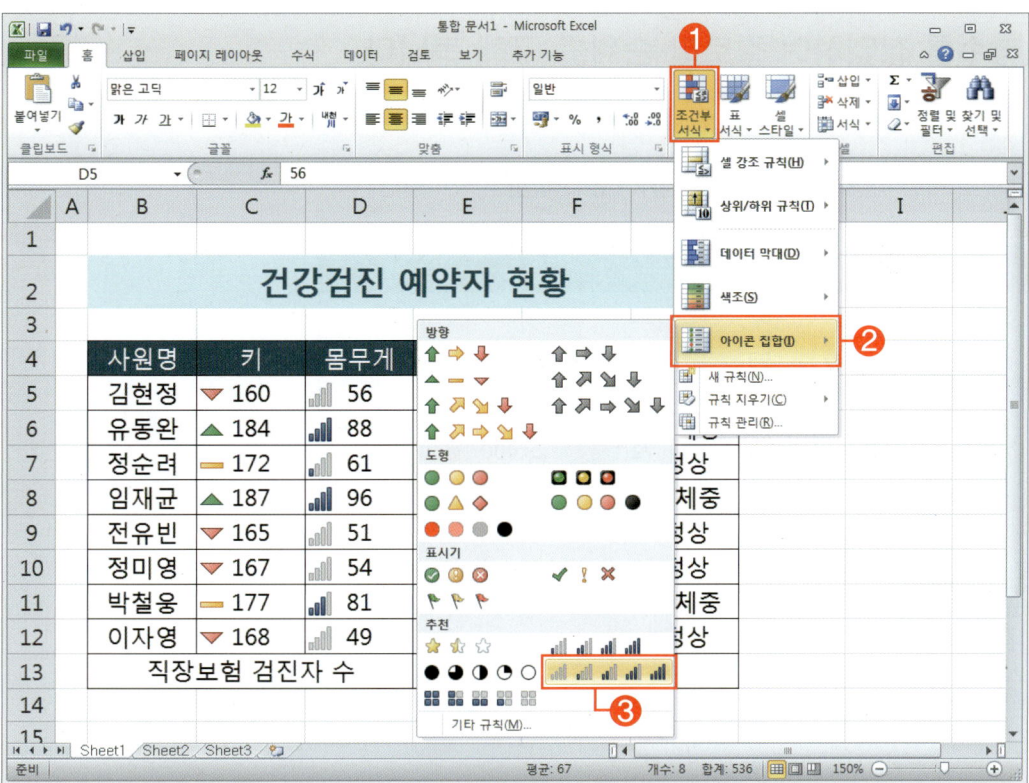

04 그림과 같이 5등급 아이콘이 표시되는 것을 확인할 수 있습니다.

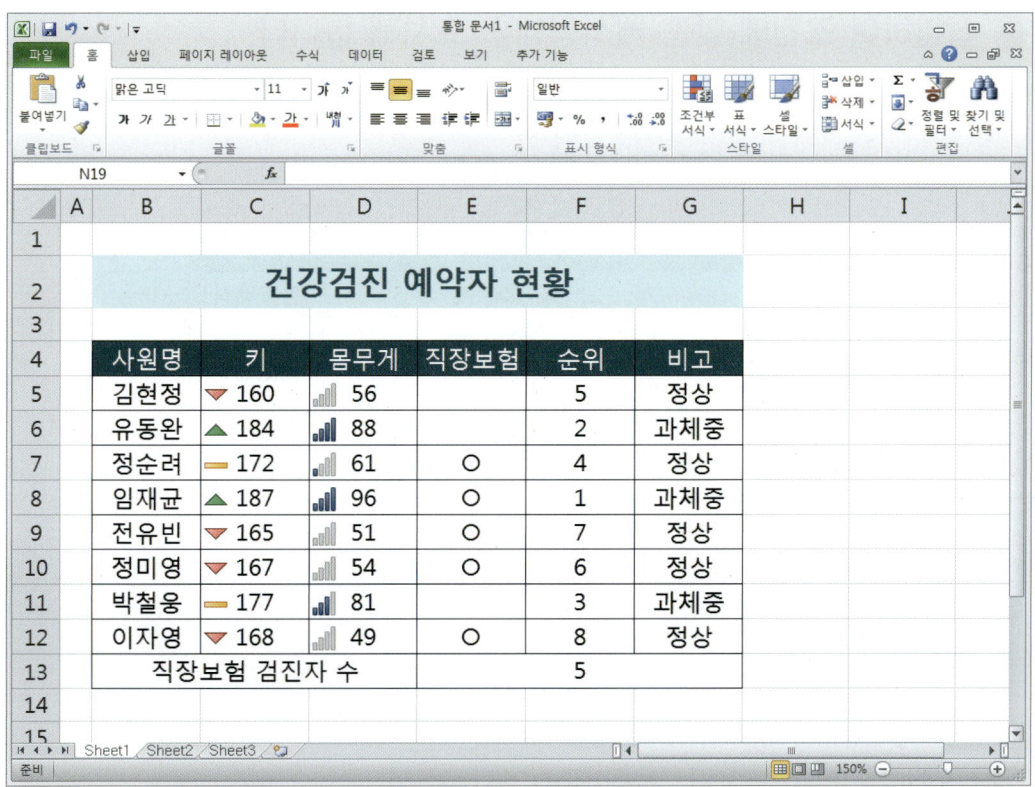

06 함수 라이브러리 • **93**

1 RANK 함수를 삽입하여 칼로리 순위를 구해 봅니다.

	A	B	C	D	E	F	G	H	I
1									
2			마포중학교 식재료 정보						
3									
4		음식재료	메뉴	칼로리	주문수량	가격	칼로리 순위		
5		오징어	튀김	87	76	64,000	↑ 5		
6		새우	해물탕	93	84	52,900	↗ 4		
7		장어	구이	110	48	71,800	→ 3		
8		닭살코기	육개장	175	71	23,400	↓ 1		
9		소곱창	볶음	141	63	52,400	↘ 2		

도움터 칼로리 순위 =RANK(D5,$D$5:$D$9)

2 IF 함수를 삽입하여 조건에 맞는 배식형태를 표시해 봅니다.

	A	B	C	D	E	F	G	H
1								
2			마포중학교 식재료 정보					
3								
4		음식재료	메뉴	칼로리	주문수량	가격	칼로리 순위	배식형태
5		오징어	튀김	87	76	64,000	↑ 5	용량배식
6		새우	해물탕	93	84	52,900	↑ 4	자유배식
7		장어	구이	110	48	71,800	↗ 3	용량배식
8		닭살코기	육개장	175	71	23,400	↓ 1	자유배식
9		소곱창	볶음	141	63	52,400	↘ 2	자유배식

도움터 배식형태 =IF(F5>=55000, "용량배식", "자유배식")

3 COUNT 함수를 삽입해 상여금을 받는 인원수를 구해 봅니다.

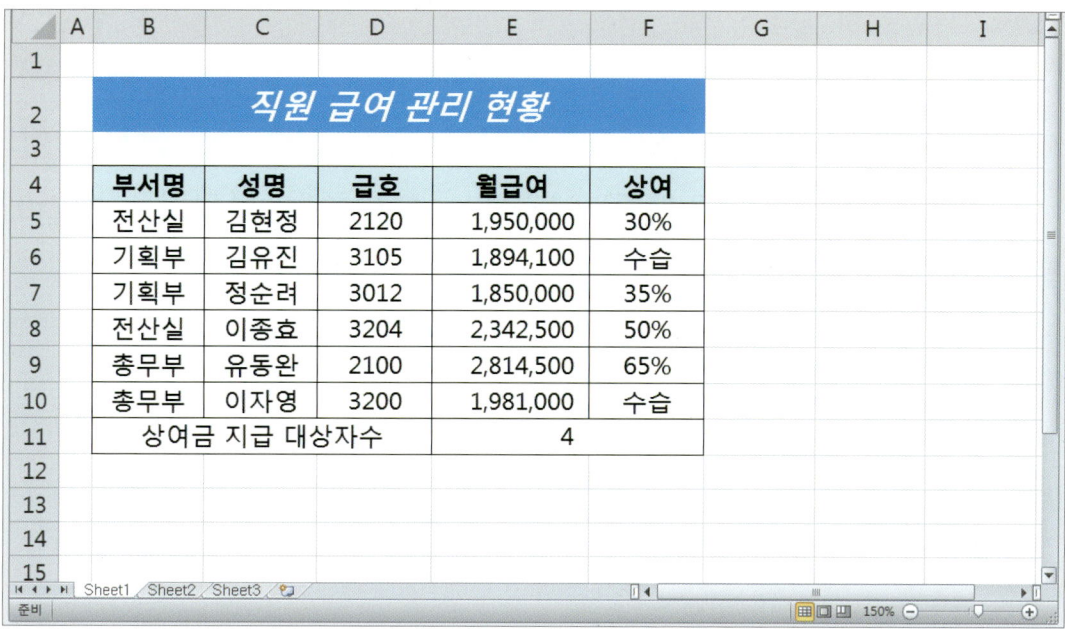

도움터 상여금 지급 대상자수 =COUNT(F5:F10)

4 COUNTIF 함수를 삽입해 기획부의 인원수를 구해 봅니다.

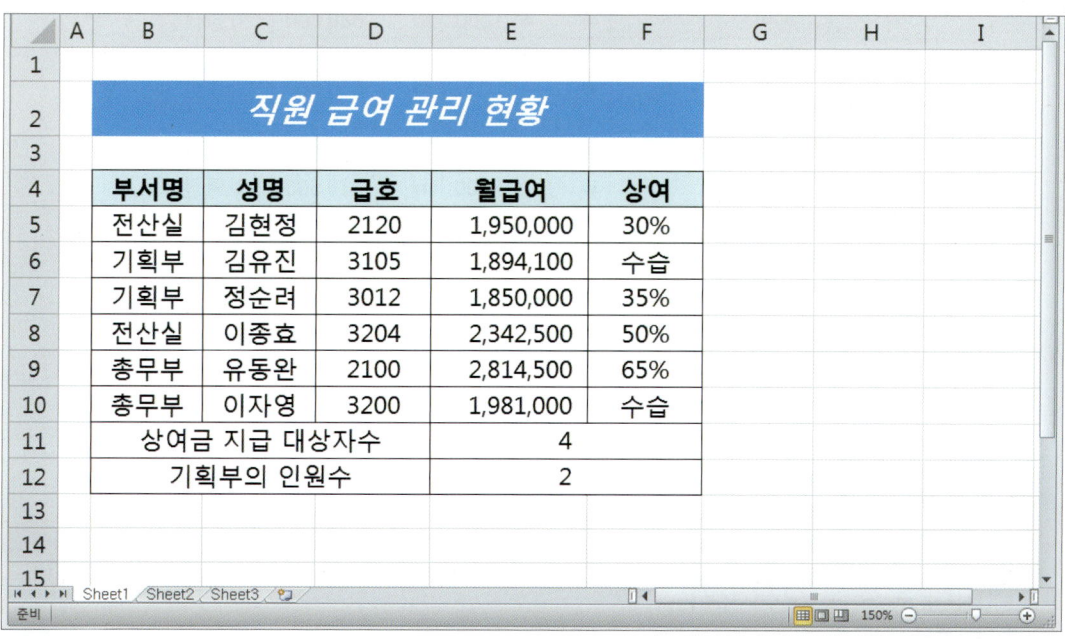

도움터 기획부의 인원수 =COUNTIF(B5:B10,"기획부")

데이터 정렬 및 부분합

데이터를 오름차순 또는 내림차순으로 설정할 수 있는 정렬 대화상자를 살펴보고 데이터를 그룹화하여 합계, 평균 등을 나타내는 부분합을 설정하는 방법에 대해 알아보도록 하겠습니다.

예제파일 : 커피하우스 체인점 현황.xlsx

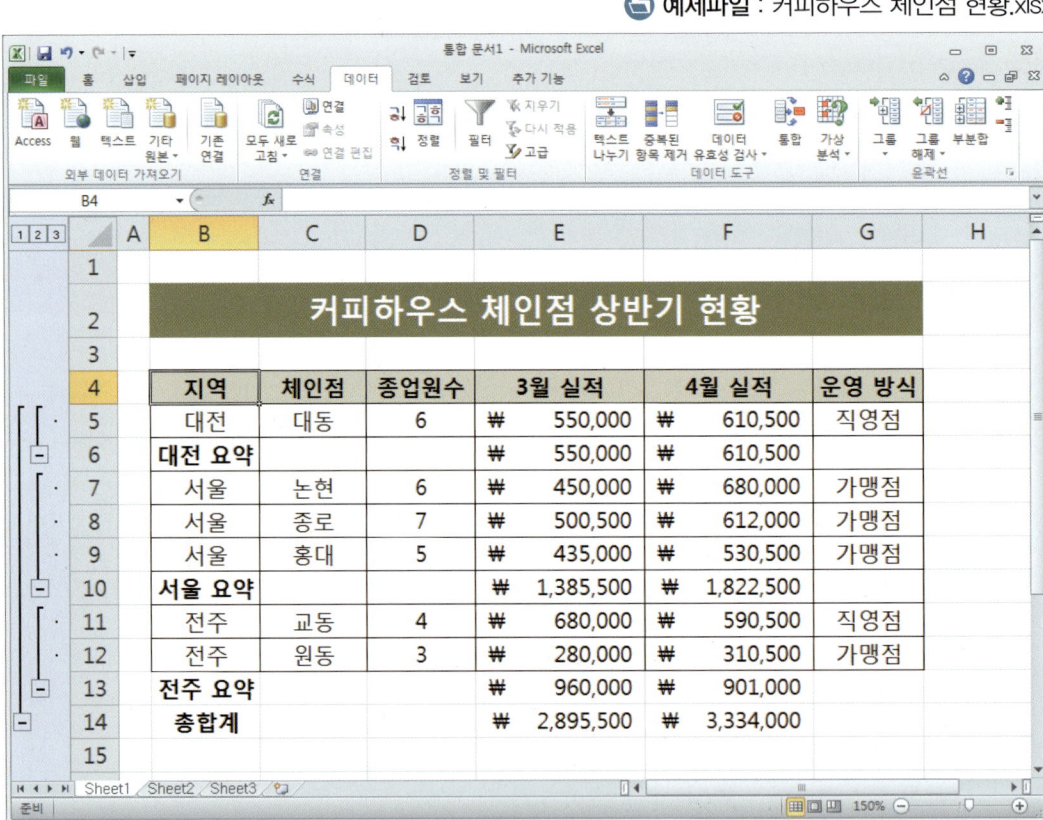

무엇을 배울까요?

⋯ 데이터 정렬하기
⋯ 데이터 유효성 검사하기
⋯ 부분합 설정하기
⋯ 윤곽 지우기

데이터 정렬하기

01 데이터를 **입력**한 후 회계 표시를 설정하기 위해 **[E5:F10] 셀을 드래그**하여 범위를 **지정**합니다.

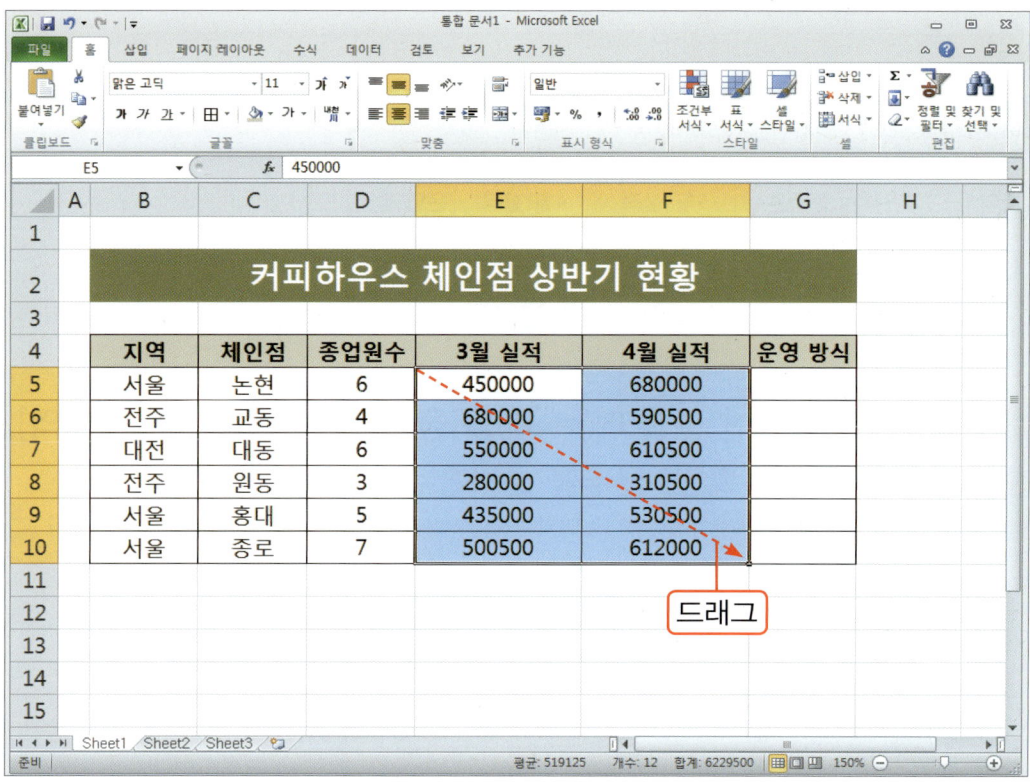

02 [홈] 탭–[표시 형식] 그룹에서 펼침 메뉴(▼)를 **클릭**한 후 항목에서 [회계](🗐)를 **선택**합니다.

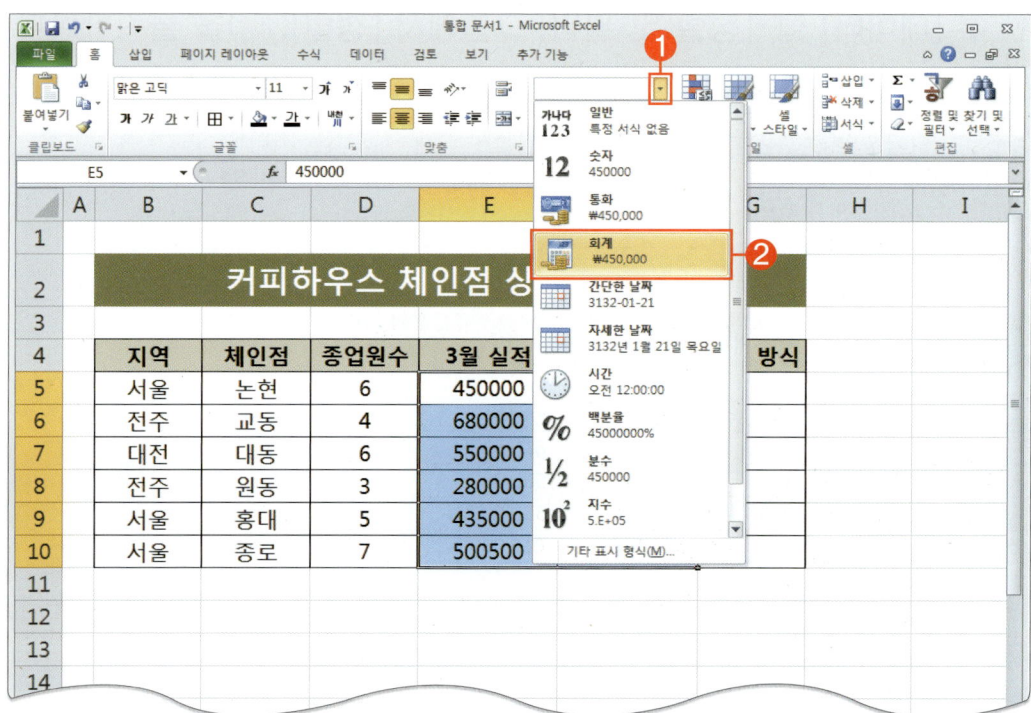

03 데이터 정렬을 설정하기 위해 [B4] 셀을 선택하고 [데이터] 탭-[정렬 및 필터] 그룹에서 [정렬]();을 클릭합니다.

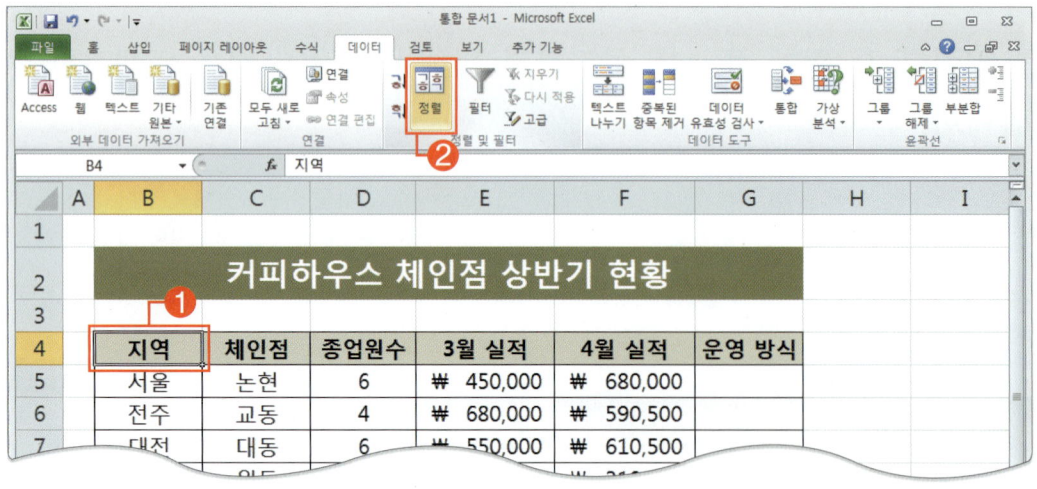

04 [정렬] 대화상자가 나타나면 펼침 메뉴()를 클릭하여 정렬 기준을 [지역], [값], [오름차순]으로 선택한 후 [확인] 단추를 클릭합니다.

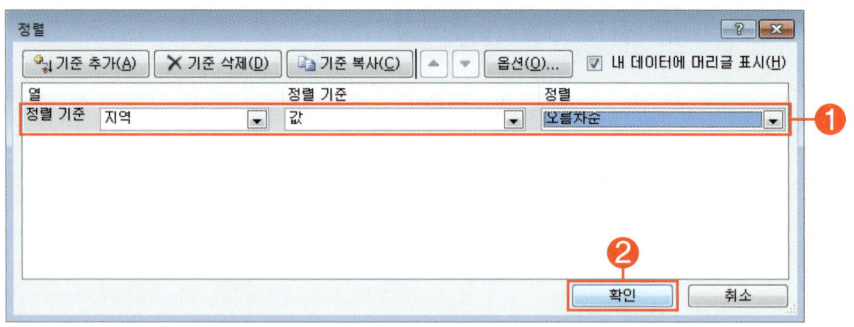

05 그림과 같이 [B5:B10] 셀의 데이터가 정렬된 것을 확인할 수 있습니다. [B4] 셀을 선택한 후 [데이터] 탭-[정렬 및 필터] 그룹에서 [정렬]()을 클릭합니다.

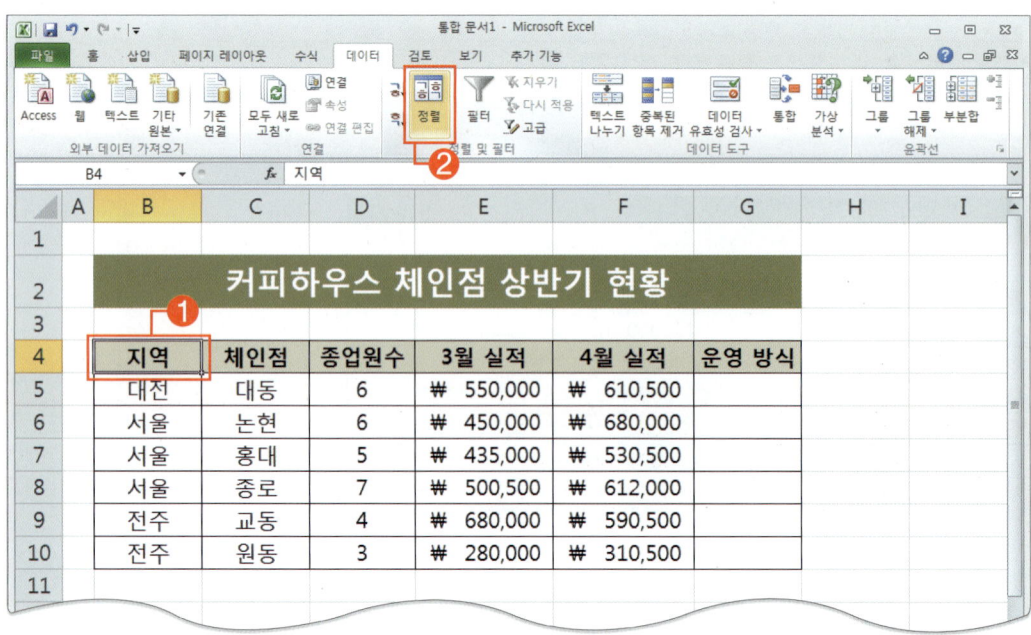

06 추가로 데이터를 정렬하기 위해 [기준 추가] 단추를 클릭합니다. 다음 기준에서 펼침 메뉴(▼)를 클릭한 후 [체인점], [값], [오름차순]으로 선택하고 [확인] 단추를 클릭합니다.

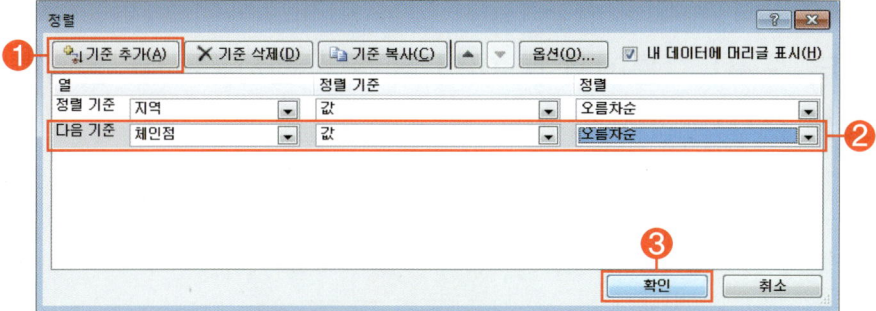

> **배움터** 오름차순 VS 내림차순
>
> - 오름차순 정렬 : 숫자 → 기호 문자 → 영문 소문자 → 영문 대문자 → 한글 → 공백
> - 내림차순 정렬 : 한글 → 영문 대문자 → 영문 소문자 → 기호 문자 → 숫자 → 공백

07 그림과 같이 [C5:C10] 셀의 데이터가 정렬된 것을 확인할 수 있습니다.

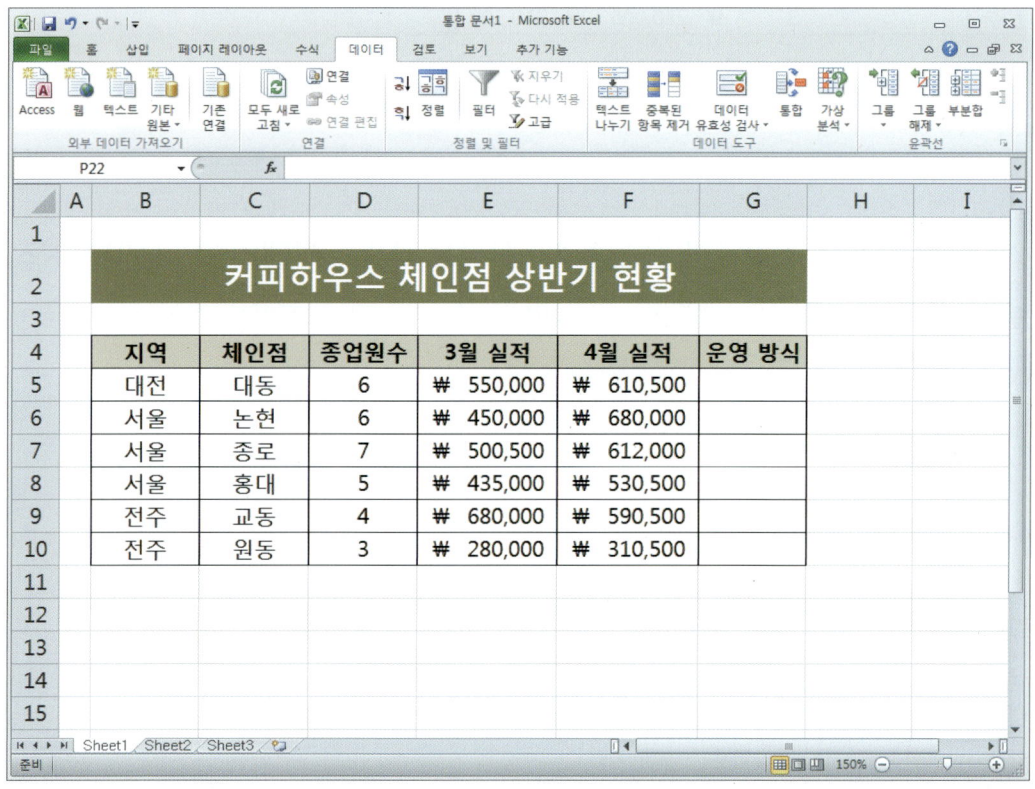

데이터 유효성 검사

01 데이터 유효성 검사를 설정하기 위해 [G5:G10] 셀을 드래그하여 범위를 지정하고, [데이터] 탭-[데이터 도구] 그룹에서 [데이터 유효성 검사](📋)를 클릭한 후 항목에서 [데이터 유효성 검사]를 선택합니다.

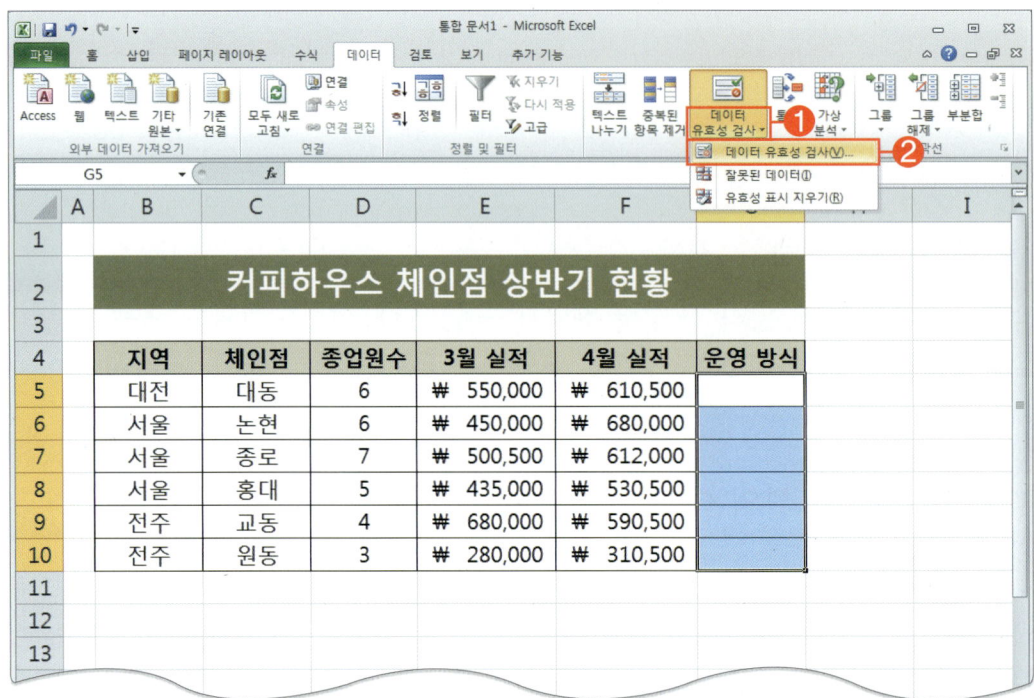

02 [데이터 유효성] 대화상자에서 [제한 대상]-[목록]을 선택하고, [원본]-'직영점, 가맹점'을 입력한 후 [확인] 단추를 클릭합니다.

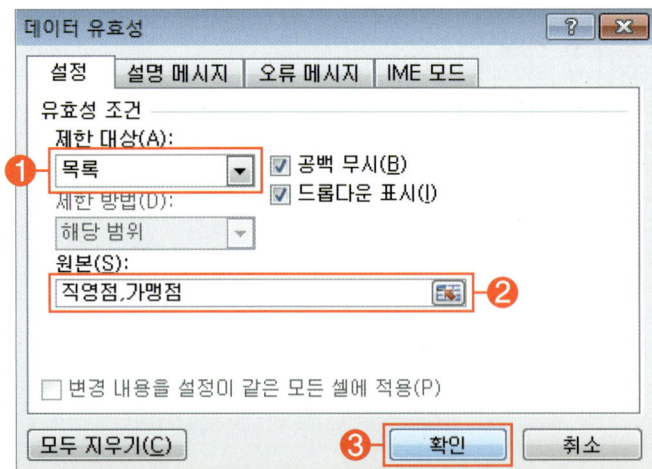

배움터 [데이터 유효성] 대화상자

지정한 값을 드롭다운 목록을 통해 선택하여 데이터를 정확하게 입력할 수 있도록 도와주는 기능을 포함하고 있습니다.

03 [G5] 셀에 나타난 **아래쪽 화살표(▼)를 클릭**하여 [**직영점]을 선택**합니다.

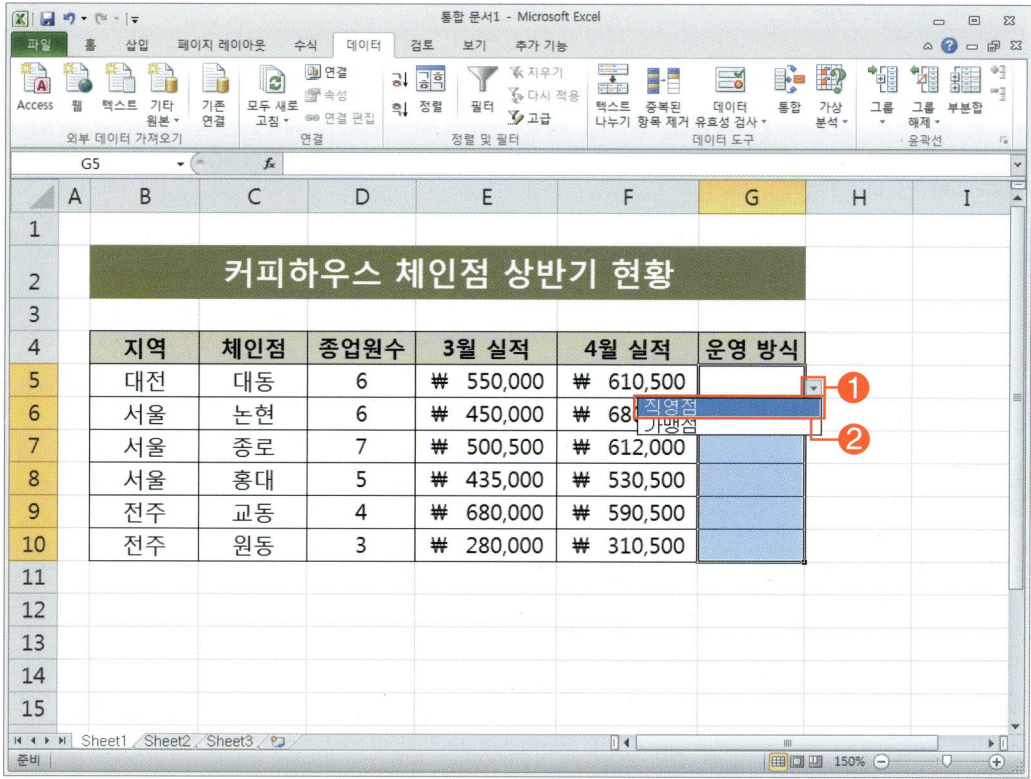

04 그림과 같이 [G5:G10] 셀에 운영 방식을 **선택**하여 표시합니다.

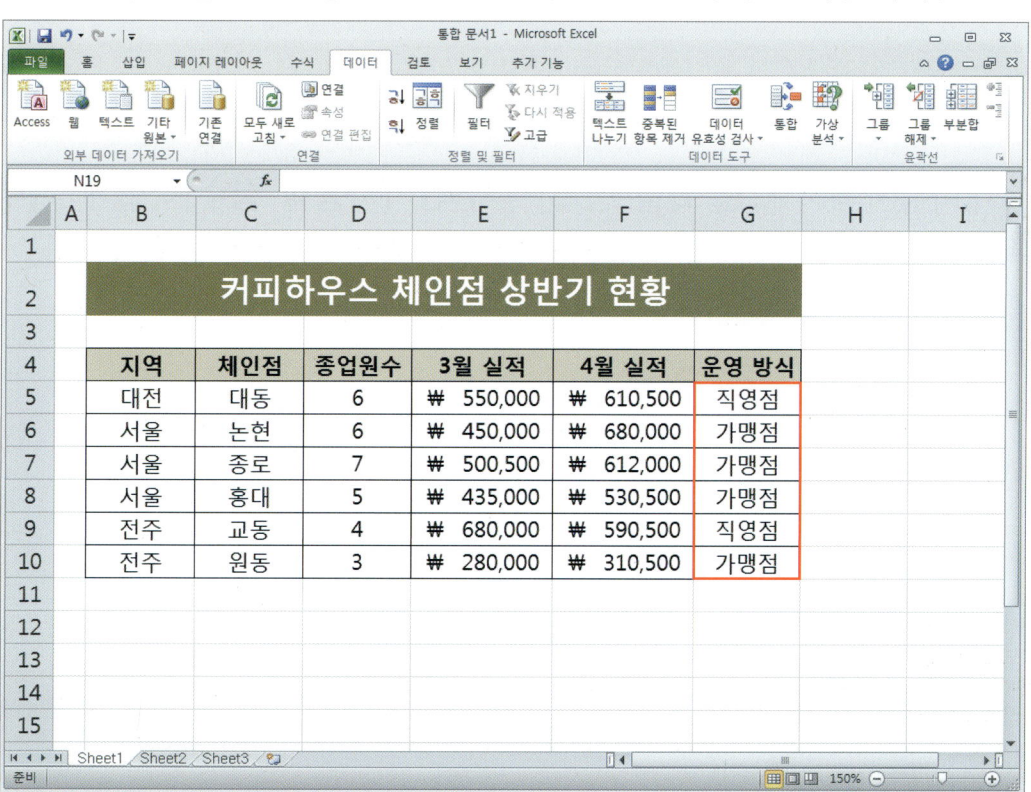

03 부분합 설정하기

01 부분합을 설정하기 위해 **[B4] 셀을 선택**한 후 **[데이터] 탭-[윤곽선] 그룹에서 [부분합]**(🏛)**을 클릭**합니다.

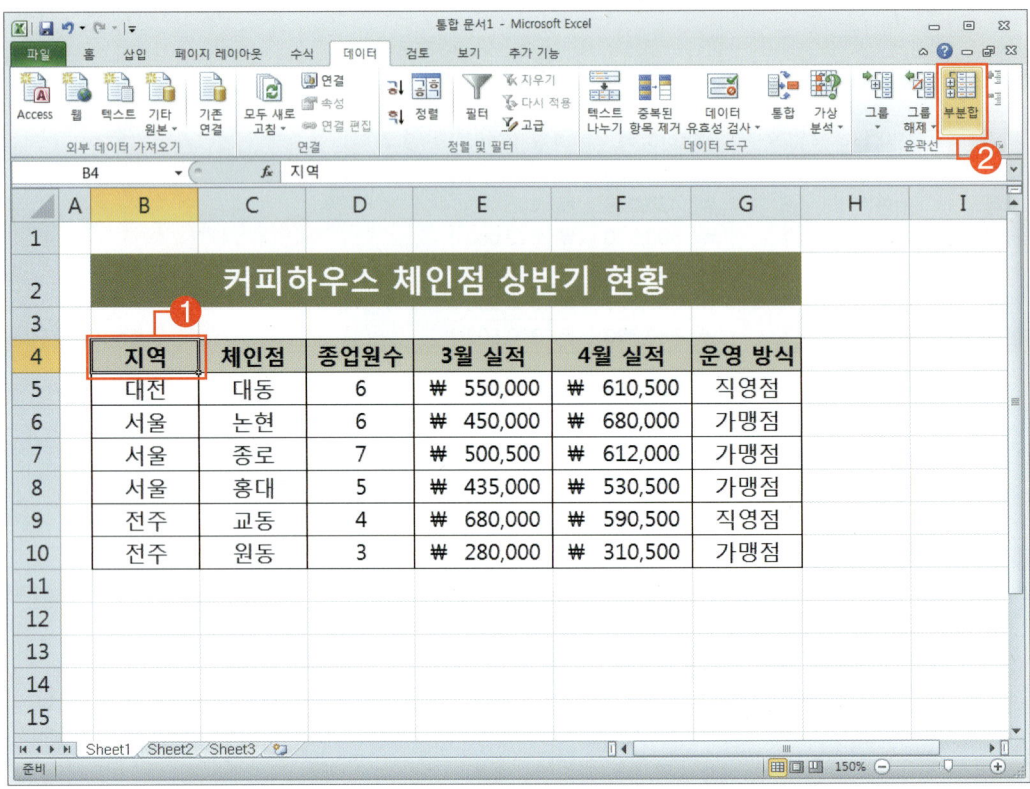

02 [부분합] 대화상자에서 **[그룹화할 항목]-[지역], [사용할 함수]-[합계], [부분합 계산 항목]-[3월 실적], [4월 실적]을 선택**한 후 **[확인] 단추를 클릭**합니다.

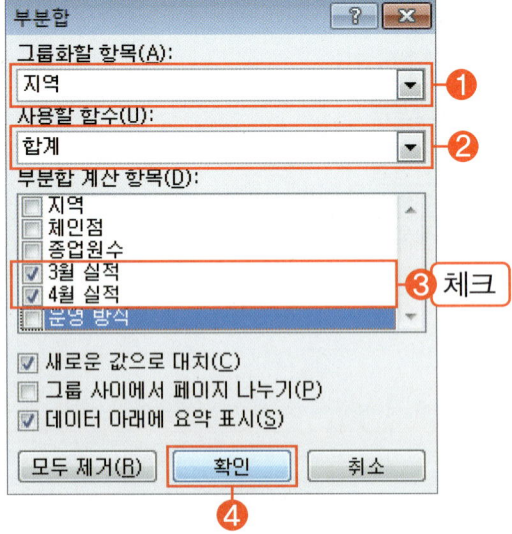

102 • 스마트한 생활을 위한 엑셀 2010

03 그림과 같이 지역별 "3월 실적"과 "4월 실적"의 합계와 총합계를 확인할 수 있습니다.

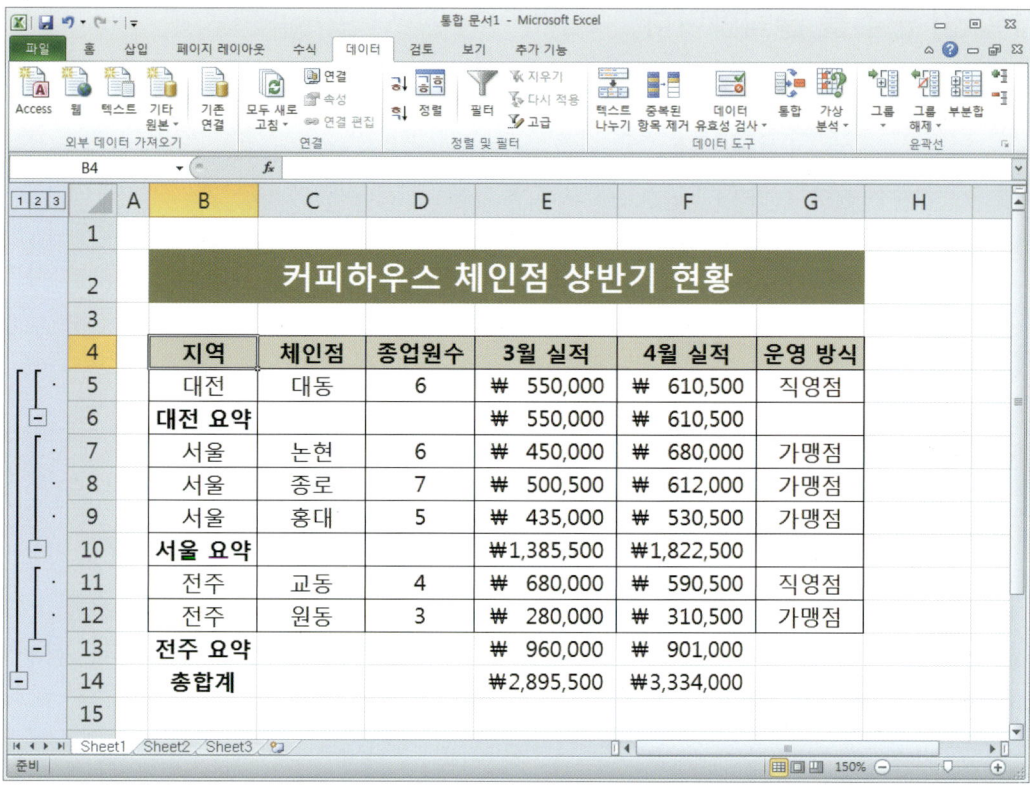

04 부분합을 추가로 설정하기 위해 [B4] 셀을 선택하고, [데이터] 탭-[윤곽선] 그룹에서 [부분합](🔲)을 클릭합니다.

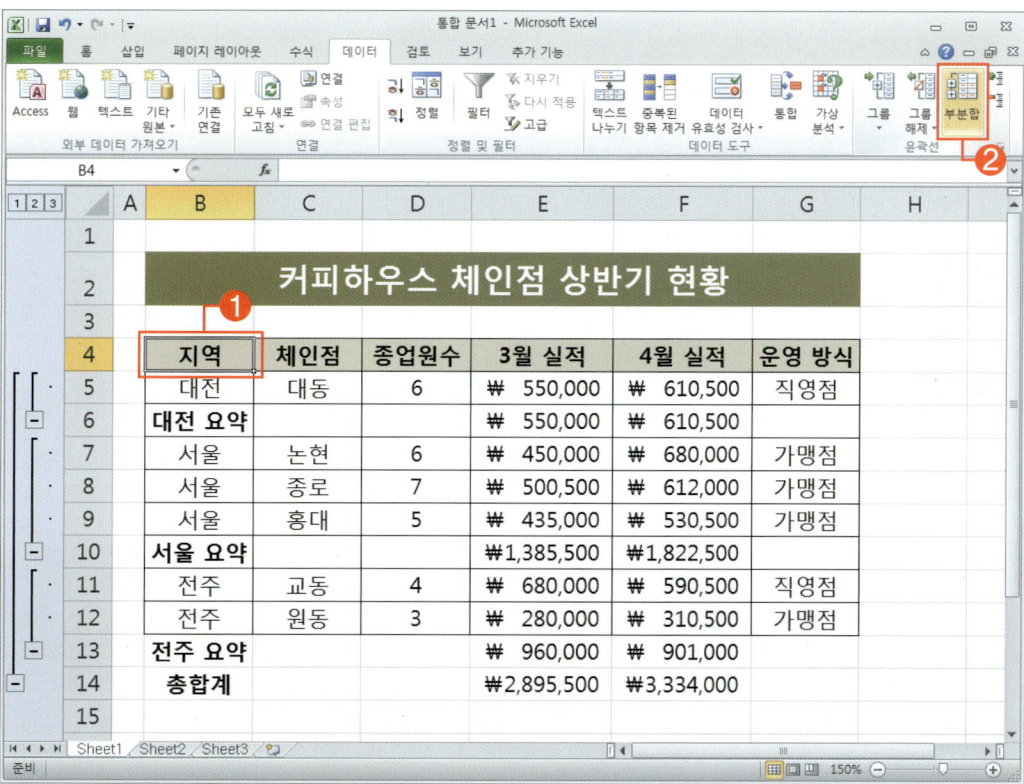

05 [부분합] 대화상자에서 [그룹화할 항목]-[지역], [사용할 함수]-[평균], [부분합 계산 항목]-[3월 실적], [4월 실적]을 선택하고, [새로운 값으로 대치] 선택을 해제한 후 [확인] 단추를 클릭합니다.

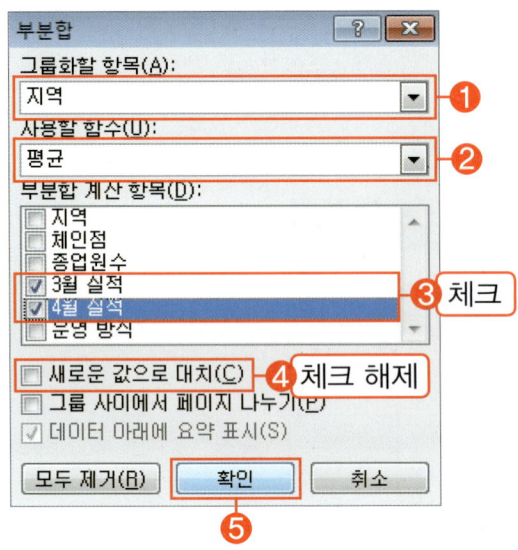

06 그림과 같이 지역별 "3월 실적"과 "4월 실적"의 총합계와 추가된 전체 평균을 확인할 수 있습니다.

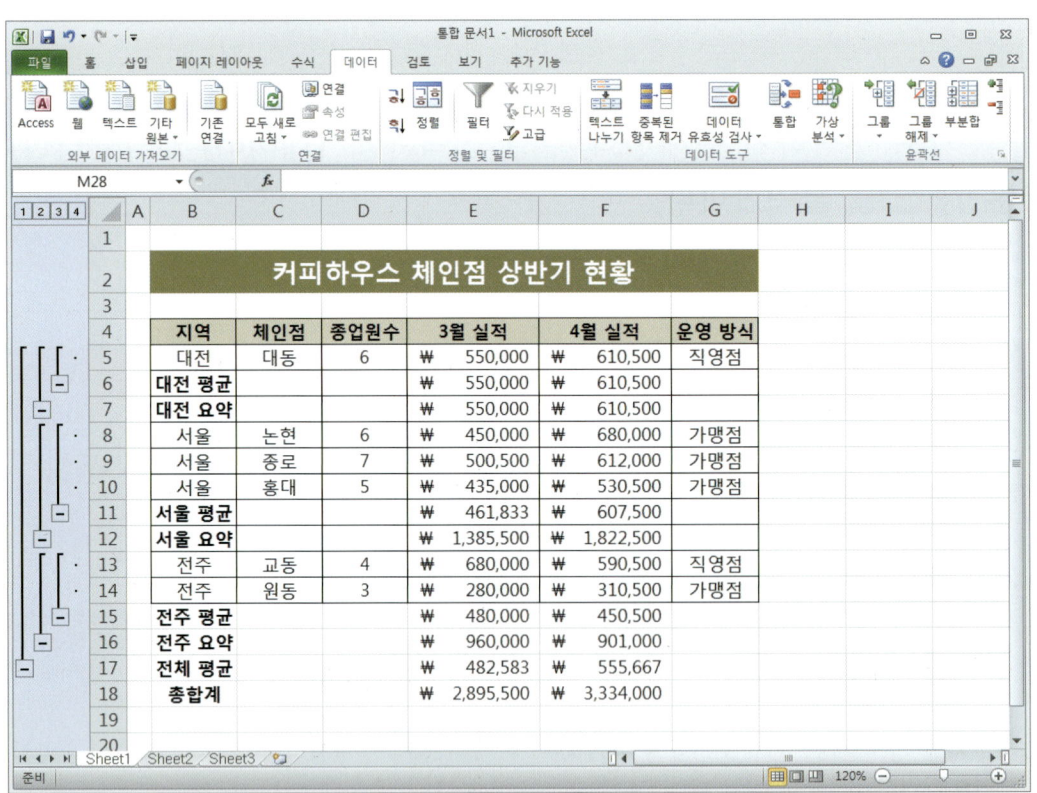

> **배움터** 확대/축소 슬라이더
>
> 확대/축소 슬라이더(⊖━━▽━━⊕)를 움직여 워크시트 화면을 확대하거나 축소할 수 있습니다.

104 • 스마트한 생활을 위한 엑셀 2010

04 윤곽 지우기

01 윤곽을 지우기 위해 [데이터] 탭-[윤곽선] 그룹에서 [그룹 해제]( )를 클릭한 후 항목에서 [윤곽 지우기]를 선택합니다.

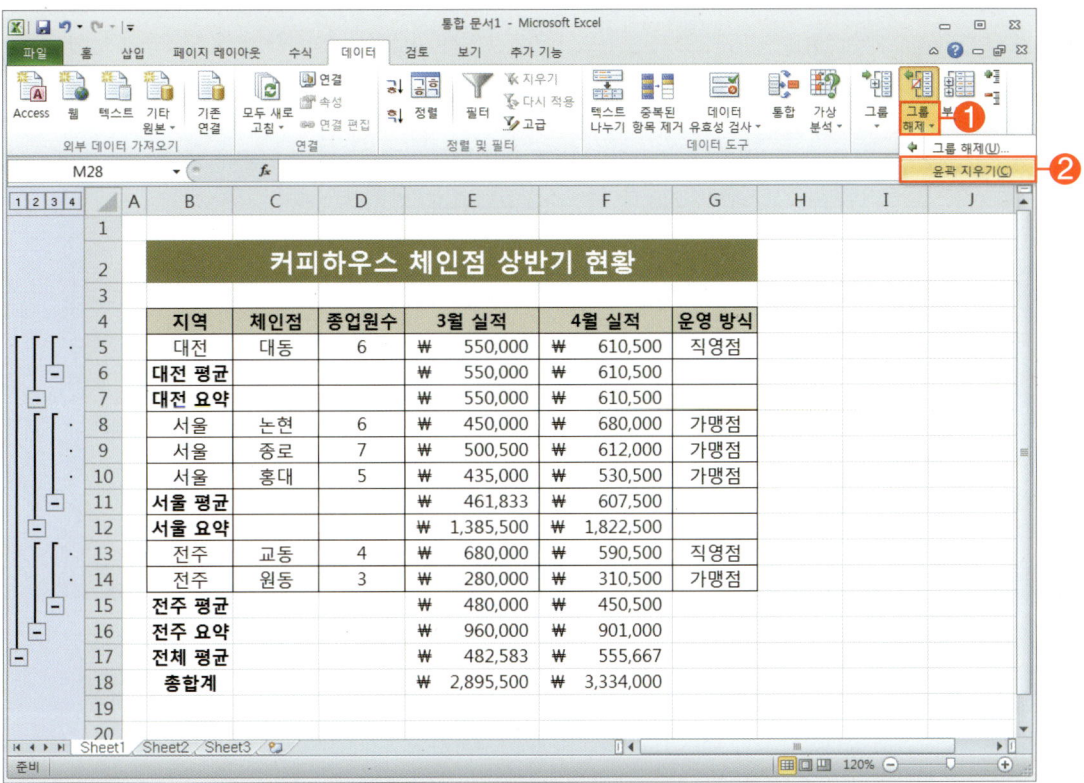

02 그림과 같이 부분합 데이터의 윤곽이 지워진 것을 확인할 수 있습니다.

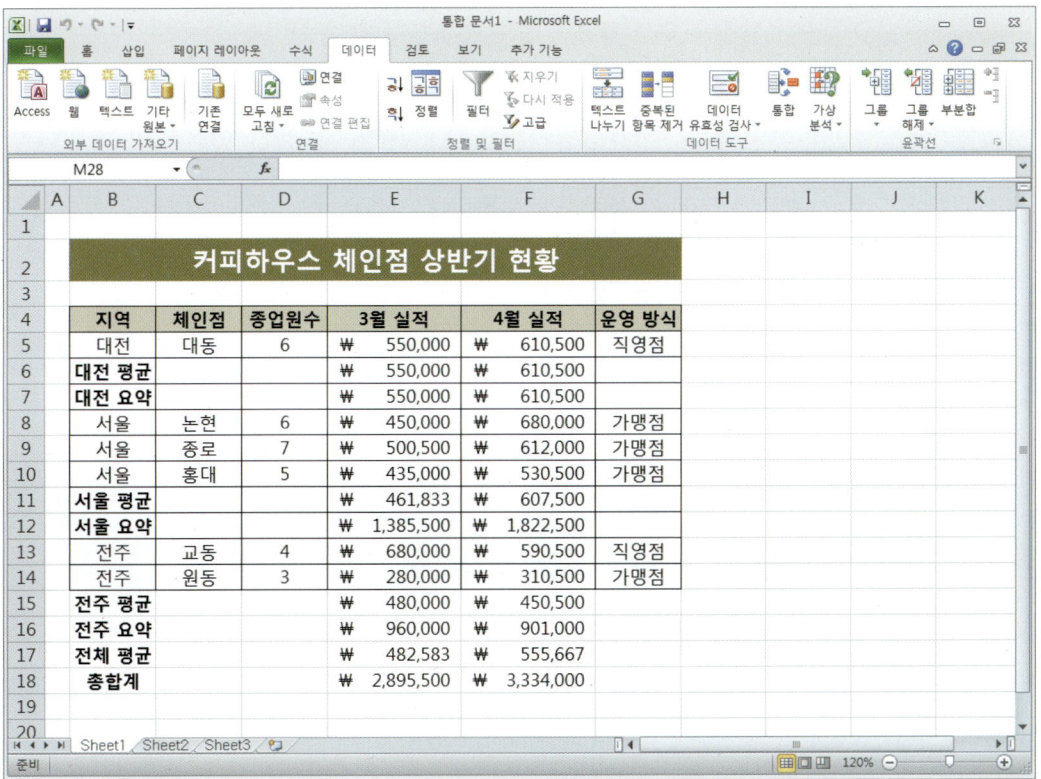

1 워크시트에 그림과 같이 데이터를 입력해 봅니다.

	A	B	C	D	E	F	G
1							
2		로즈 택배 배송일지					
3							
4		물품명	배송시간	배송배당금	배송거리	물품개수	물품수령자
5		서적	오후	₩ 3,000	200	7	
6		건강식품	오후	₩ 5,000	600	5	
7		청소세트	오전	₩ 2,500	300	9	
8		쇼사은품	저녁	₩ 4,000	280	15	
9		의류	오전	₩ 3,500	350	4	
10		푸드	저녁	₩ 3,200	800	12	

 회계(📋)

2 입력된 데이터를 정렬하고 유효성 검사를 설정해 봅니다.

	A	B	C	D	E	F	G
1							
2		로즈 택배 배송일지					
3							
4		물품명	배송시간	배송배당금	배송거리	물품개수	물품수령자
5		건강식품	오후	₩ 5,000	600	5	본인
6		서적	오후	₩ 3,000	200	7	가족
7		쇼사은품	저녁	₩ 4,000	280	15	본인
8		의류	오전	₩ 3,500	350	4	경비실
9		청소세트	오전	₩ 2,500	300	9	경비실
10		푸드	저녁	₩ 3,200	800	12	가족

도움터 유효성 검사 원본 – 본인, 가족, 경비실

3 워크시트에 데이터를 입력하고 유효성 검사를 설정해 봅니다.

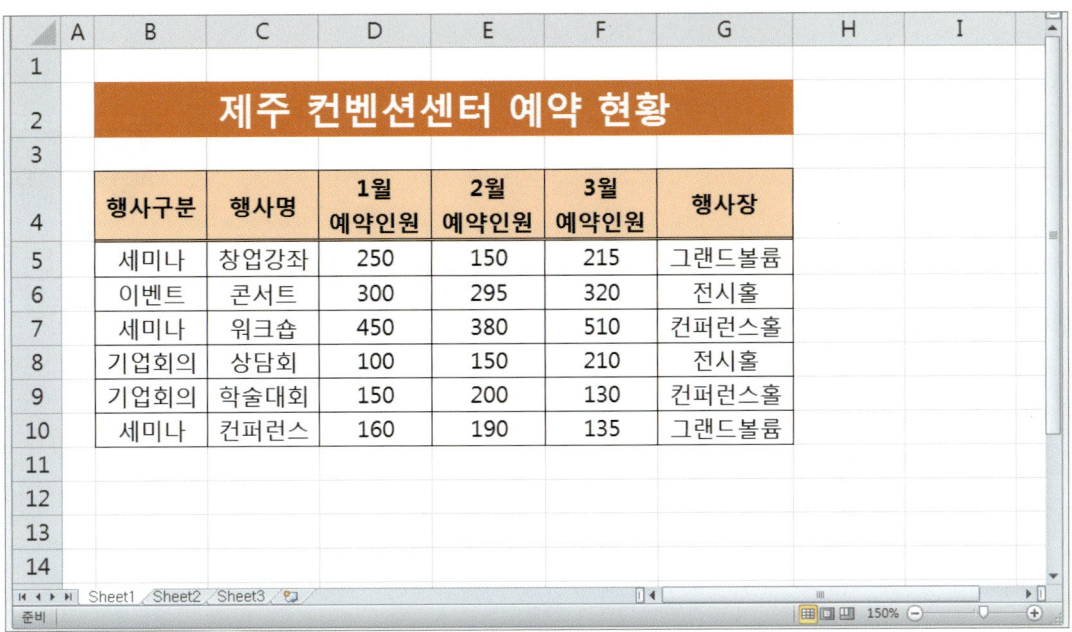

도움터 유효성 검사 원본 – 그랜드볼룸, 전시홀, 컨퍼런스홀

4 입력된 데이터를 정렬하고 부분합을 설정해 봅니다.

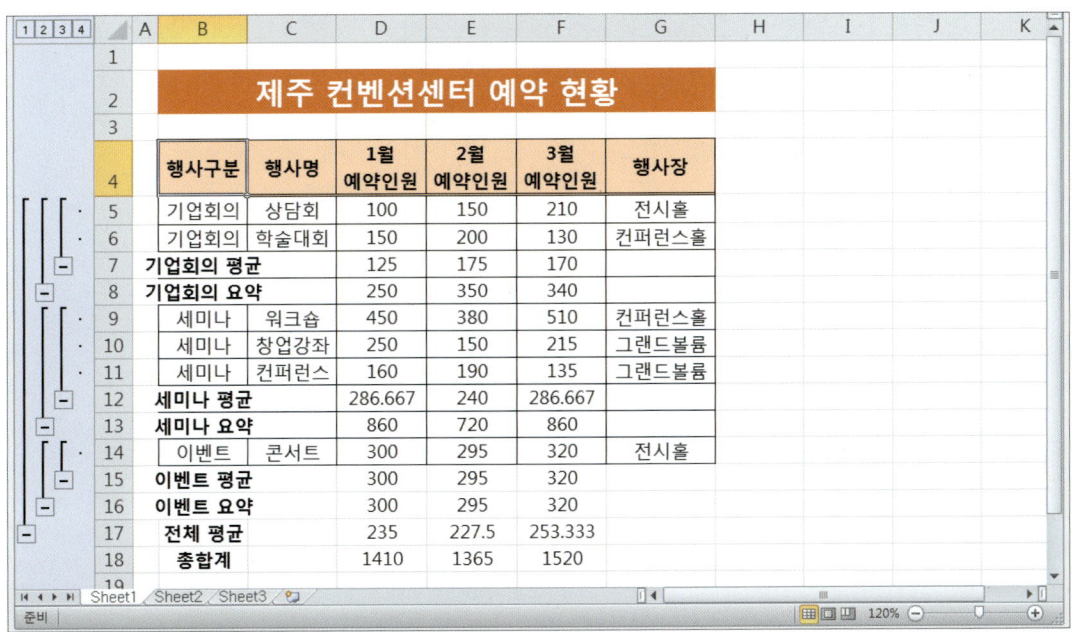

도움터 부분합 설정
- 사용할 함수 – 합계, 평균
- 계산 항목 – 1월, 2월, 3월 예약인원

08 테이블 필터링하기

자동 필터, 숫자 필터 또는 고급 필터 등을 살펴보고 다양한 기능으로 필터링하는 방법에 대해 알아보도록 하겠습니다.

예제파일 : 우수사원 특별 상여금.xlsx

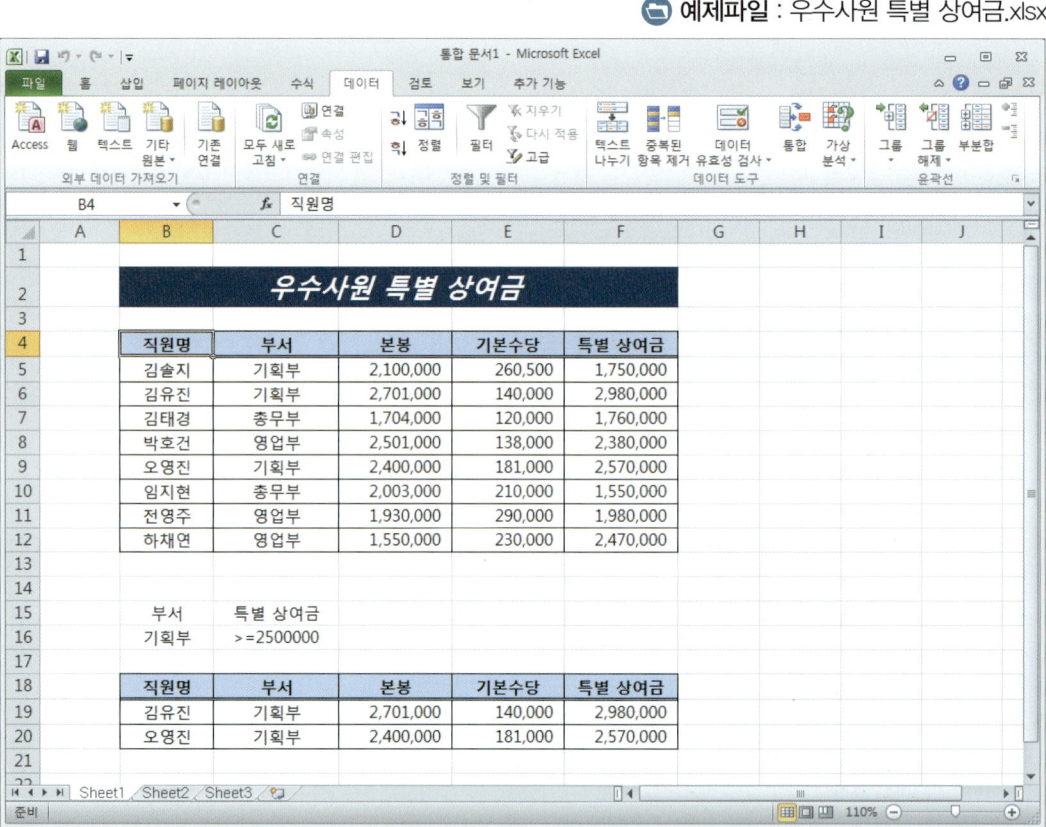

무엇을 배울까요?

→ 자동 필터로 열 필터링하기
→ 고급 조건으로 열 필터링하기

자동 필터로 열 필터링하기

01 그림과 같이 **데이터를 입력**한 후 필터를 지정하기 위해 **목록 범위의 셀을 선택**하고, **[데이터] 탭-[정렬 및 필터] 그룹에서 [필터]( )를 클릭**합니다.

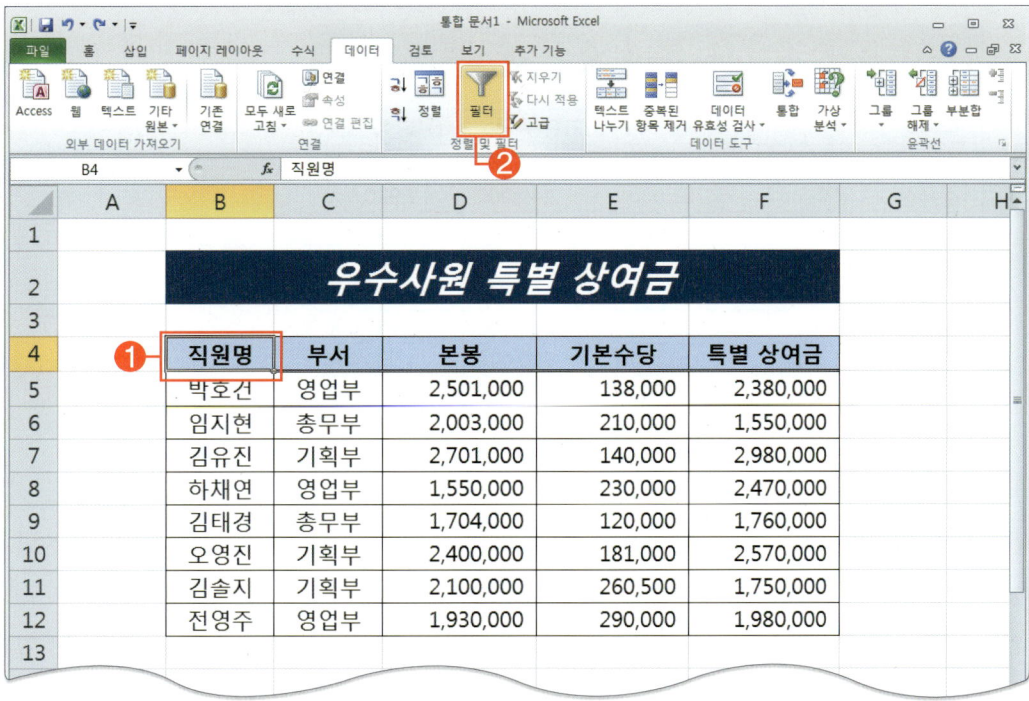

02 [B4] 셀의 아래쪽 화살표( )를 클릭한 후 자동 필터 메뉴에서 [텍스트 오름차순 정렬]( )을 선택합니다.

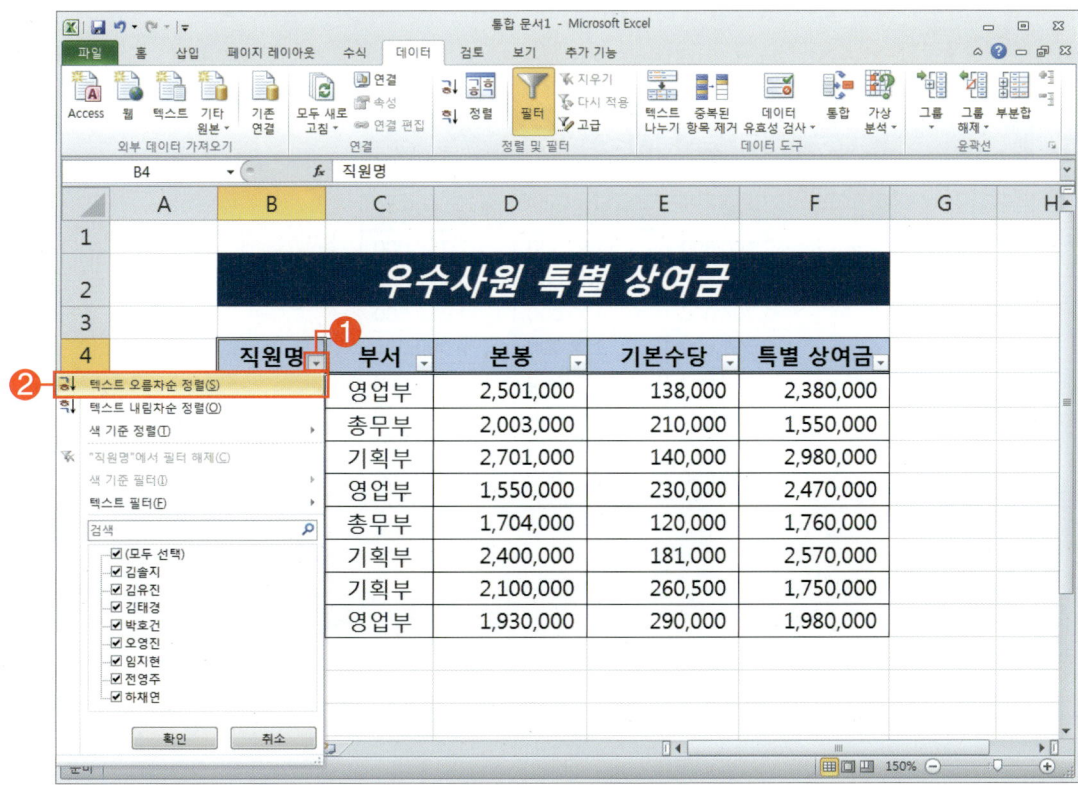

08 테이블 필터링하기 • **109**

03 그림과 같이 직원명의 데이터가 오름차순으로 정렬된 것을 확인할 수 있습니다.

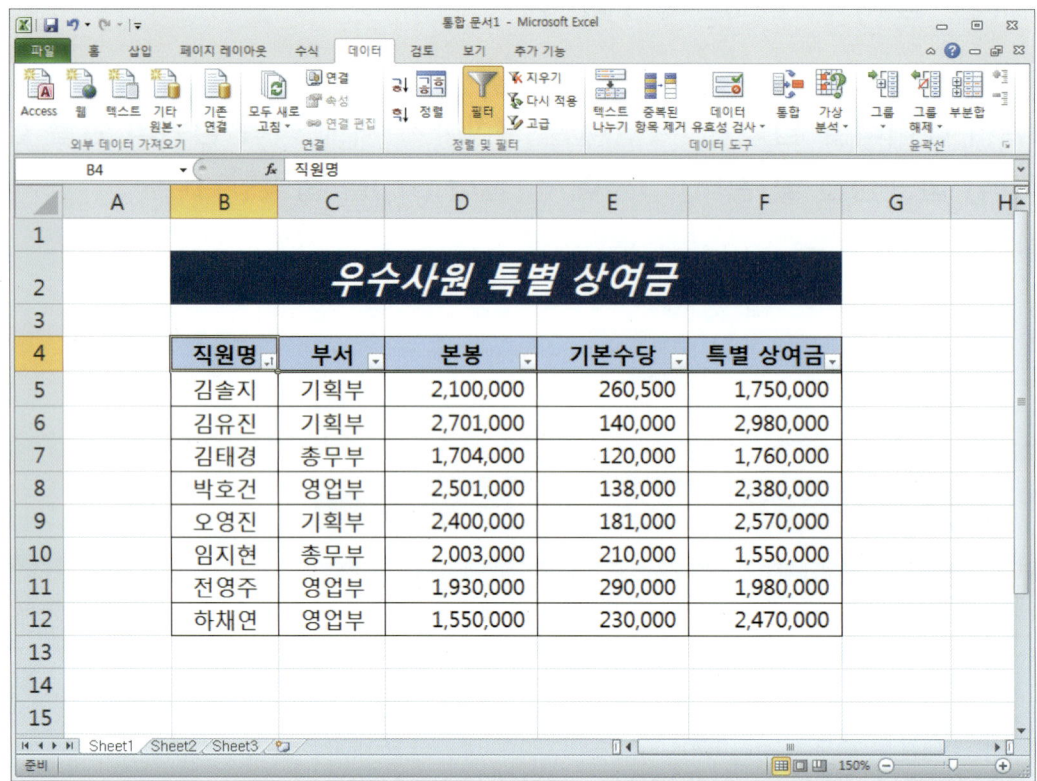

04 기획부 데이터만 나타내기 위해 [C4] 셀의 아래쪽 화살표(▼)를 클릭하고 필터 값 목록에서 '영업부'와 '총무부'를 선택하여 해제한 후 [확인] 단추를 클릭합니다.

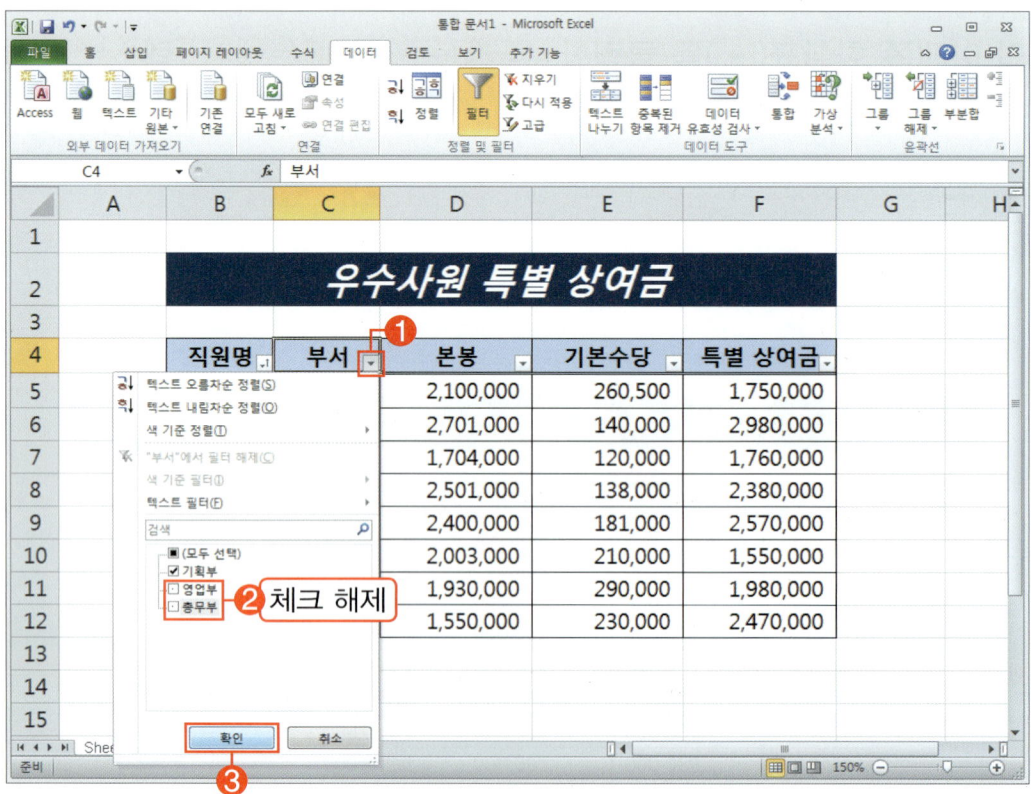

05 그림과 같이 기획부 데이터만 필터링된 것을 확인할 수 있습니다.

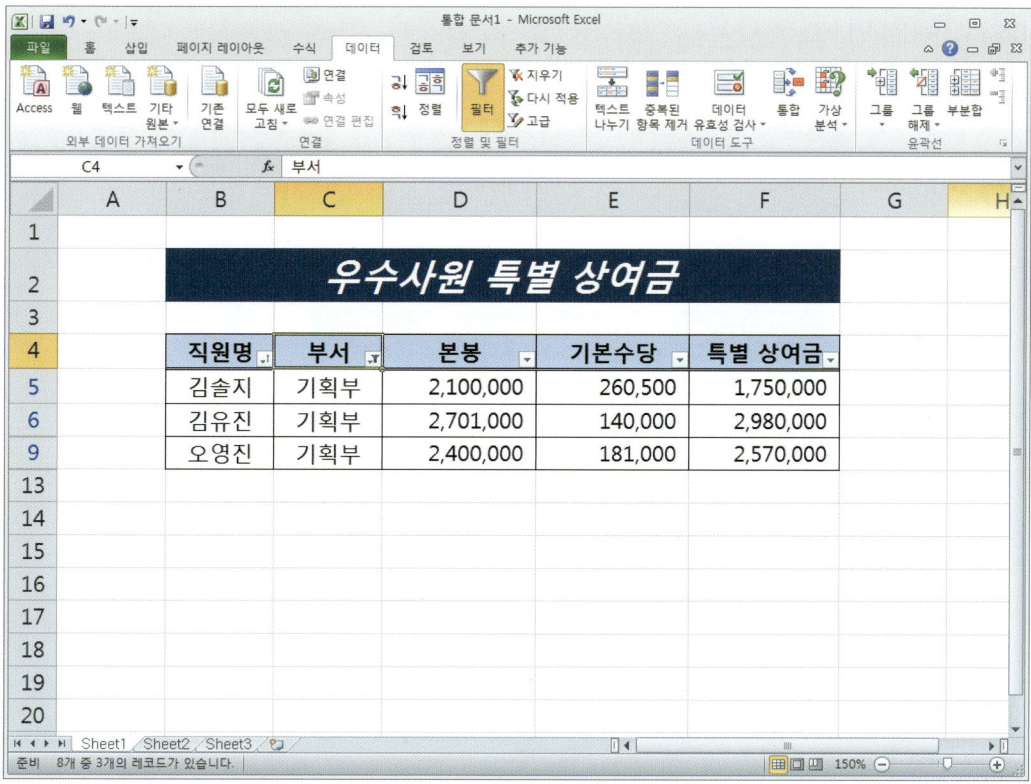

06 전체 데이터를 나타내기 위해 [C4] 셀의 필터 아이콘(▼)을 클릭하고, 필터 값 목록에서 '(모두 선택)'을 선택한 후 [확인] 단추를 클릭합니다.

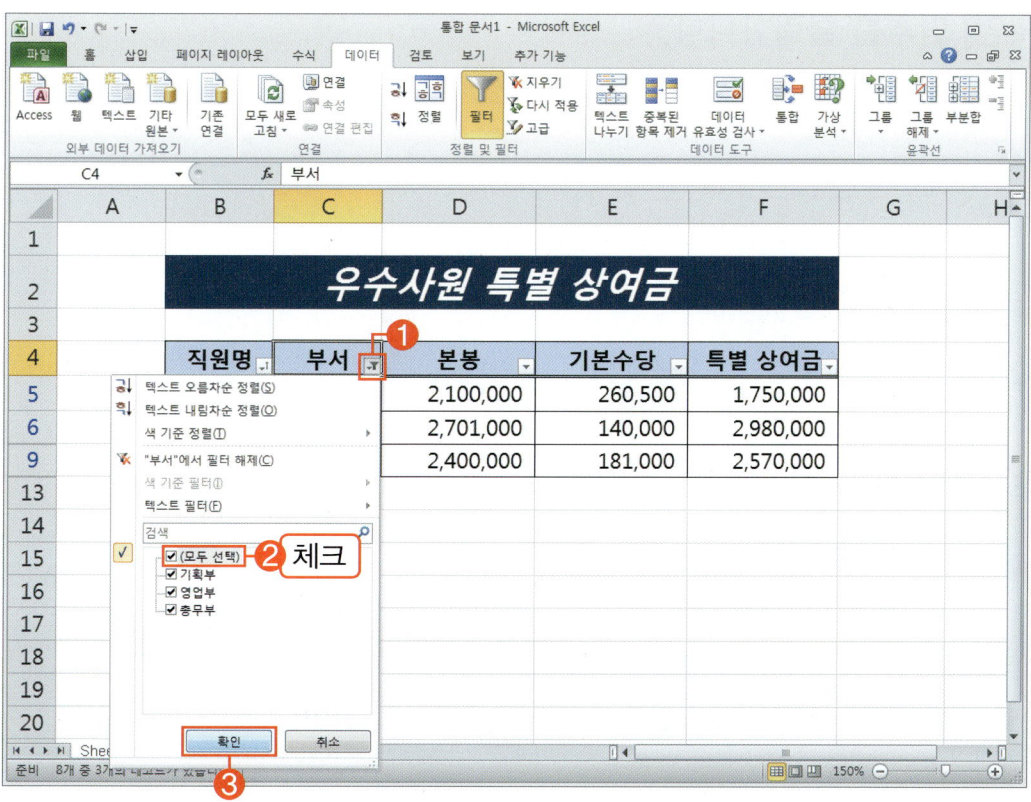

07 [D4] 셀의 아래쪽 화살표(▼)를 클릭하고 자동 필터 메뉴에서 [숫자 필터]-[크거나 같음]을 선택합니다.

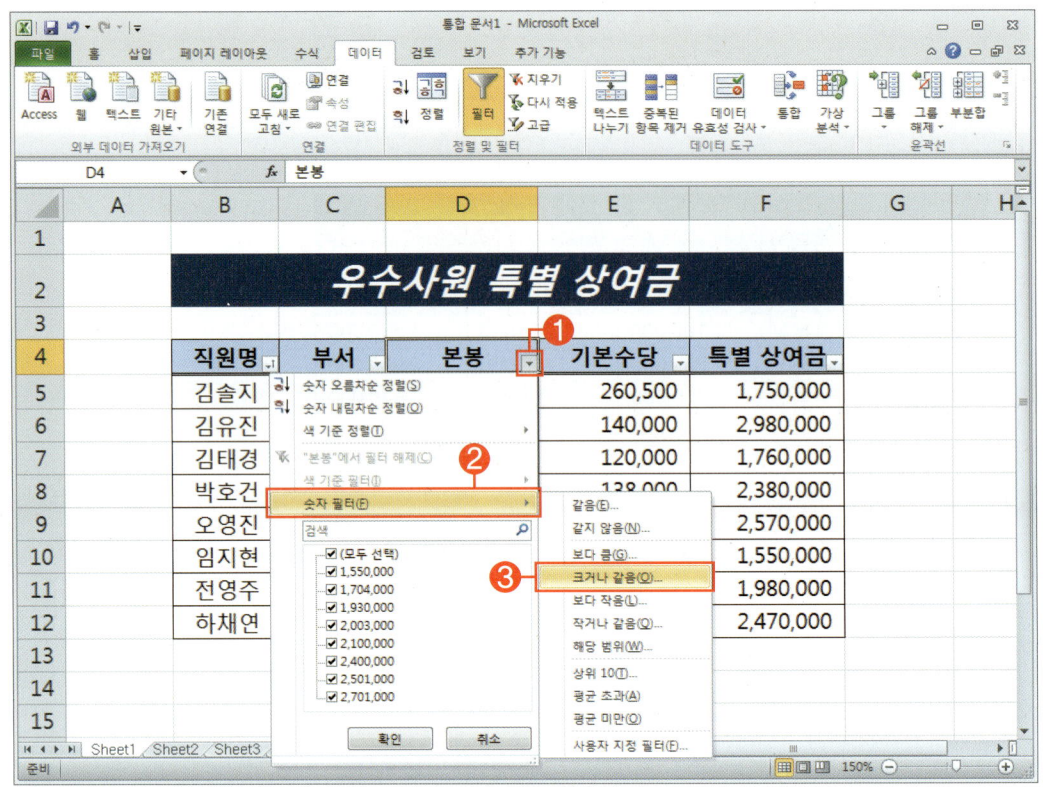

08 [사용자 지정 자동 필터] 대화상자가 나타나면 찾을 조건을 '2000000'으로 입력한 후 [확인] 단추를 클릭합니다.

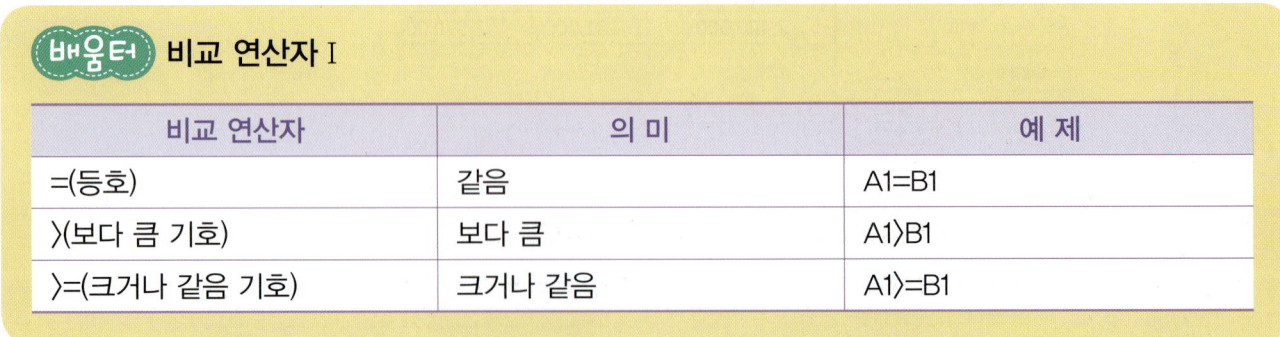

배움터 비교 연산자 I

비교 연산자	의 미	예 제
=(등호)	같음	A1=B1
〉(보다 큼 기호)	보다 큼	A1〉B1
〉=(크거나 같음 기호)	크거나 같음	A1〉=B1

09 본봉이 2,000,000원 이상인 데이터만 필터링된 것을 확인할 수 있습니다.

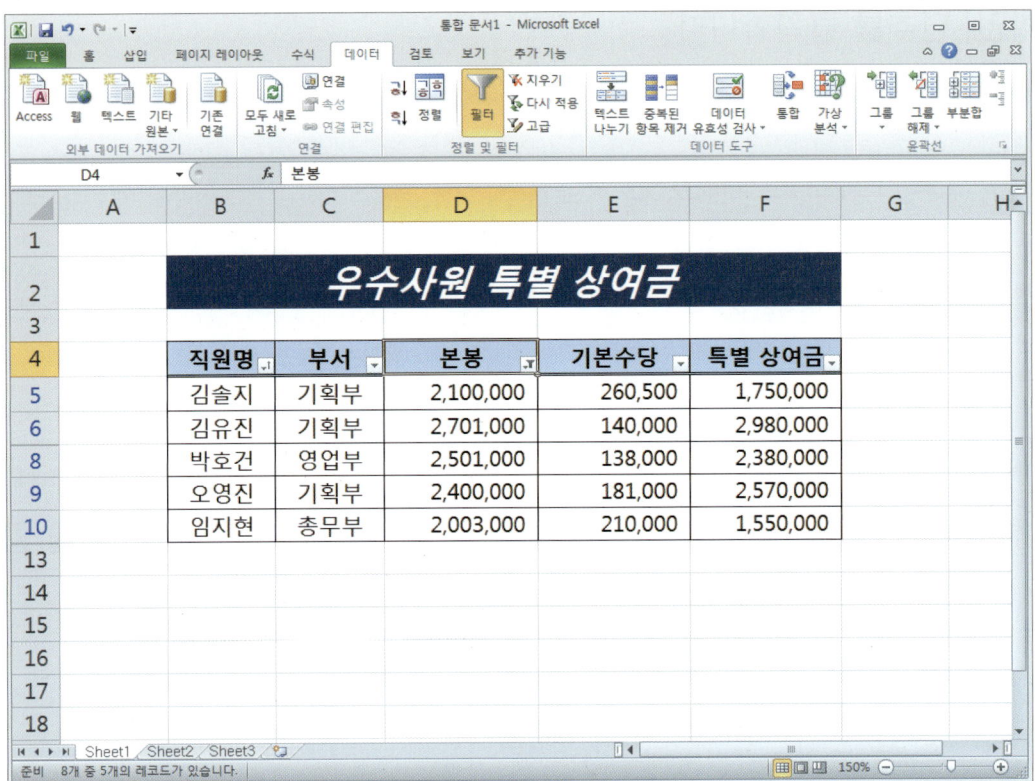

10 [E4] 셀의 아래쪽 화살표(▼)를 클릭하고, 자동 필터 메뉴에서 [숫자 필터]-[작거나 같음]을 선택합니다.

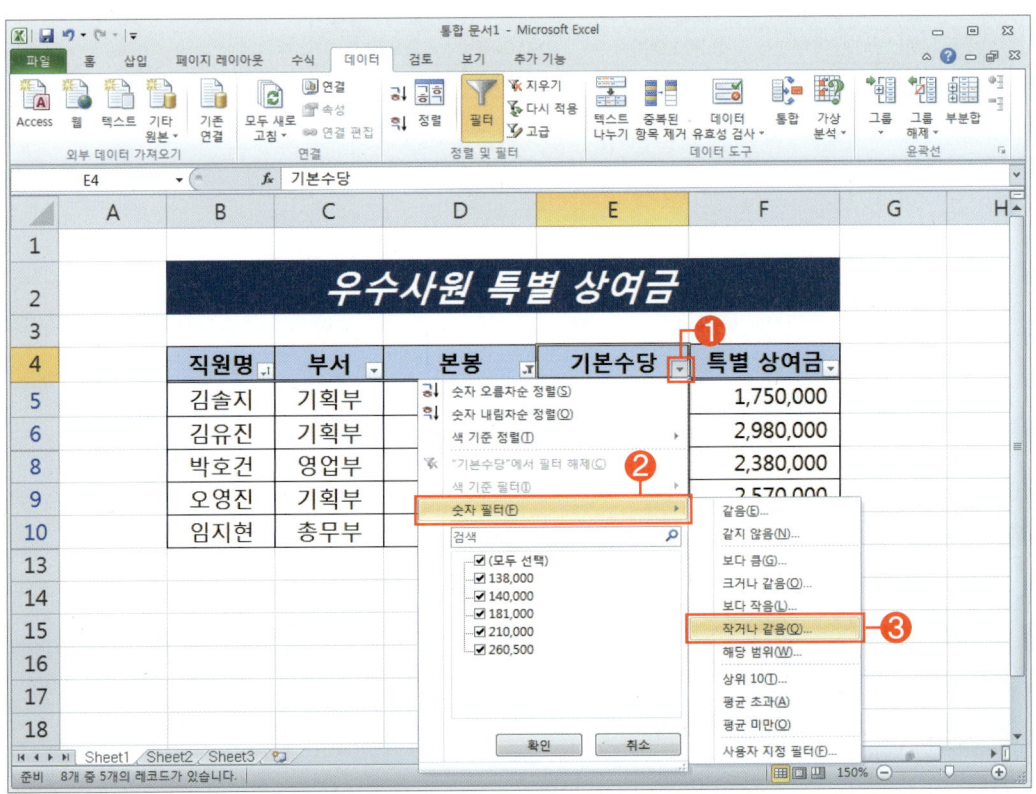

11 [사용자 지정 자동 필터] 대화상자가 나타나면 찾을 조건을 '150000'으로 입력한 후 [확인] 단추를 클릭합니다.

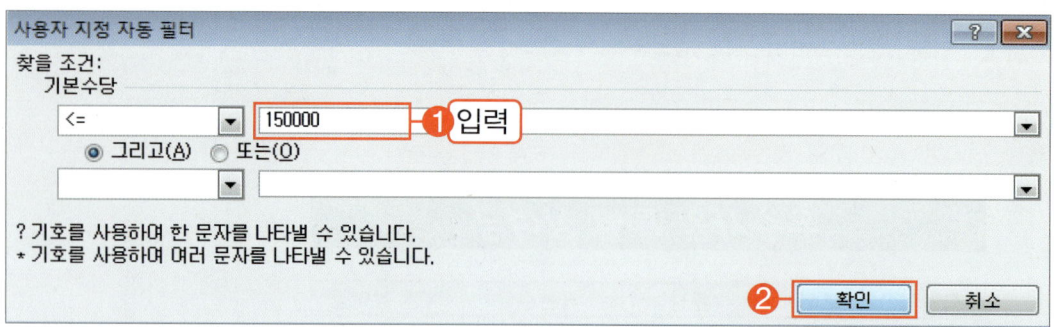

12 기본수당이 150,000원 이하인 데이터만 필터링된 것을 확인할 수 있습니다. 필터링을 해제하기 위해 [데이터] 탭-[정렬 및 필터] 그룹에서 [필터](▼)를 클릭합니다.

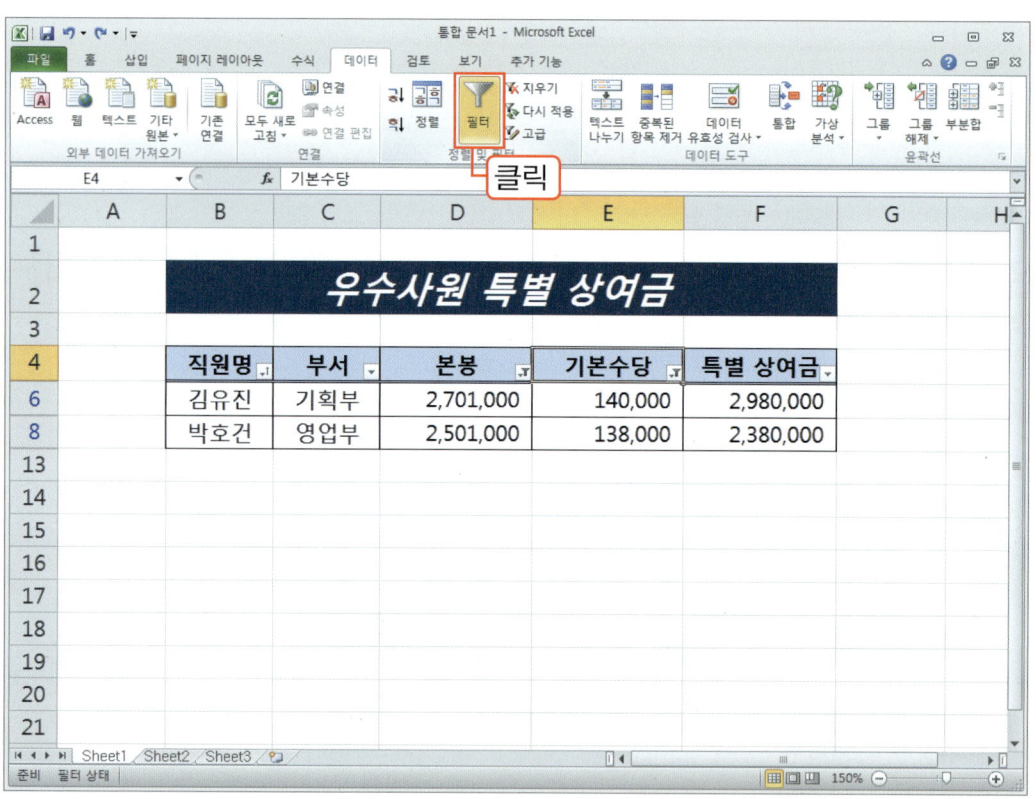

배움터 비교 연산자 II

비교 연산자	의 미	예 제
<(보다 작음 기호)	보다 작음	A1<B1
<=(작거나 같음 기호)	작거나 같음	A1<=B1
<>(같지 않음 기호)	같지 않음	A1<>B1

02 고급 조건으로 열 필터링하기

01 현재 위치에서 필터링을 하기 위해 [B15:C16] 셀에 그림과 같이 조건을 입력하고, [데이터] 탭-[정렬 및 필터] 그룹에서 [고급]( )을 클릭합니다.

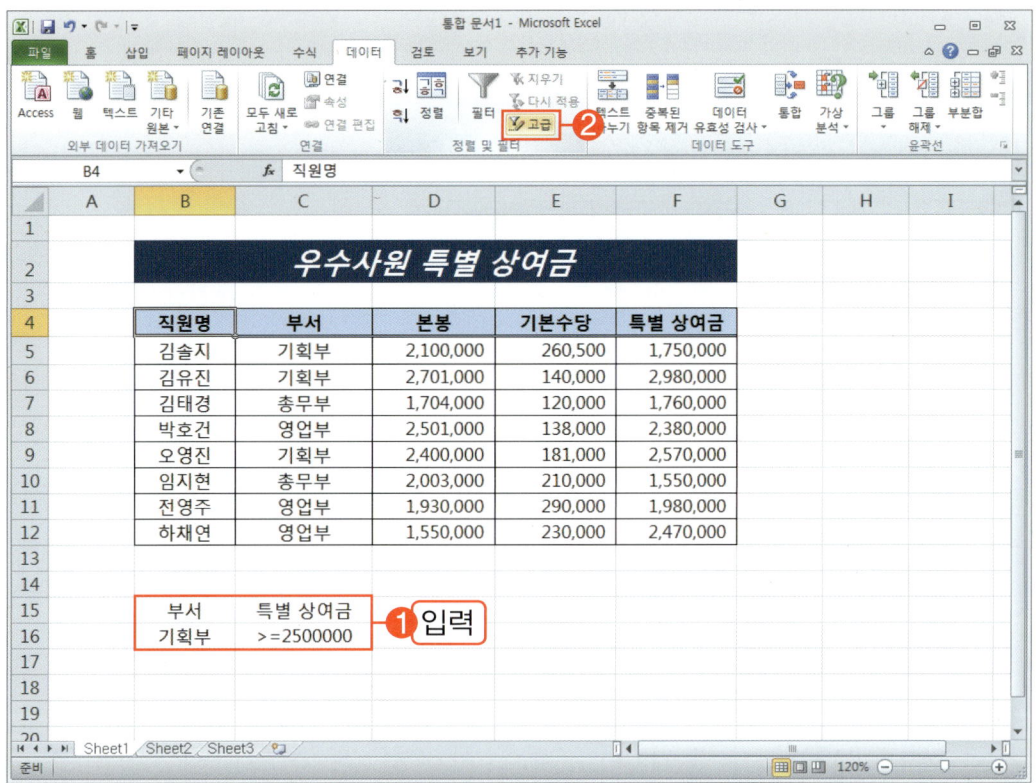

02 [고급 필터] 대화상자가 나타나면 조건 범위에 '$B$15:$C$16'을 입력한 후 [확인] 단추를 클릭합니다.

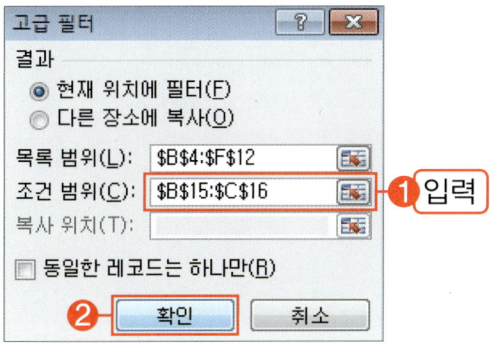

03 기획부이면서 특별 상여금 2,500,000원 이상을 받는 데이터만 필터링된 것을 확인할 수 있습니다. 지정한 고급 필터를 지우기 위해 **[데이터] 탭-[정렬 및 필터] 그룹**에서 **[지우기]**( )를 클릭합니다.

04 그림과 같이 전체 테이블이 표시되는 것을 확인할 수 있습니다. 필터링 결과를 다른 위치에 나타내기 위해 **[데이터] 탭-[정렬 및 필터] 그룹**에서 **[고급]**( )을 클릭합니다.

05 [고급 필터] 대화상자가 나타나면 [결과]-[다른 장소에 복사]를 선택하고, 복사 위치에 '$B$18:$F$18'을 입력한 후 [확인] 단추를 클릭합니다.

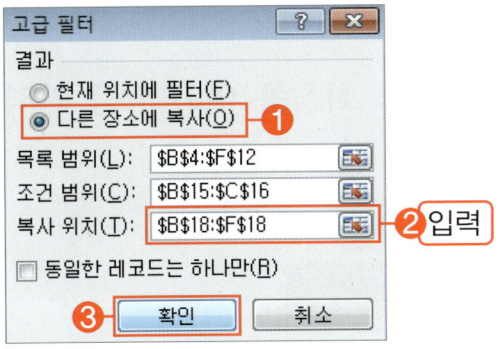

06 지정한 위치에 기획부이면서 2,500,000원 이상의 특별 상여금을 받는 데이터만 필터링된 것을 확인할 수 있습니다.

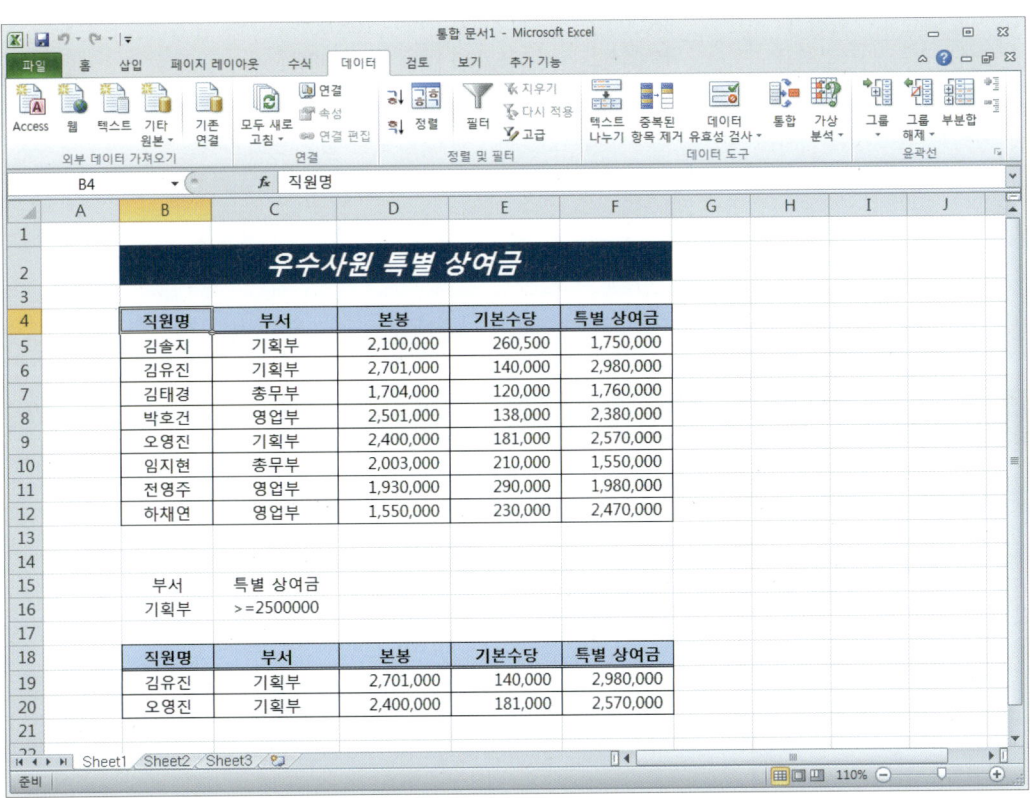

1 테이블을 작성하고 화장품 데이터만 필터링한 후 화장품 데이터 중 가격이 30,000원 이상인 데이터만 다시 필터링해 봅니다.

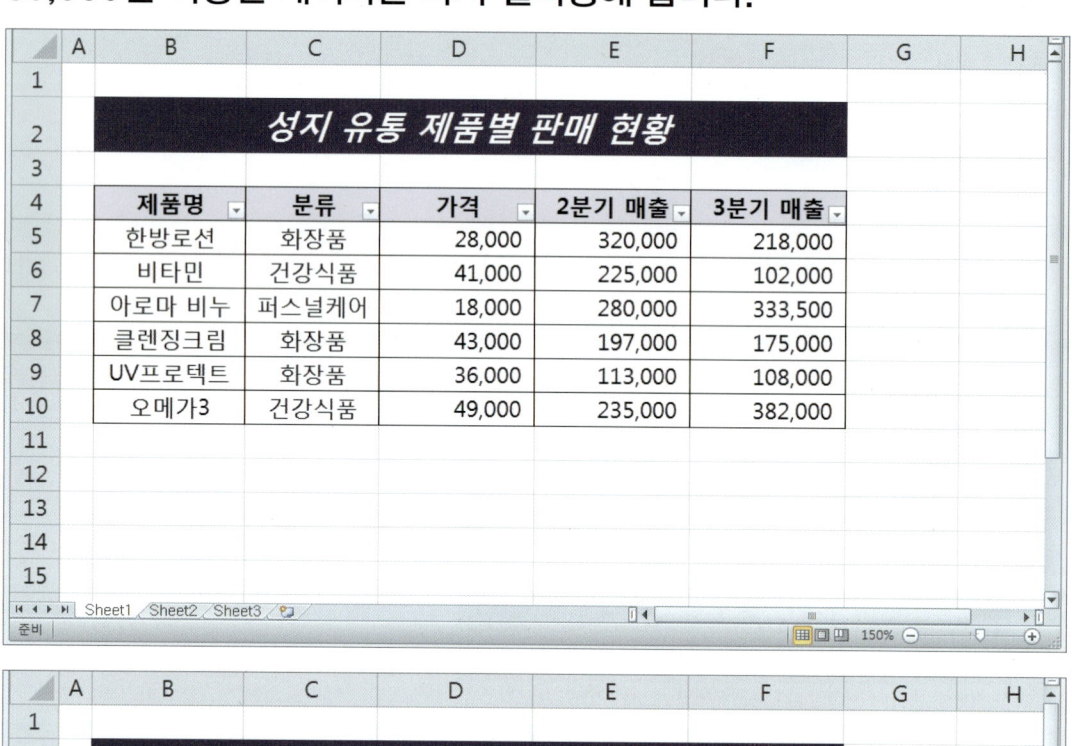

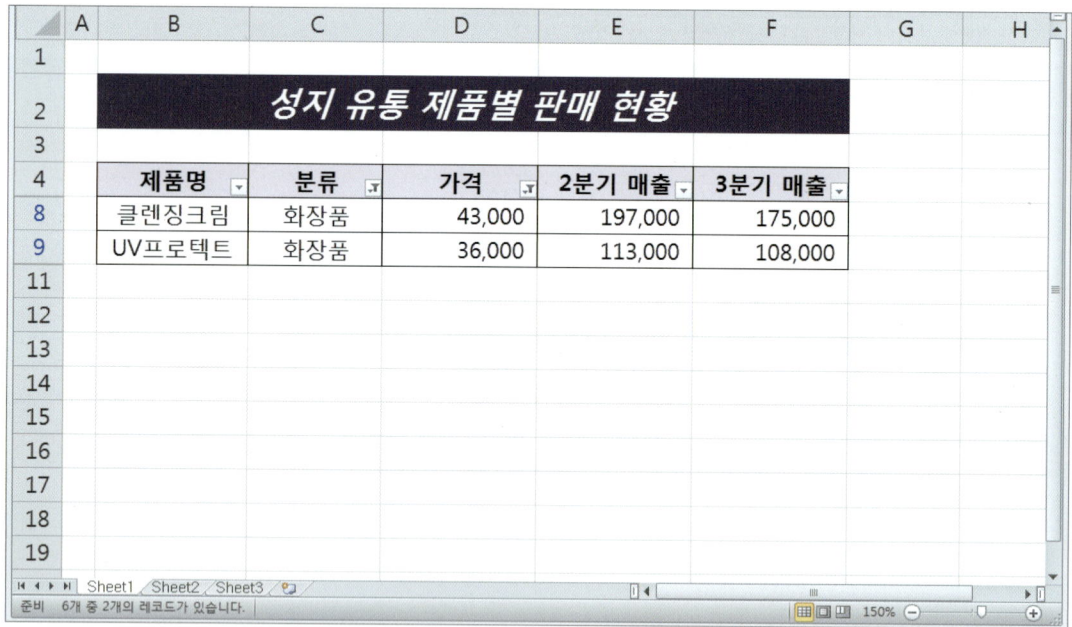

도움터 찾을 조건 : 가격 >=30000

2 지역이 제주도이면서 성수기 요금이 200,000원 이하의 조건을 만족하는 데이터를 필터링해 봅니다.

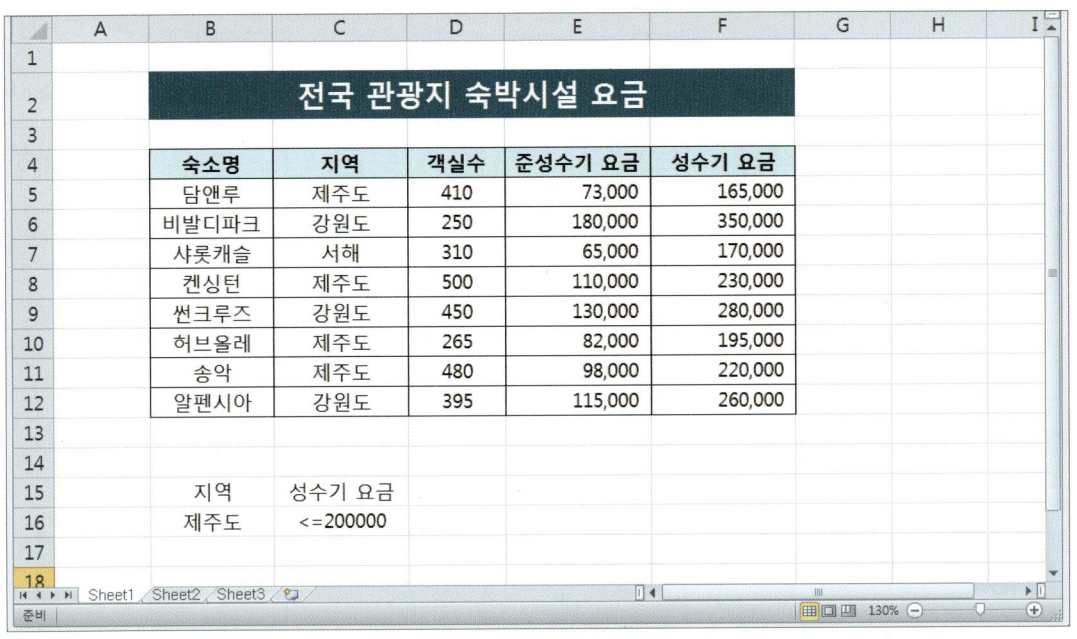

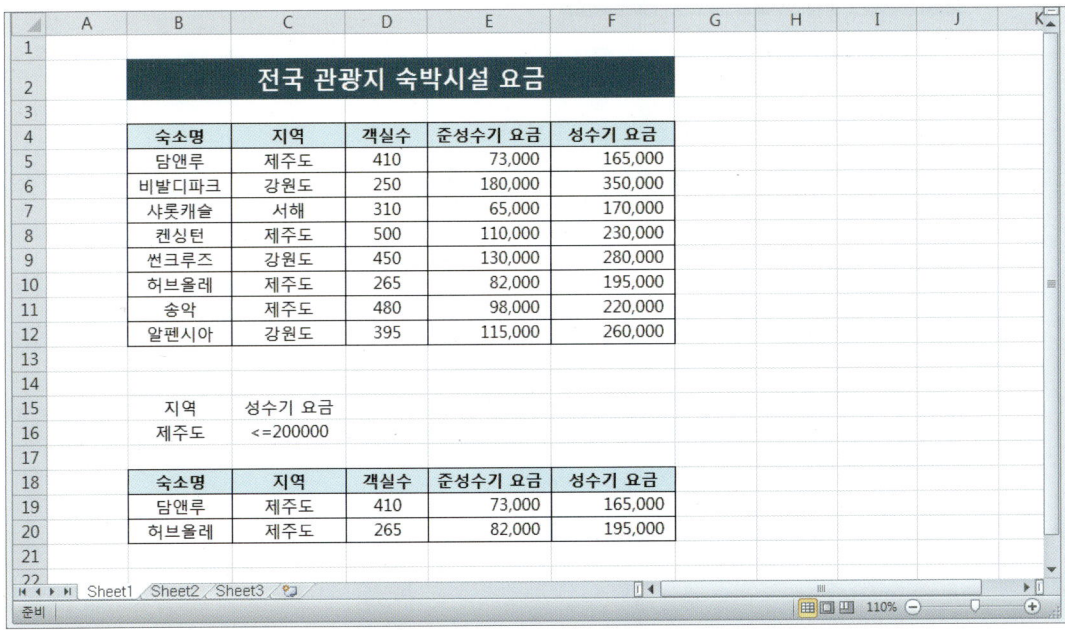

 **고급 필터**

- 목록 범위–$B$4:$F$12
- 조건 범위–$B$15:$C$16
- 복사 위치–$B$18:$F$18

09 데이터를 활용한 차트 만들기

많은 양의 데이터 및 여러 데이터 계열 간의 관계를 보다 쉽게 이해할 수 있도록 숫자 데이터 계열을 그래픽 형식으로 표시하는 차트를 만드는 방법에 대해 알아보도록 하겠습니다.

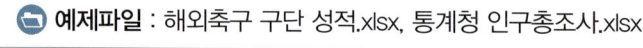
예제파일 : 해외축구 구단 성적.xlsx, 통계청 인구총조사.xlsx

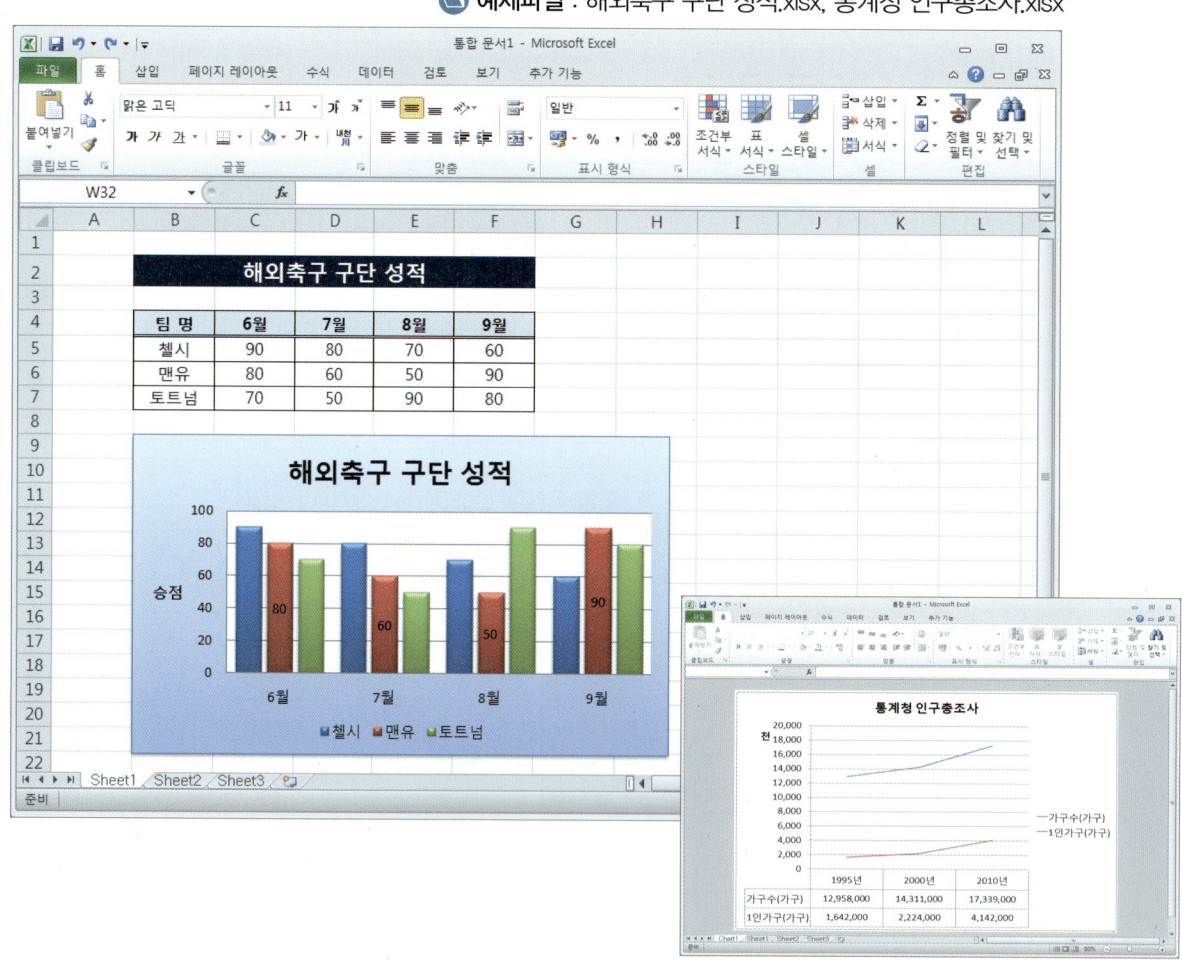

 무엇을 배울까요?

→ 세로 막대형 차트 만들기
→ 별도의 차트 시트 만들기

세로 막대형 차트 만들기

01 차트를 삽입하기 위해 **데이터를 입력**한 후 **목록 범위의 셀을 선택**합니다.

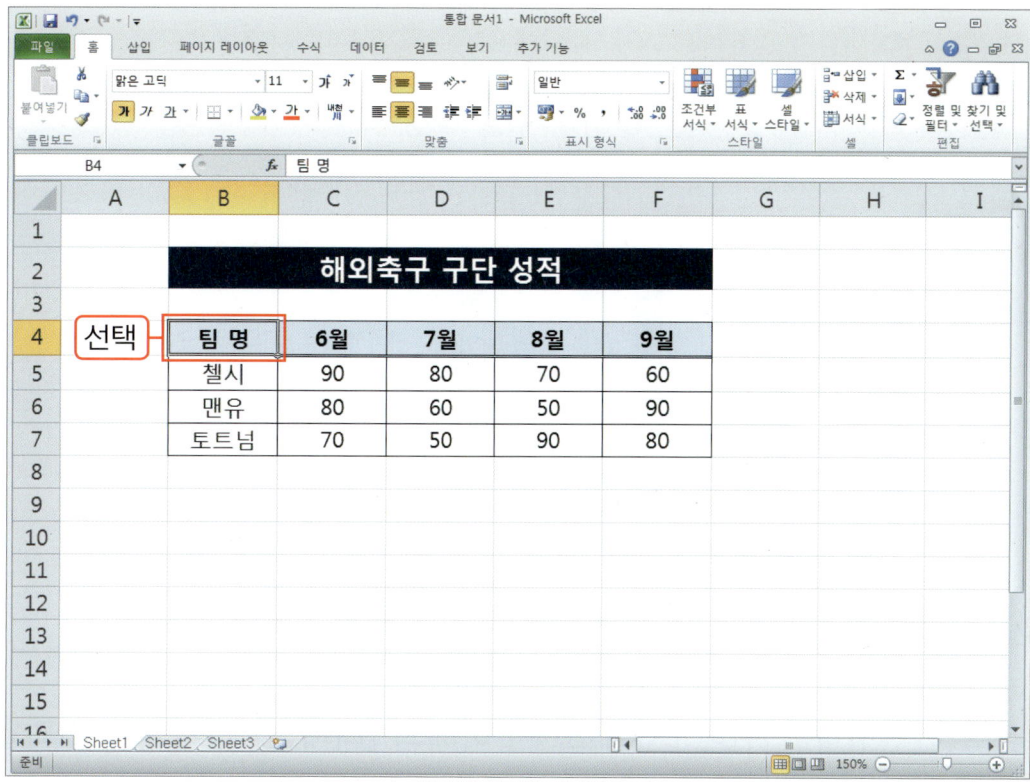

02 [삽입] 탭-[차트] 그룹에서 [세로 막대형]( )을 클릭한 후 갤러리에서 [묶은 세로 막대형]을 선택합니다.

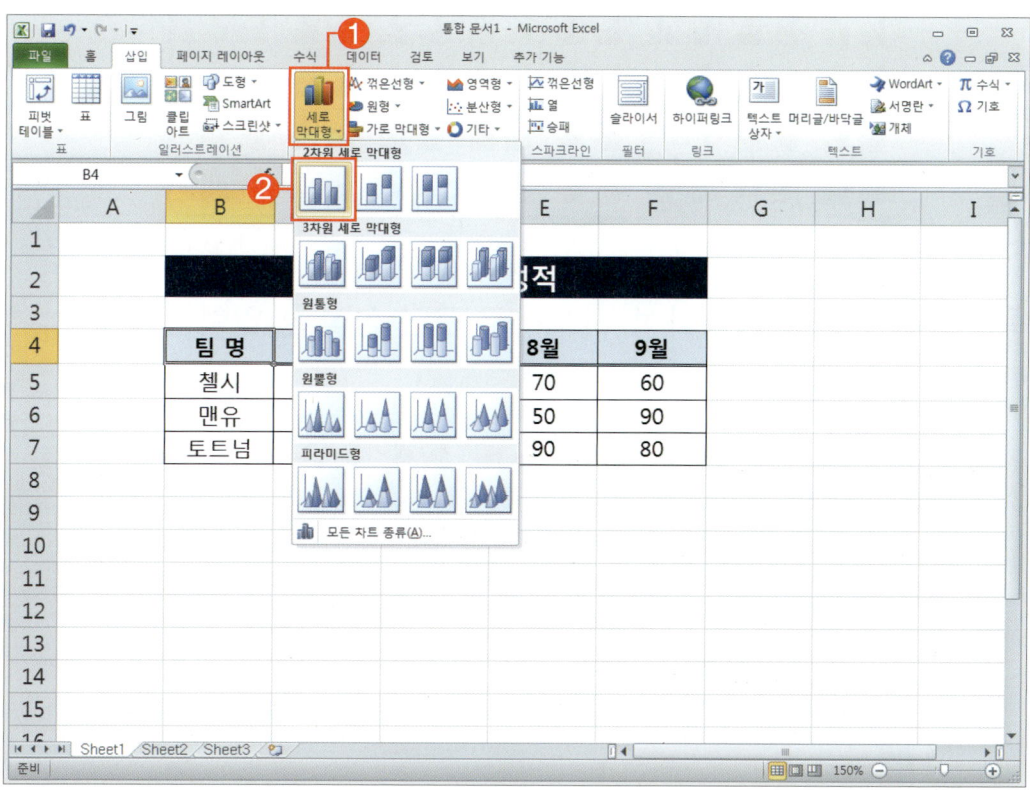

03 차트가 삽입되면 [차트 도구] 아래의 [디자인] 탭-[차트 레이아웃] 그룹에서 [자세히](▼)를 클릭한 후 갤러리에서 [레이아웃 3]을 선택합니다.

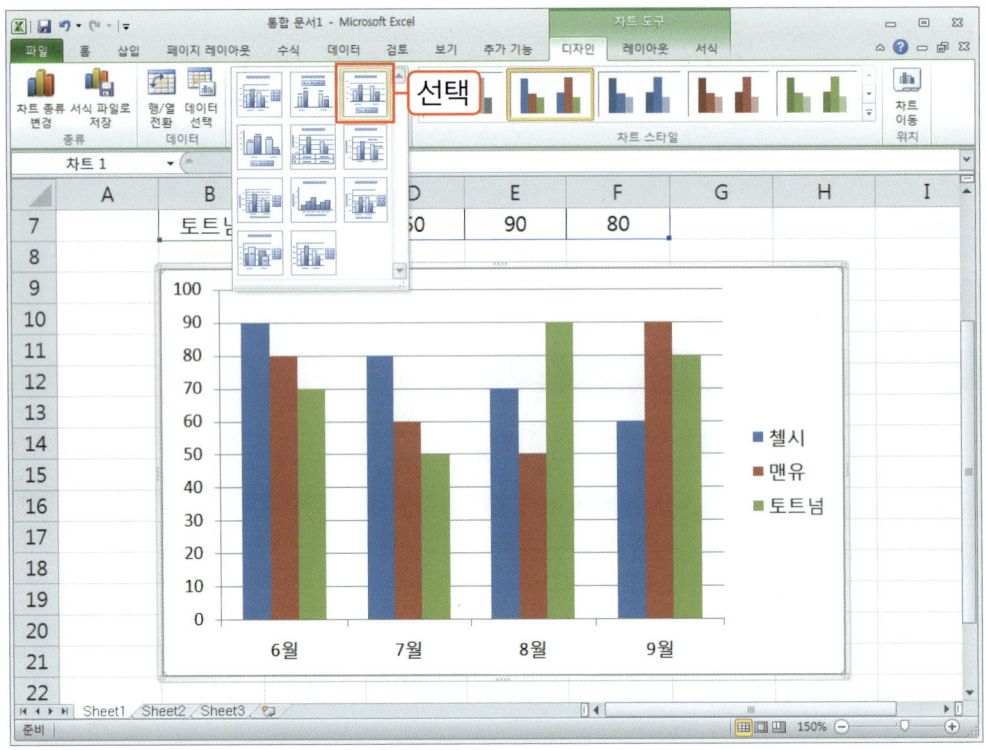

04 차트 스타일을 변경하기 위해 [차트 도구] 아래의 [디자인] 탭-[차트 스타일] 그룹에서 [자세히](▼)를 클릭한 후 갤러리에서 [스타일 26]을 선택합니다.

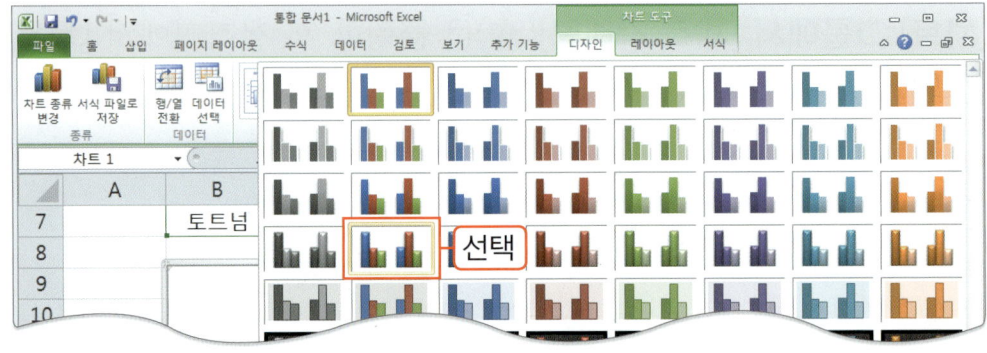

05 차트 제목 텍스트 상자를 클릭하여 '해외축구 구단 성적'을 입력합니다.

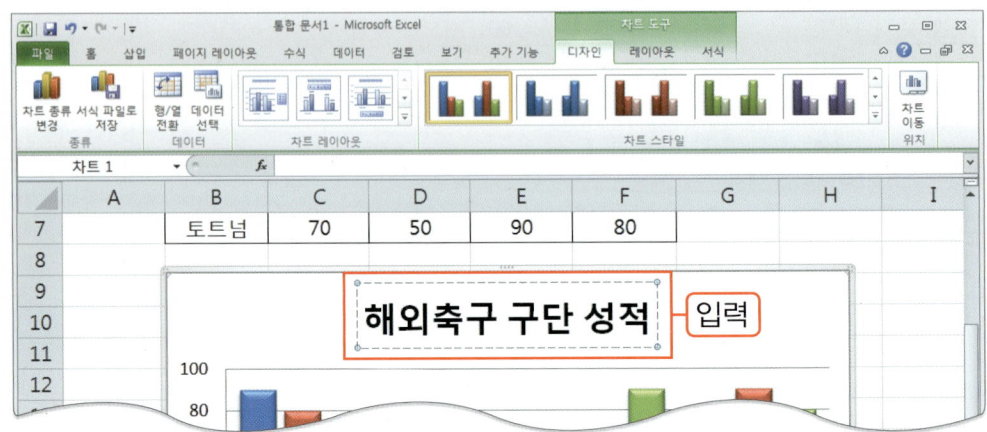

06 차트의 글꼴 크기를 변경하기 위해 [홈] 탭-[글꼴] 그룹에서 [글꼴 크기]를 클릭한 후 항목에서 [14]를 선택합니다.

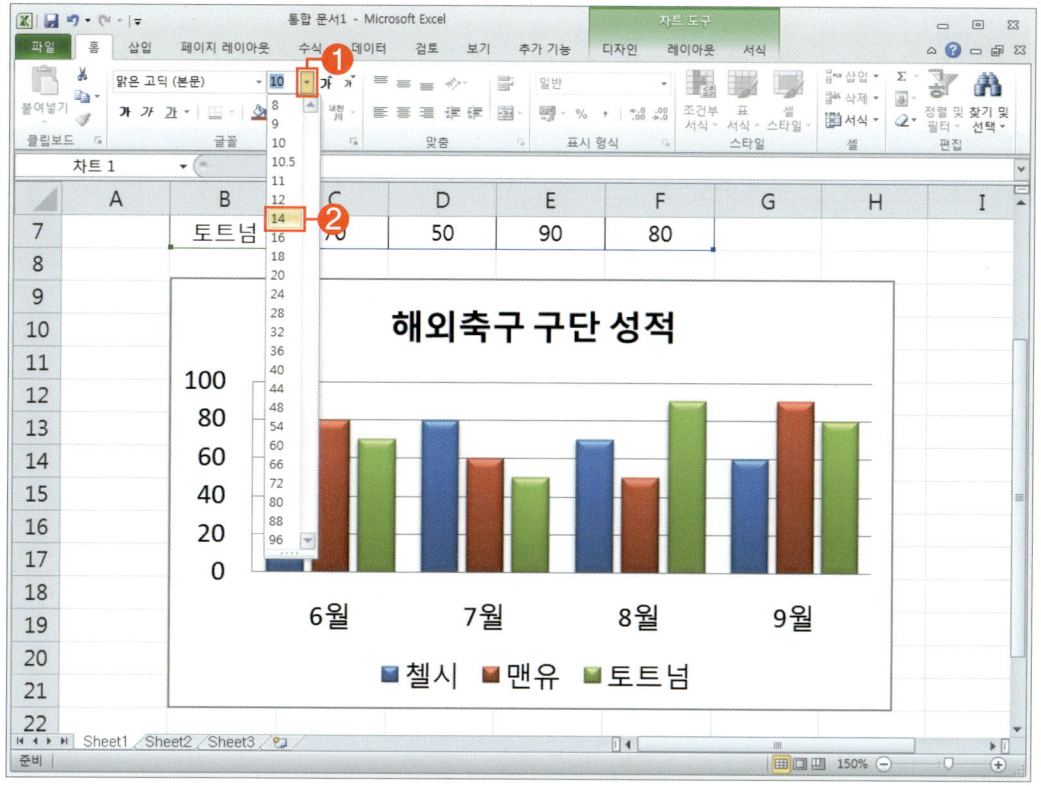

07 축 제목을 입력하기 위해 [차트 도구] 아래의 [레이아웃] 탭-[레이블] 그룹에서 [축 제목](📊)을 클릭한 후 [기본 세로 축 제목]-[가로 제목]을 선택합니다.

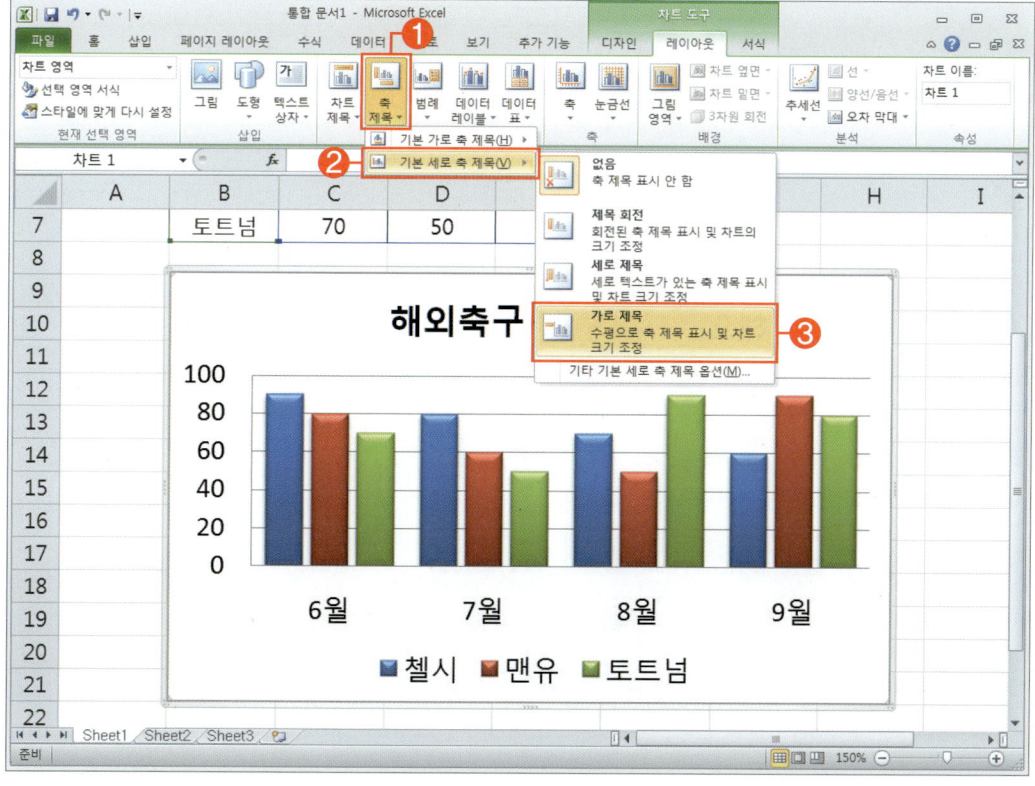

08 축 제목의 텍스트 상자를 클릭하여 '승점'을 입력합니다.

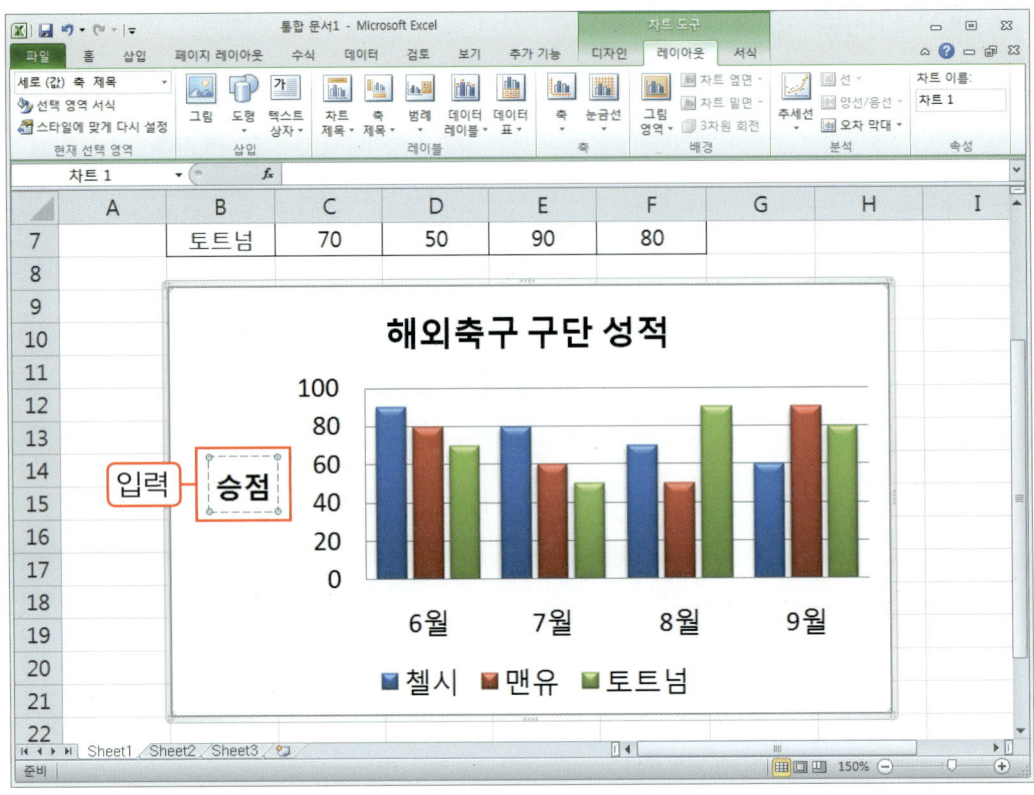

09 데이터 레이블을 지정하기 위해 "맨유" 항목을 선택하고, [차트 도구] 아래의 [레이아웃] 탭-[레이블] 그룹에서 [데이터 레이블]( )을 클릭한 후 항목에서 [가운데]를 선택합니다.

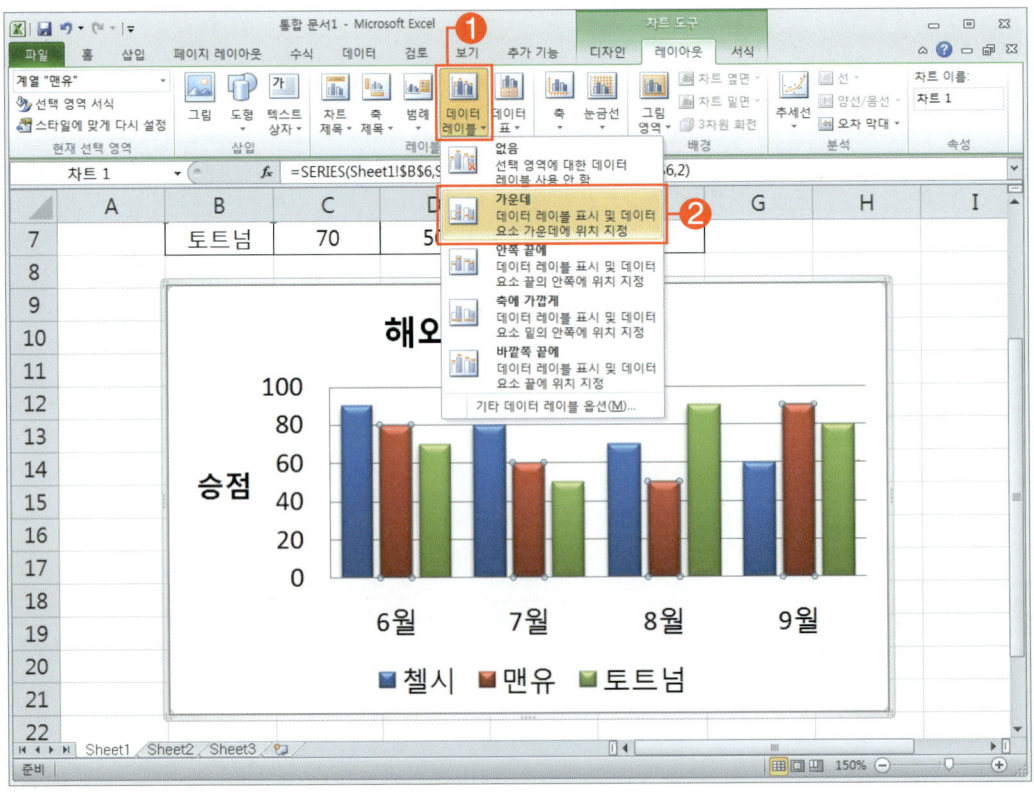

10 배경색을 채우기 위해 **차트 영역을 클릭**하고 [차트 도구] 아래의 [서식] 탭-[도형 스타일] 그룹에서 **[자세히](▼)를 클릭**한 후 갤러리에서 **[미세 효과 – 파랑, 강조 1]을 선택**합니다.

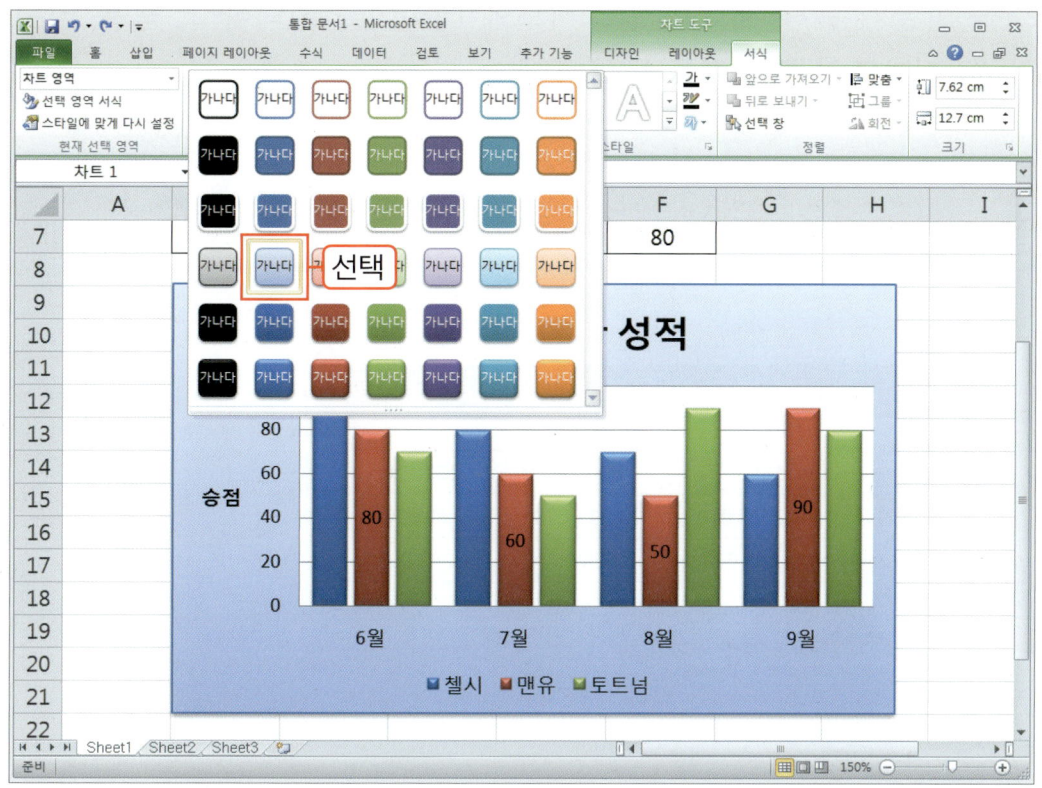

11 그림과 같이 차트 영역에 배경색이 채워진 것을 확인할 수 있습니다.

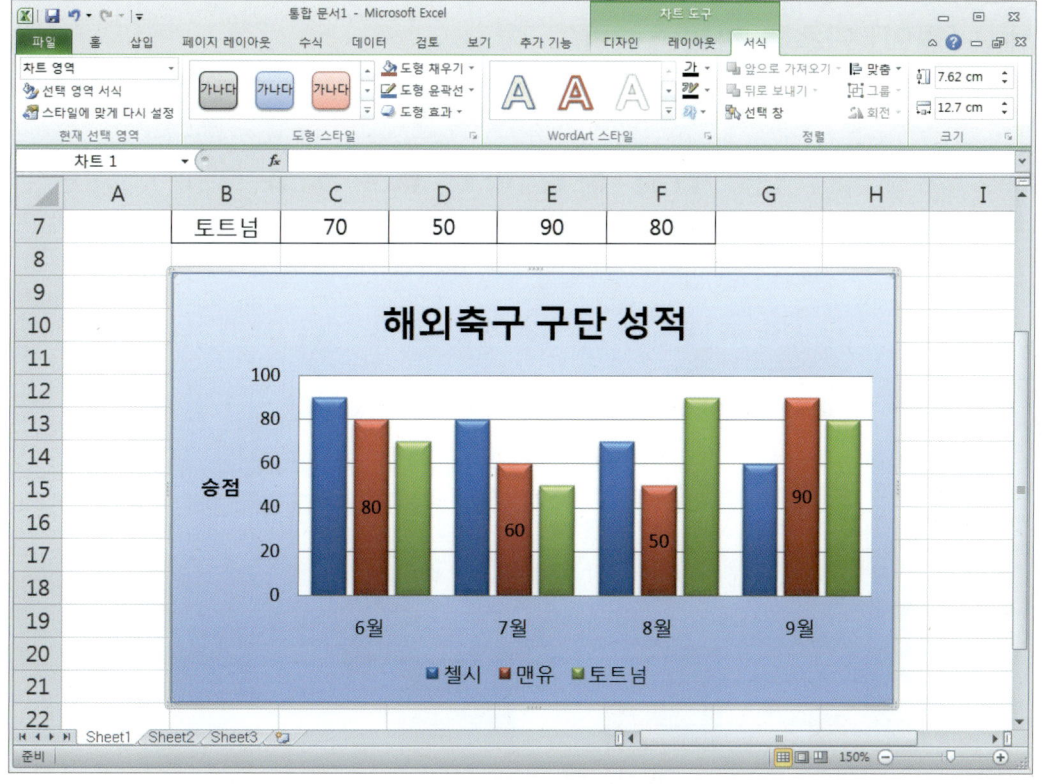

02 별도의 차트 시트 만들기

01 차트 시트를 만들기 위해 새로운 워크시트에 **데이터를 입력**하고, **목록 범위의 셀**을 **선택**한 후 **키보드의 F11 키를 누릅**니다.

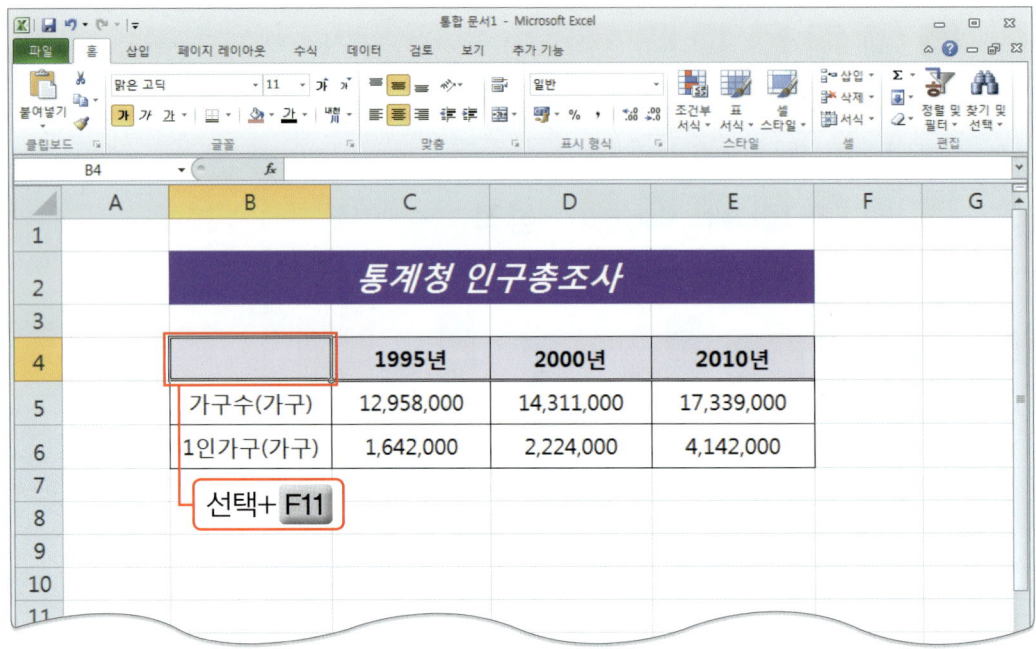

02 시트 탭에 차트 시트가 삽입되면 [차트 도구] 아래의 [디자인] 탭-[종류] 그룹에서 [차트 종류 변경]을 클릭한 후 [차트 종류 변경] 대화상자에서 [꺾은선형]을 선택하고 [확인] 단추를 클릭합니다.

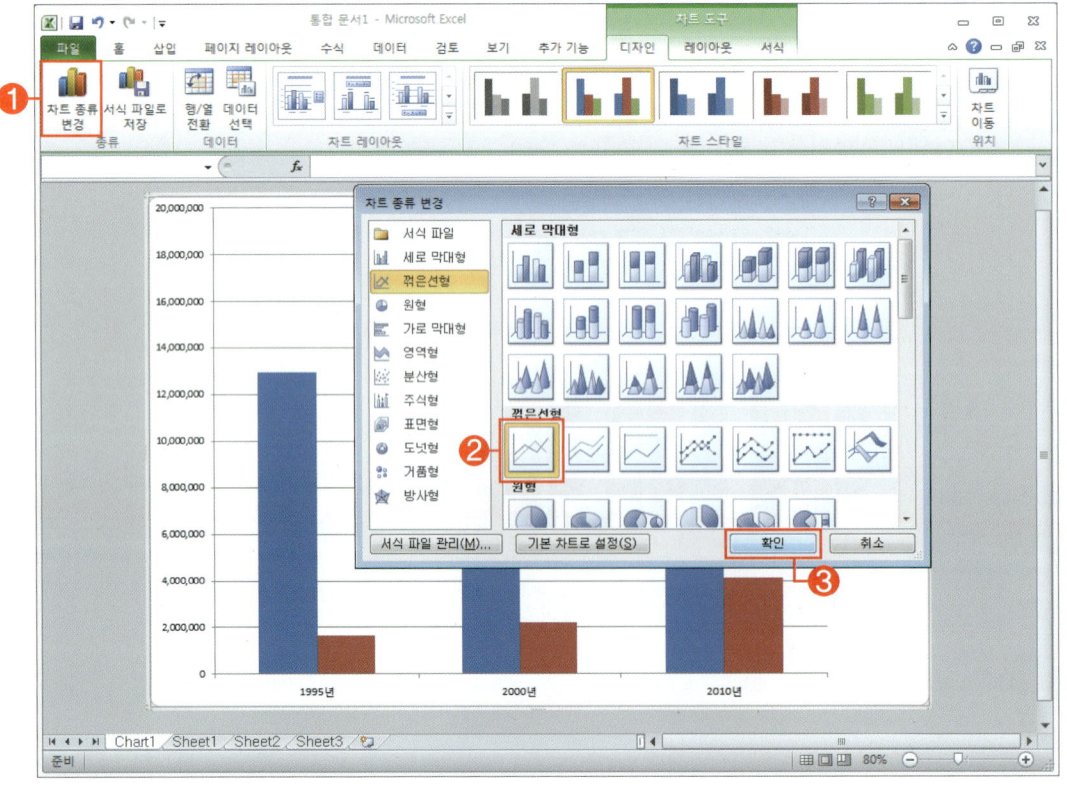

03 글꼴 크기를 변경하기 위해 [홈] 탭-[글꼴] 그룹에서 [글꼴 크기]를 클릭한 후 항목에서 [20]을 선택합니다.

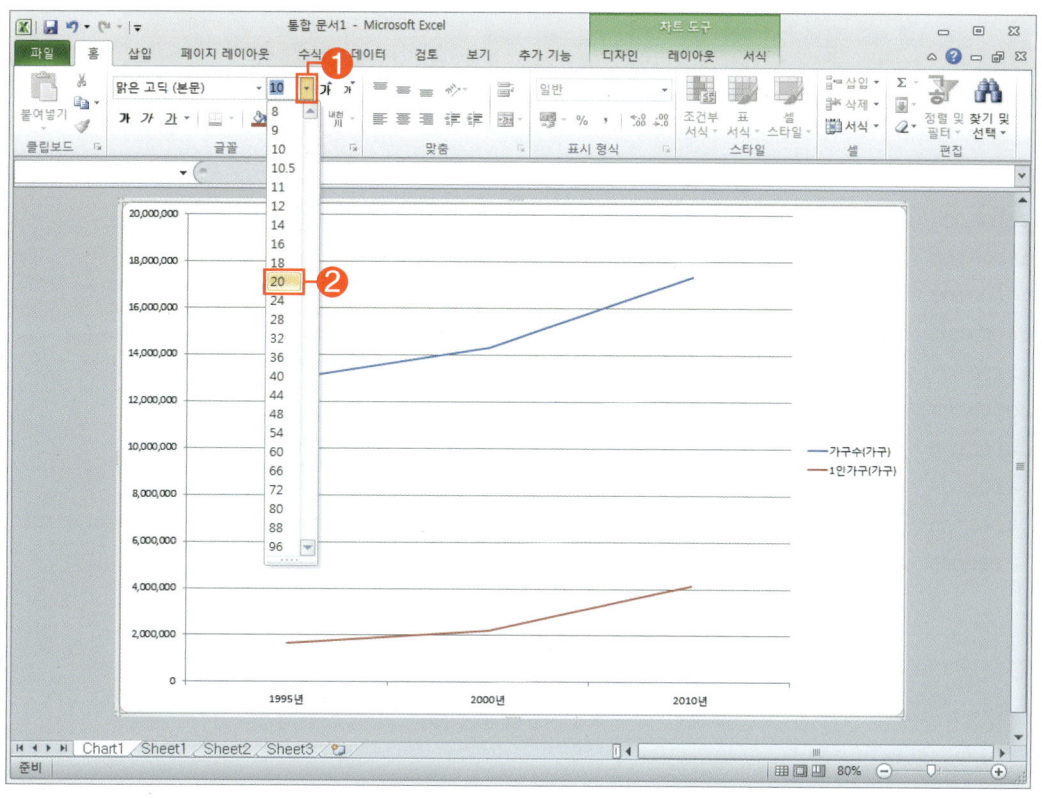

04 제목을 삽입하기 위해 [차트 도구] 아래의 [레이아웃] 탭-[레이블] 그룹에서 [차트 제목](📊)을 클릭한 후 항목에서 [차트 위]를 선택합니다.

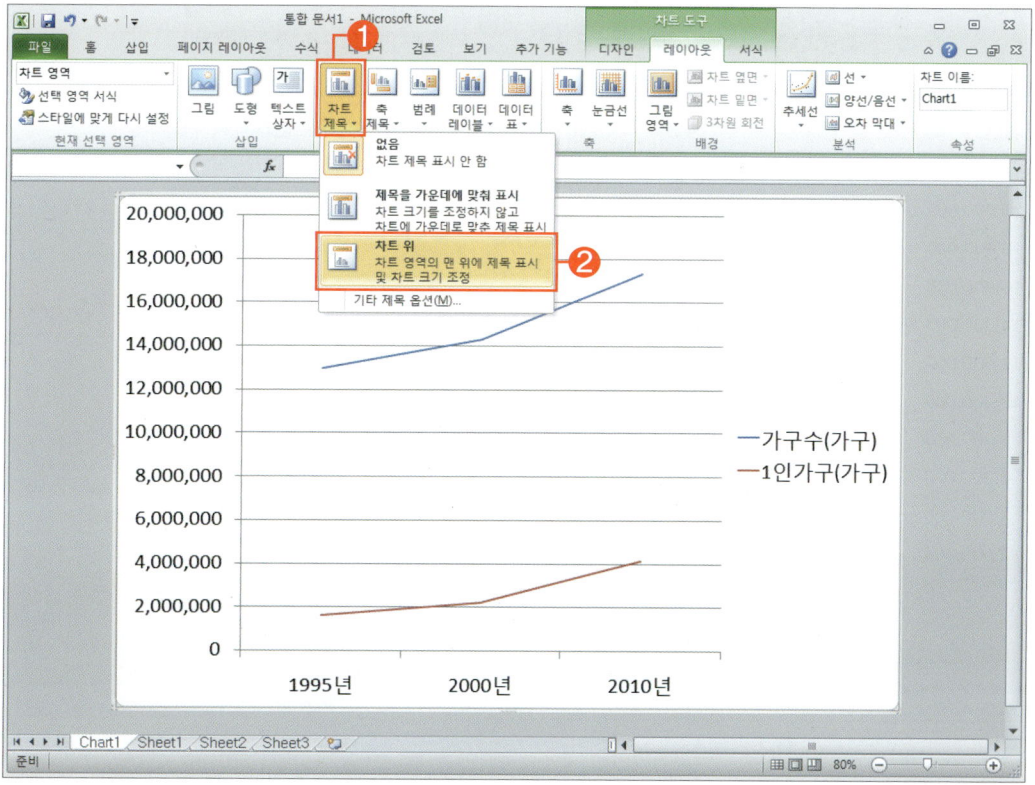

05 삽입된 **차트 제목 텍스트 상자를 클릭**하여 '**통계청 인구총조사**'를 **입력**합니다.

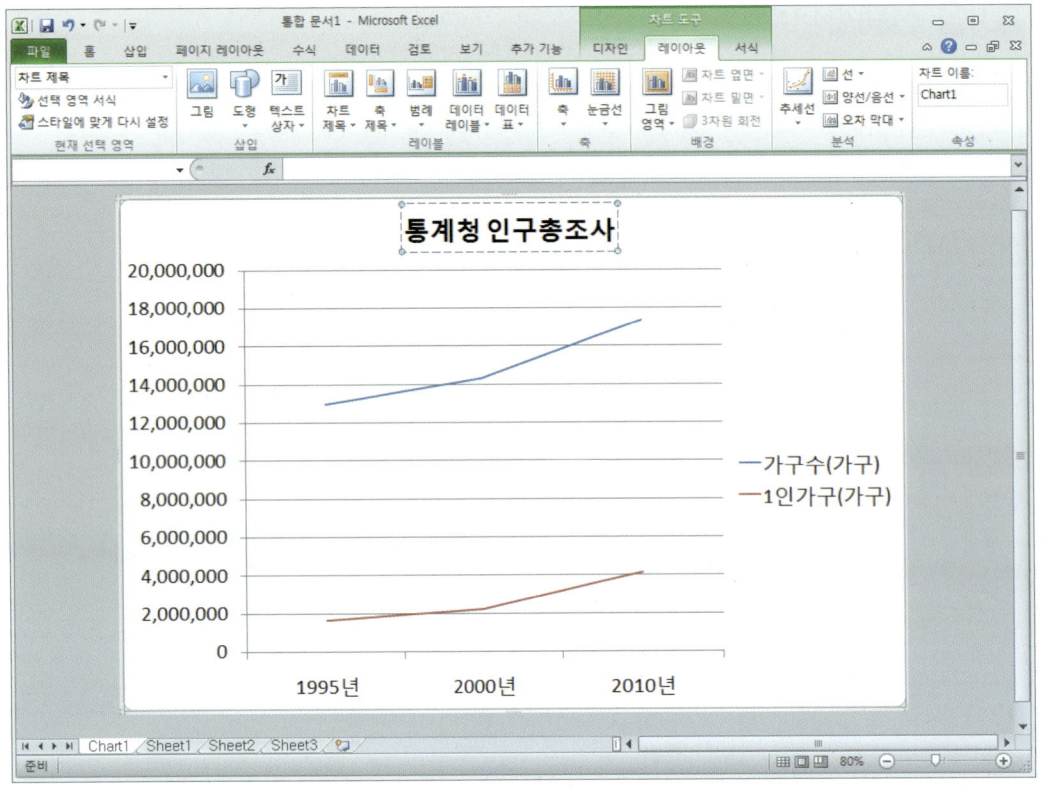

06 차트에 데이터 표를 추가하기 위해 [**차트 도구**] 아래의 [**레이아웃**] 탭-[**레이블**] 그룹에서 [**데이터 표**](🗐)를 클릭한 후 항목에서 [**데이터 표 표시**]를 **선택**합니다.

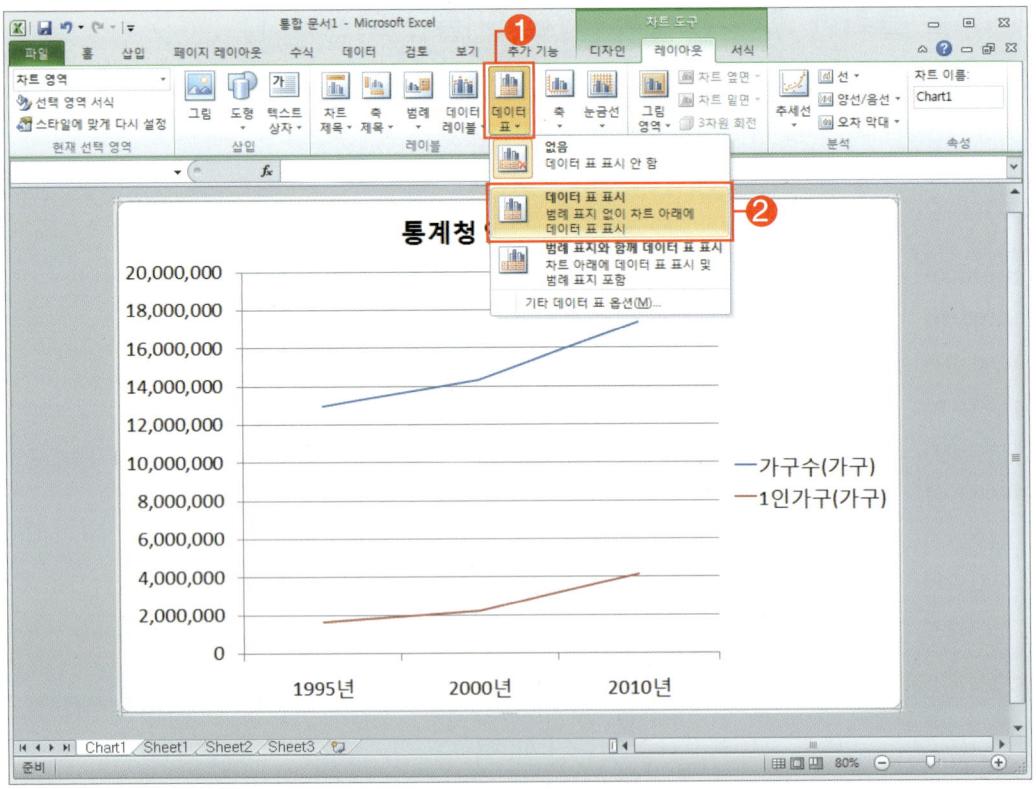

07 세로 축 표시를 변경하기 위해 [차트 도구] 아래의 [레이아웃] 탭-[축] 그룹에서 [축]( )을 클릭한 후 [기본 세로 축]-[천 단위로 축 표시]를 선택합니다.

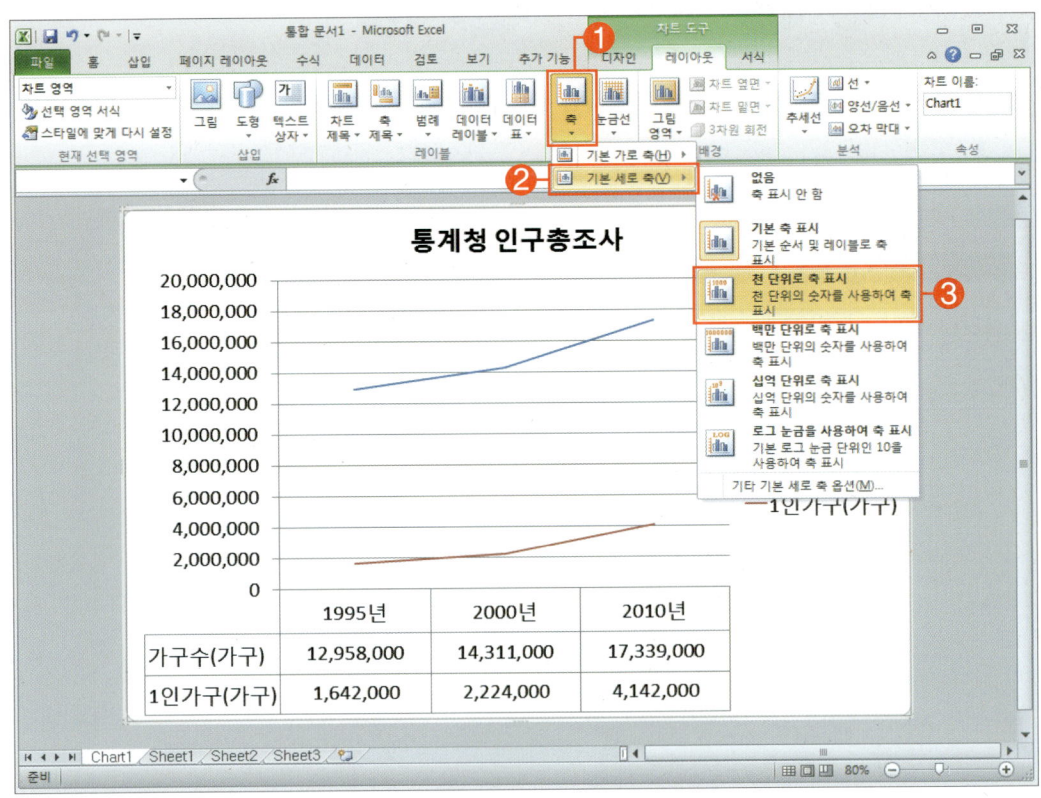

08 그림과 같이 축 표시가 천 단위로 변경된 것을 확인할 수 있습니다.

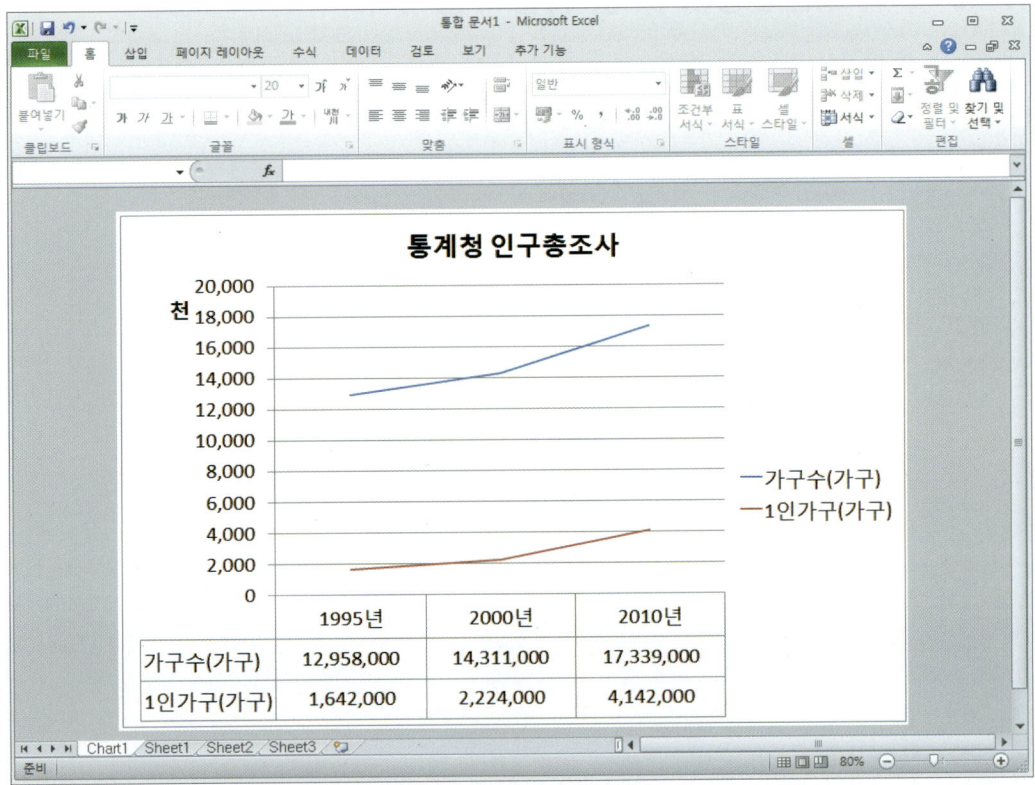

09 데이터를 활용한 차트 만들기 • **129**

1 워크시트에 새로운 데이터를 입력하여 "누적 세로 막대형" 차트를 삽입해 봅니다.

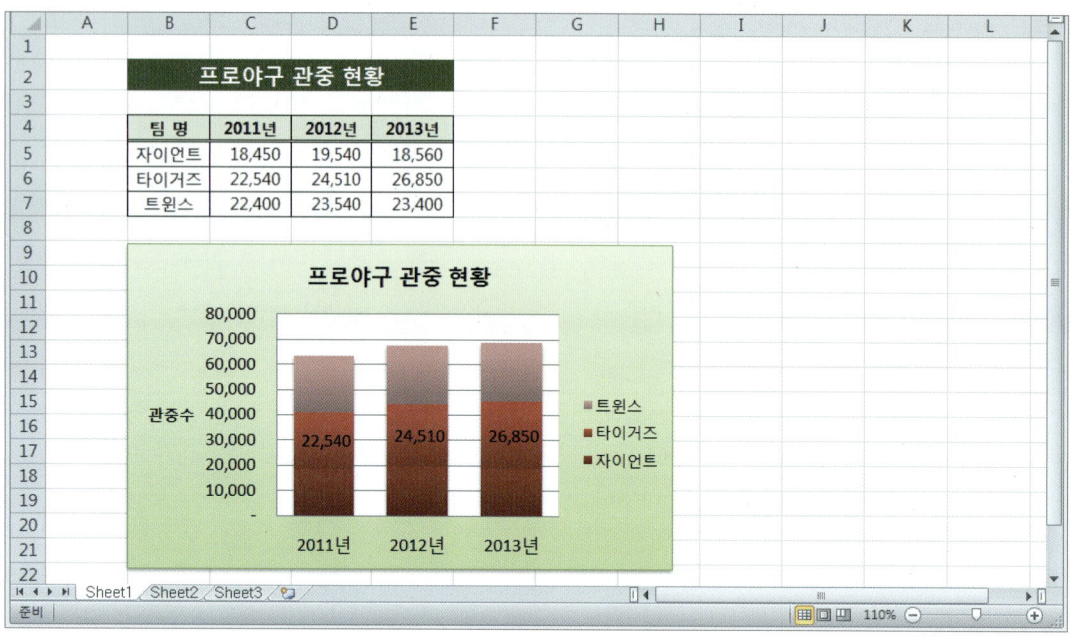

2 차트 시트에 "누적 꺾은선형" 차트를 삽입해 봅니다.

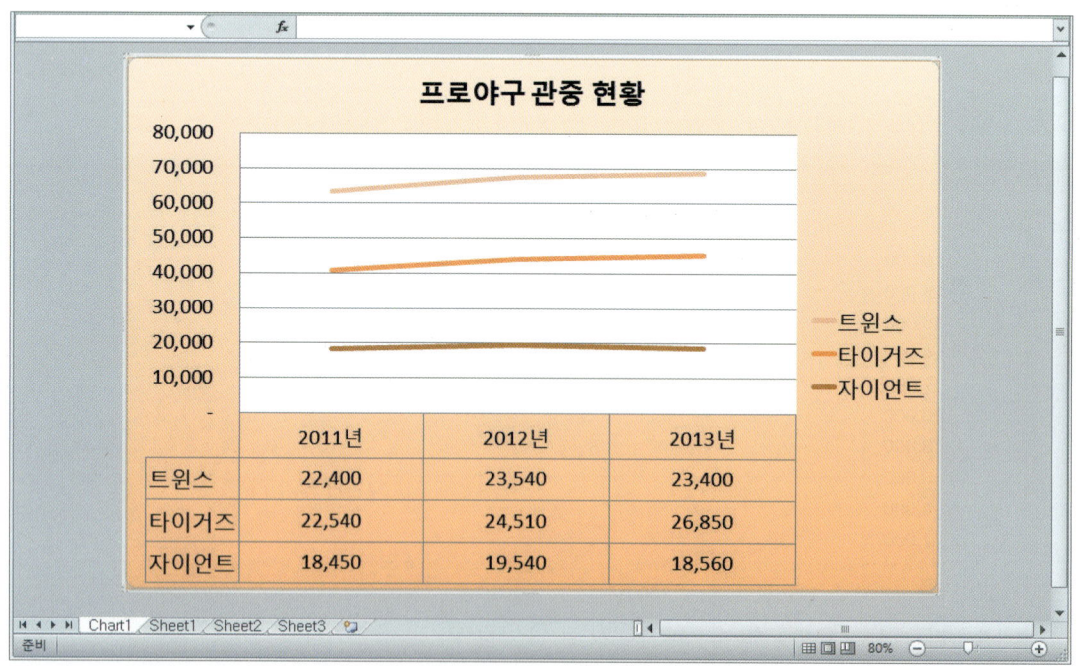

도움터 · 누적 세로 막대형( ) · 누적 꺾은선형( )

3 워크시트에 새로운 데이터를 입력하여 "3차원 쪼개진 원형" 차트를 삽입해 봅니다.

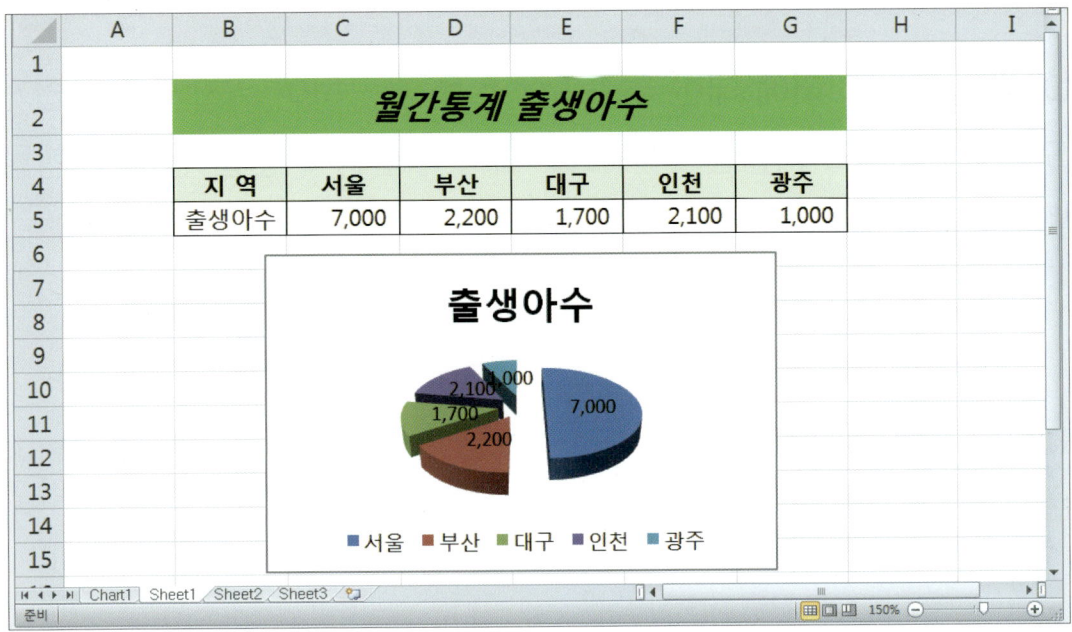

4 차트 시트에 "묶은 가로 막대형" 차트를 삽입해 봅니다.

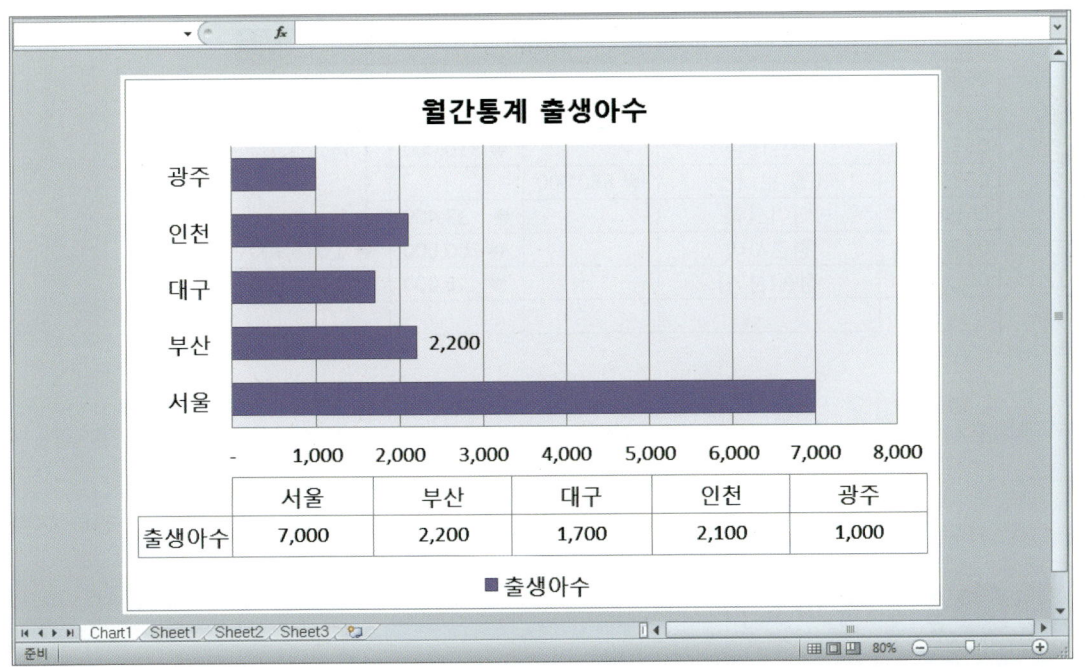

도움터 • 3차원 쪼개진 원형( ) • 묶은 가로 막대형( )

10 발행물 인쇄하기

워크시트에 포함된 데이터에 대한 추가 텍스트를 제공하여 워크시트를 쉽게 이해할 수 있도록 하는 메모 기능을 살펴보고 페이지 설정 기능을 통해 발행물을 인쇄하는 방법에 대해 알아보도록 하겠습니다.

예제파일 : 5월 돈버는 가계부.xlsx

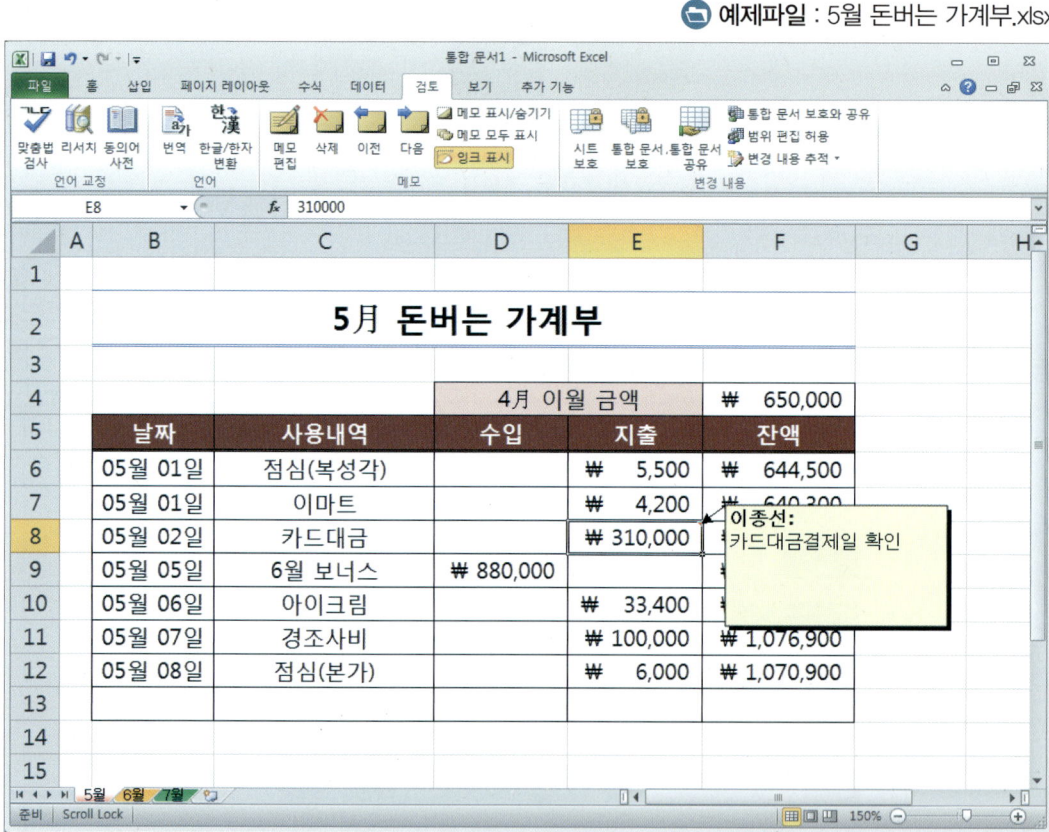

무엇을 배울까요?

- ⋯ 새 메모 만들기
- ⋯ 페이지 레이아웃 설정하기
- ⋯ 미리 보기 및 인쇄하기

새 메모 만들기

01 가계부 데이터를 입력한 후 메모를 추가하기 위해 [E8] 셀을 선택하고 [검토] 탭-[메모] 그룹에서 [새 메모](📝)를 클릭합니다.

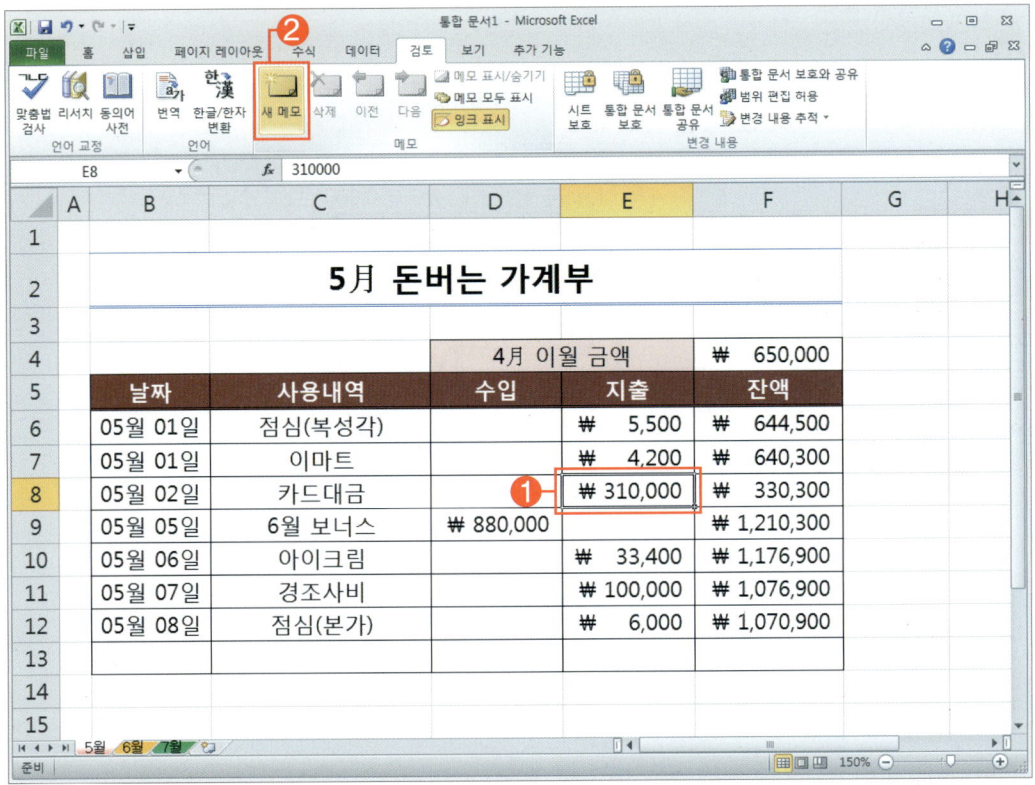

02 [E8] 셀의 모서리에 메모 표식(🔻)이 나타나면 메모 본문에 '**카드대금결제일 확인**'을 입력한 후 메모 상자의 바깥쪽을 클릭합니다.

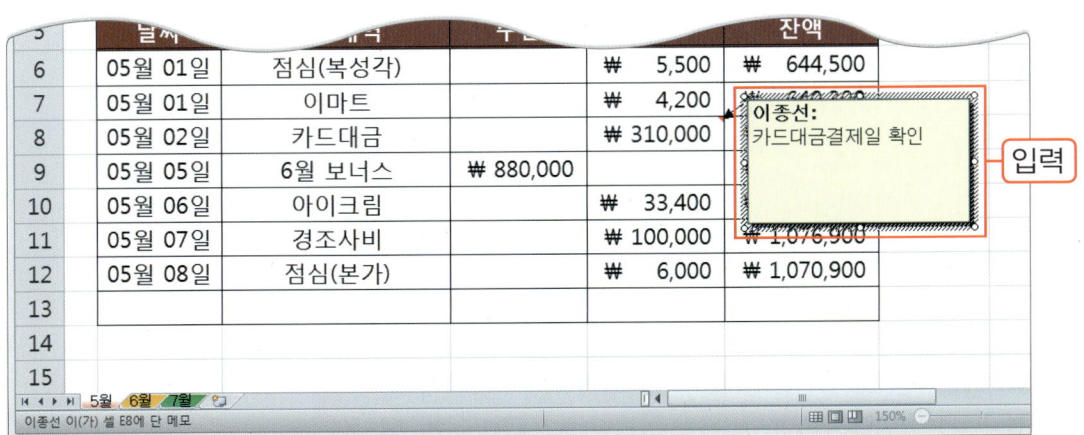

> **배움터** 셀의 메모 표식(🔻)
>
> 메모를 입력한 후 상자의 바깥쪽을 클릭하면 메모 상자는 사라지지만 메모 표식은 그대로 유지됩니다.

03 셀에 연결된 메모를 표시하기 위해 [E8] 셀을 선택하고 [검토] 탭-[메모] 그룹에서 [메모 표시/숨기기](📝)를 클릭합니다.

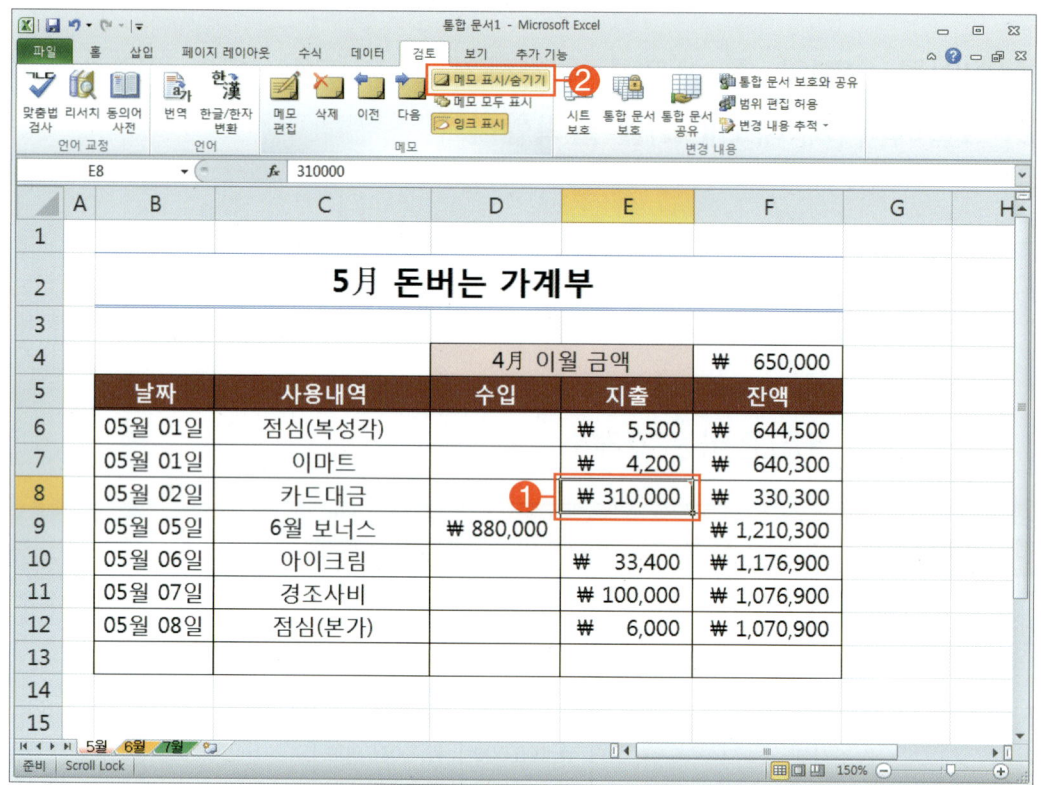

배움터 메모 표시/숨기기

바로 가기 메뉴에서도 메모 표시/숨기기를 적용할 수 있습니다.

04 연결된 셀에 메모가 계속 표시되는 것을 확인할 수 있습니다.

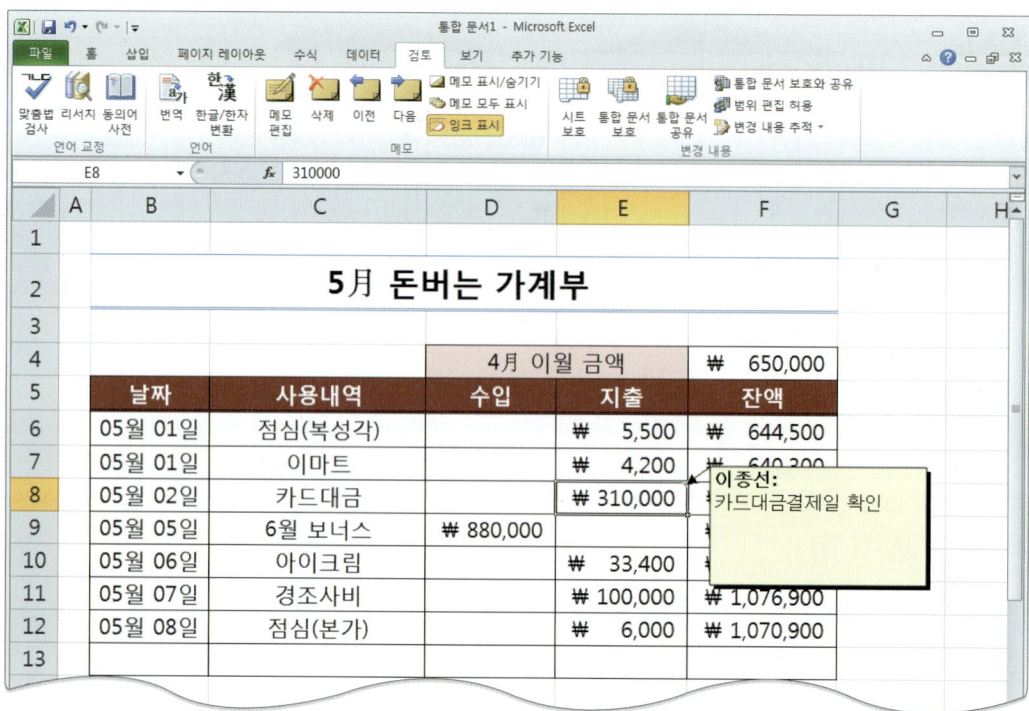

페이지 레이아웃 설정하기

01 용지 방향을 변경하기 위해 [페이지 레이아웃] 탭-[페이지 설정] 그룹에서 [용지 방향](📄)을 **클릭**한 후 항목에서 [가로]를 **선택**합니다.

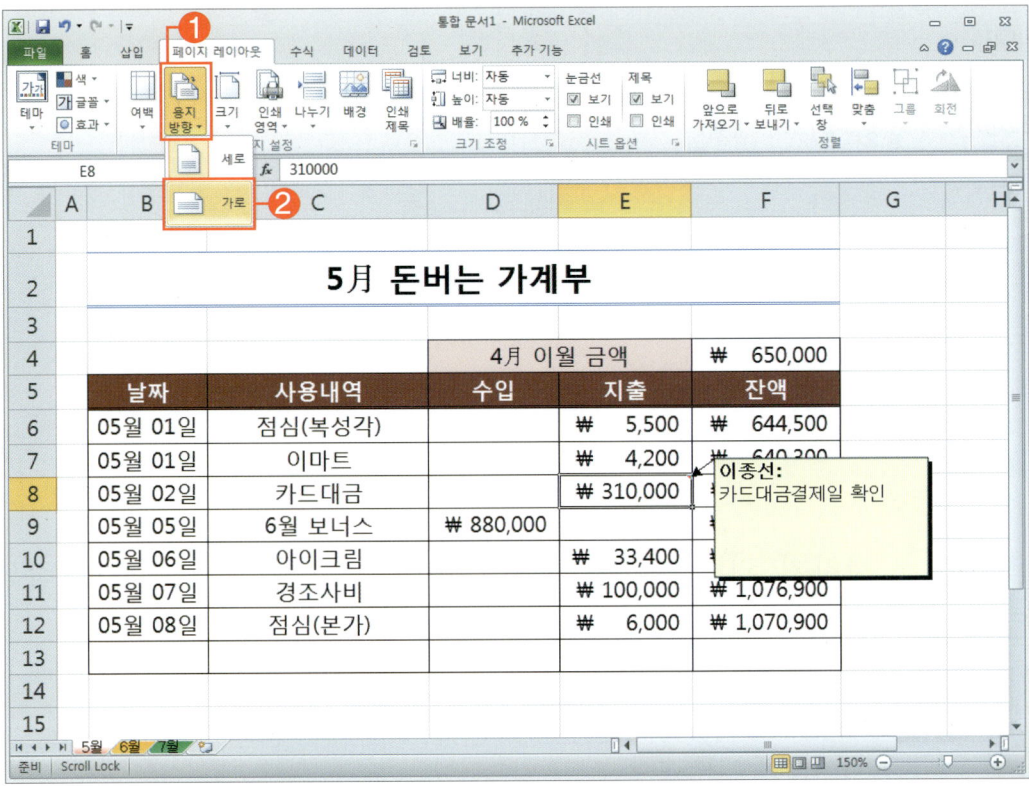

02 인쇄 설정을 변경하기 위해 [페이지 레이아웃] 탭-[페이지 설정] 그룹에서 [인쇄 제목](📄)을 **클릭**합니다.

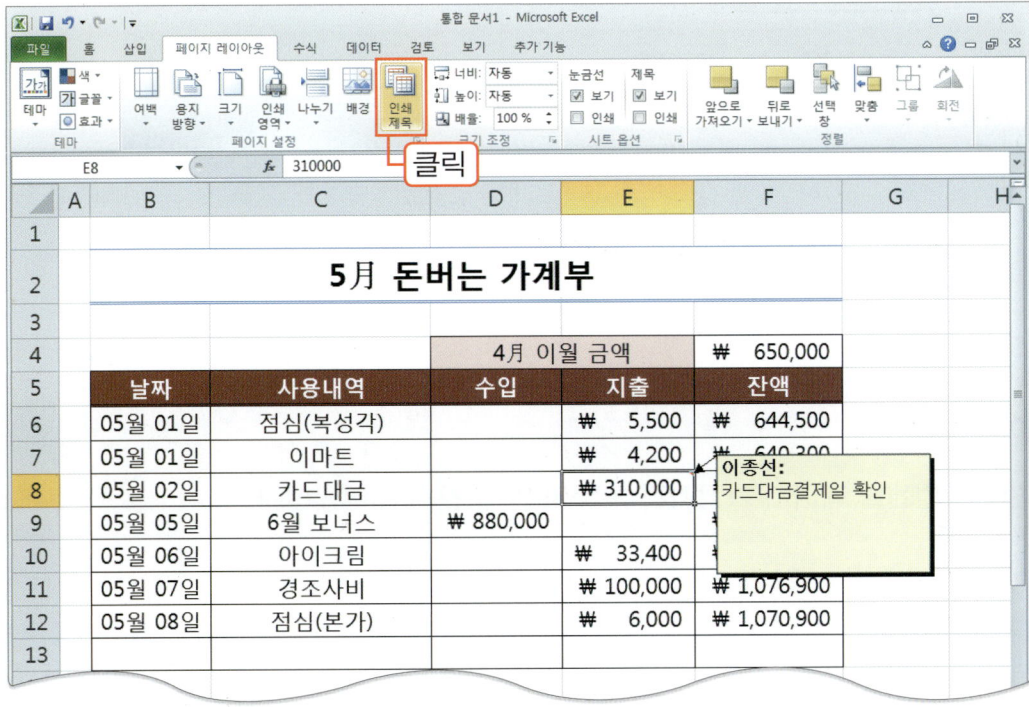

03 [페이지 설정] 대화상자가 나타나면 [**시트**] **탭을 선택**한 후 **메모의 펼침 메뉴**(▼)**를 클릭**하여 항목에서 [**시트에 표시된 대로**]**를 선택**합니다.

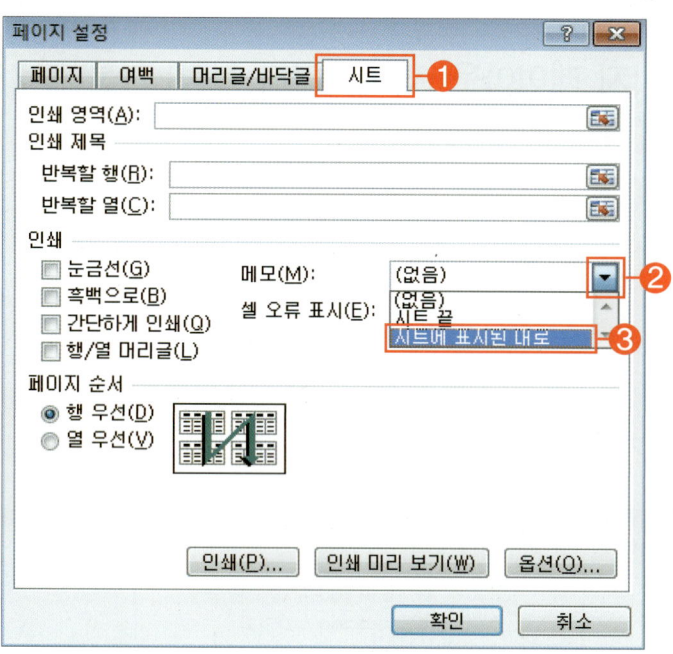

04 페이지 맞춤을 설정하기 위해 [**여백**] **탭을 선택**한 후 페이지 가운데 맞춤의 [**가로**], [**세로**]**를 클릭**합니다.

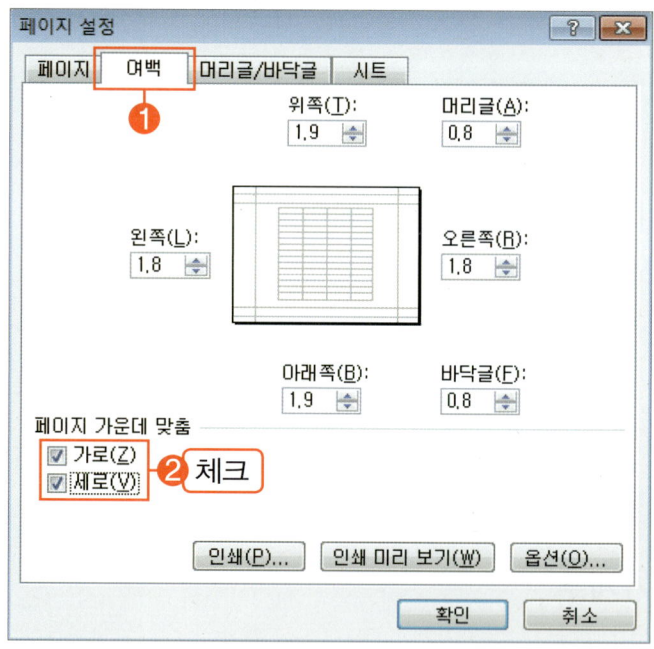

 **페이지 여백**

워크시트 데이터와 인쇄될 페이지 가장자리 사이의 빈 공간을 의미합니다.

05 바닥글을 삽입하기 위해 **[머리글/바닥글] 탭을 선택**한 후 **[바닥글 편집] 단추를 클릭**합니다.

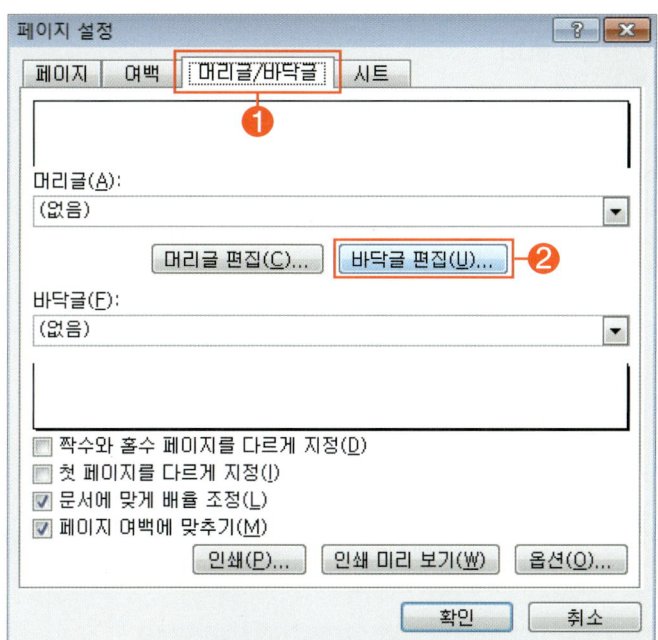

> **배움터** 머리글/바닥글
>
> 머리글과 바닥글은 워크시트의 기본 보기에는 표시되지 않으며 페이지 레이아웃 보기와 인쇄한 페이지에만 표시됩니다.

06 [바닥글] 대화상자가 나타나면 **왼쪽 구역을 선택**한 후 **날짜 삽입(📅)을 클릭**합니다.

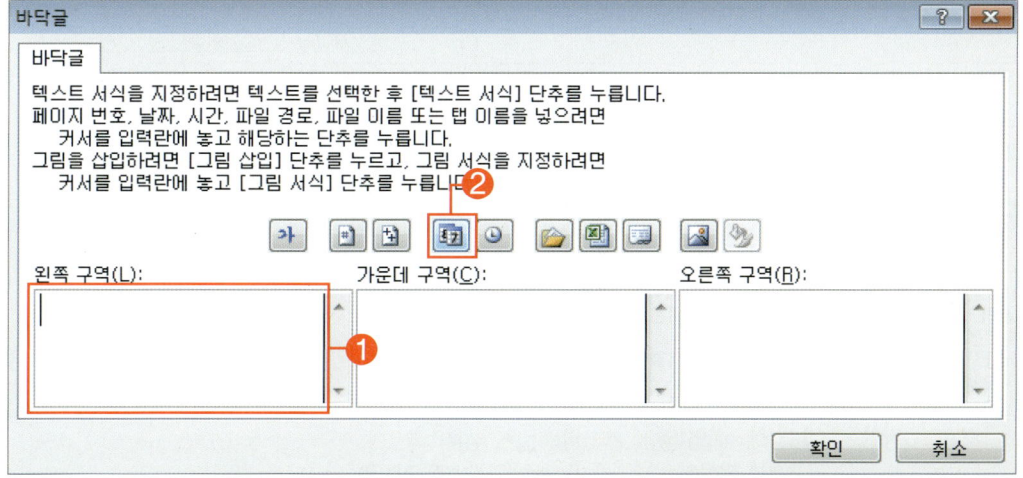

> **배움터** [바닥글] 대화상자
>
> 페이지 번호, 날짜 및 시간, 파일 이름 등이 있는 바닥글을 만들 수 있습니다.

07 바닥글을 입력하기 위해 **가운데 구역을 선택**한 후 **'5월 가계부'를 입력**합니다.

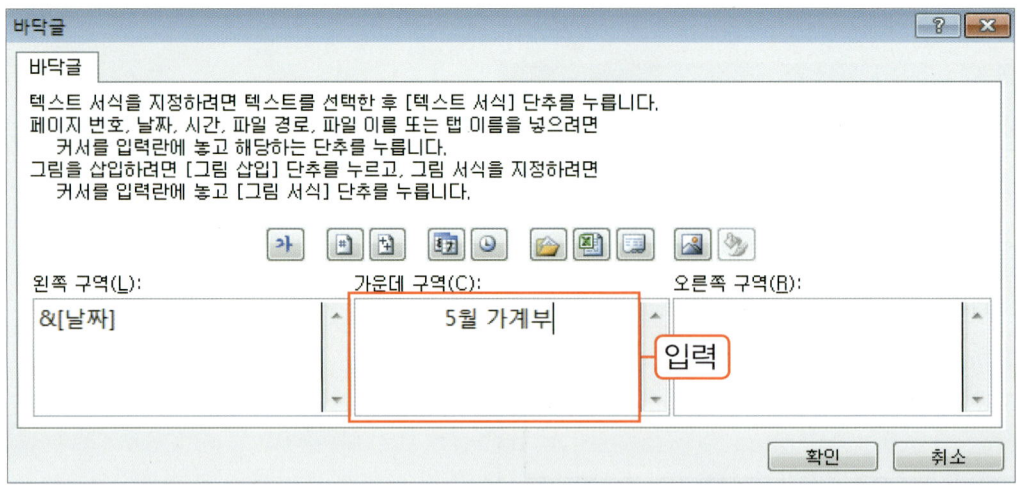

08 페이지 번호를 표시하기 위해 **오른쪽 구역을 선택**한 후 **페이지 번호 삽입(📄)을 클릭**합니다.

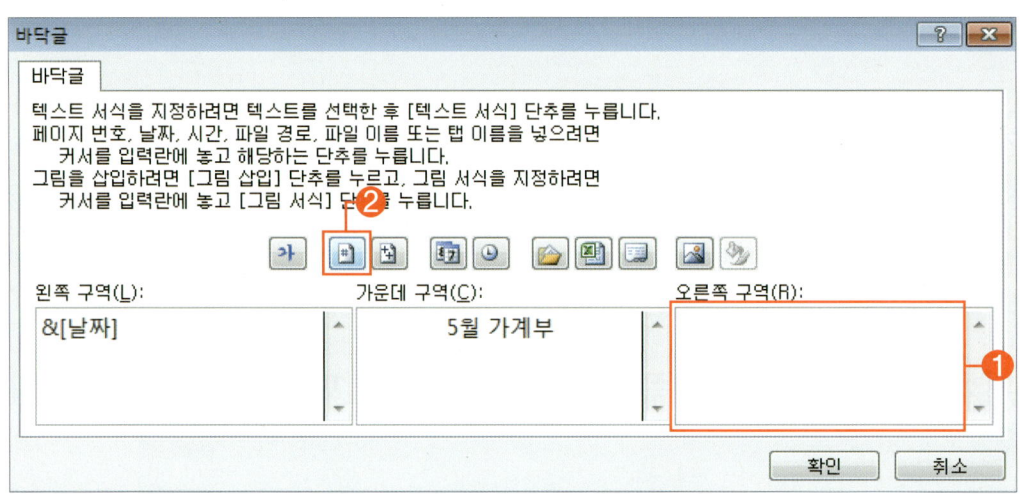

09 바닥글 구역 설정이 끝나면 **[확인] 단추를 클릭**합니다.

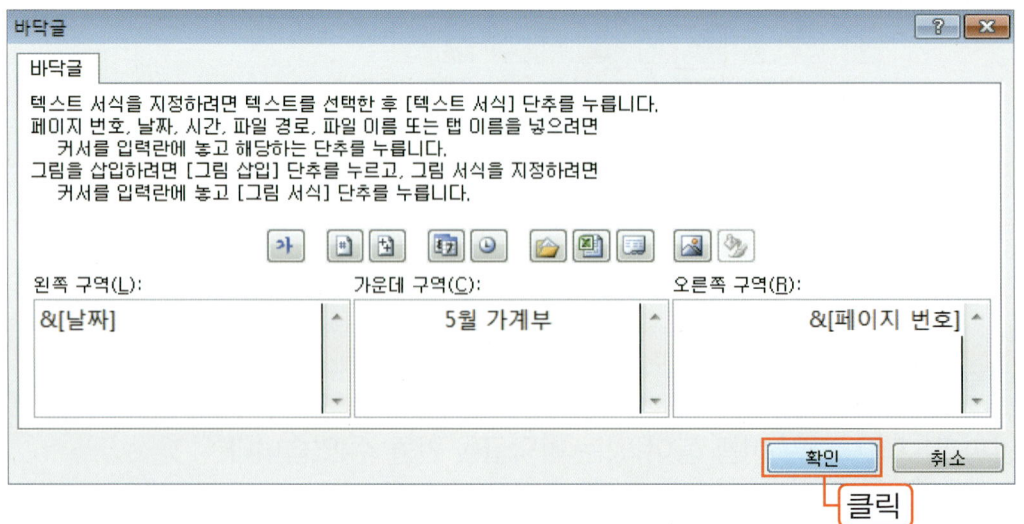

미리 보기 및 인쇄하기

01 설정한 바닥글을 확인한 후 [인쇄] 단추를 클릭합니다.

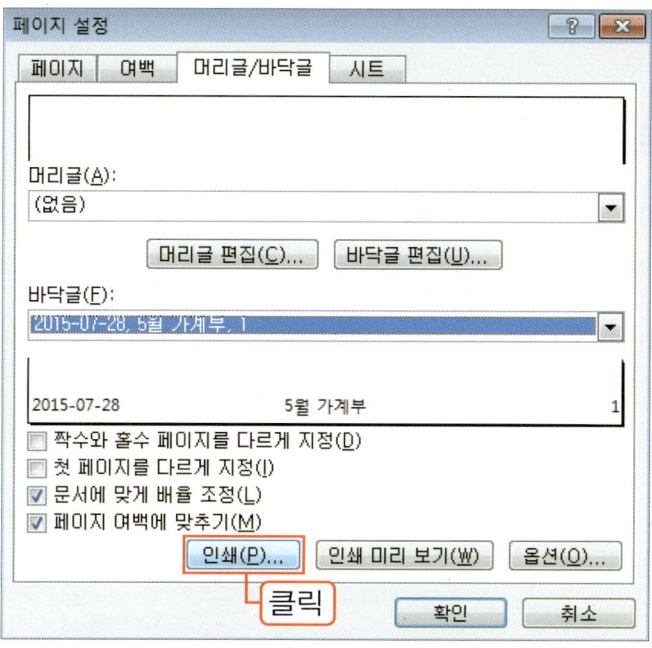

> **배움터** 인쇄 미리 보기
>
> 파일을 미리 보려면 [인쇄 미리 보기] 단추를 클릭합니다.

02 프린터 설정과 발행물을 확인한 후 [인쇄](🖨) 단추를 클릭합니다.

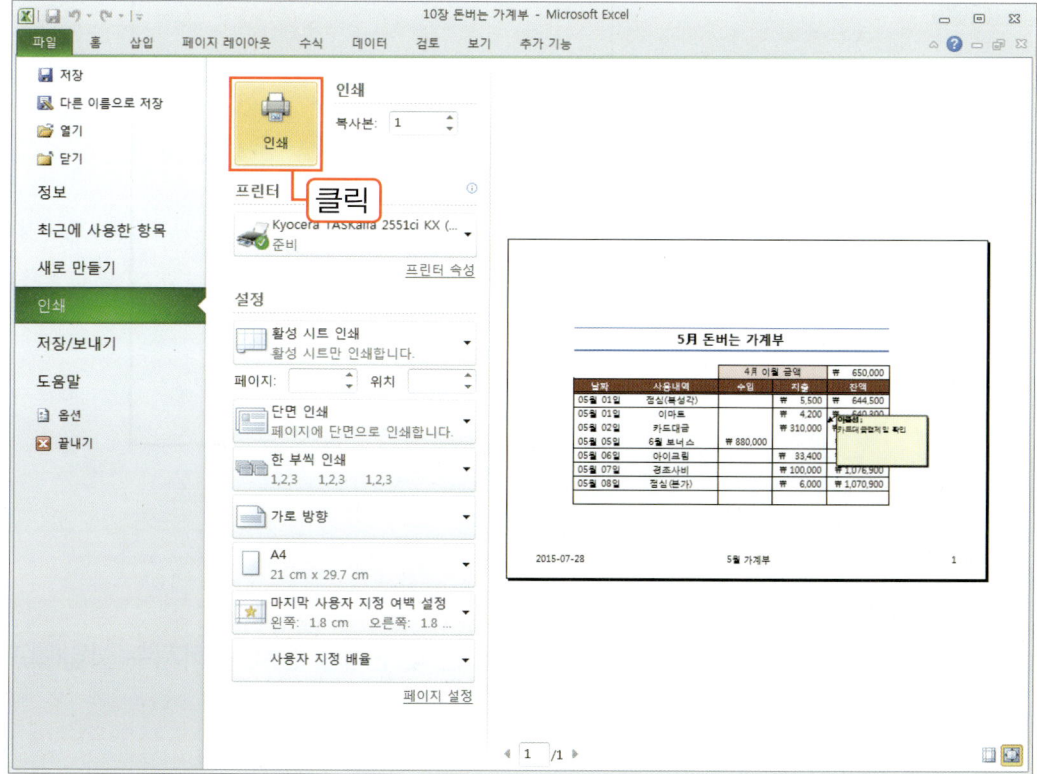

1 메모를 추가하여 미리 보기와 같이 페이지 레이아웃을 설정해 봅니다.

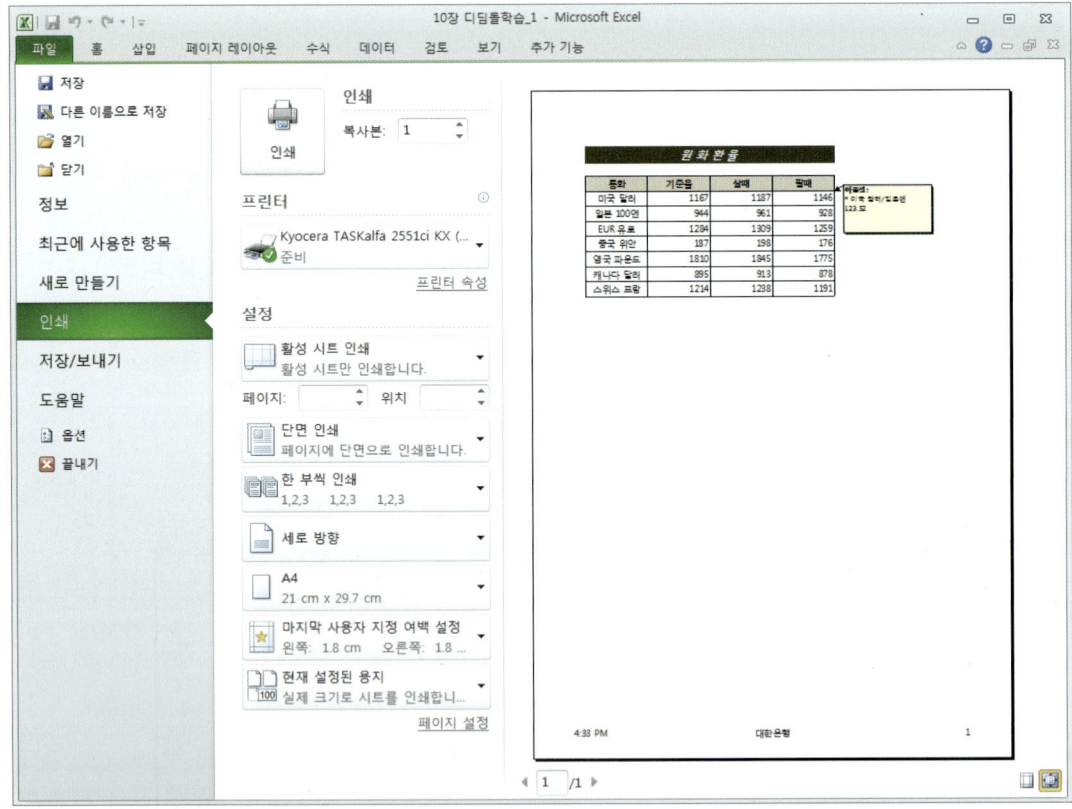

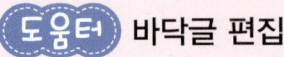 **바닥글 편집**

왼쪽 구역 – 시간 삽입( ), 가운데 구역 – 대한은행, 오른쪽 구역 – 전체 페이지수 삽입( )

2 메모를 추가하여 미리 보기와 같이 페이지 레이아웃을 설정해 봅니다.

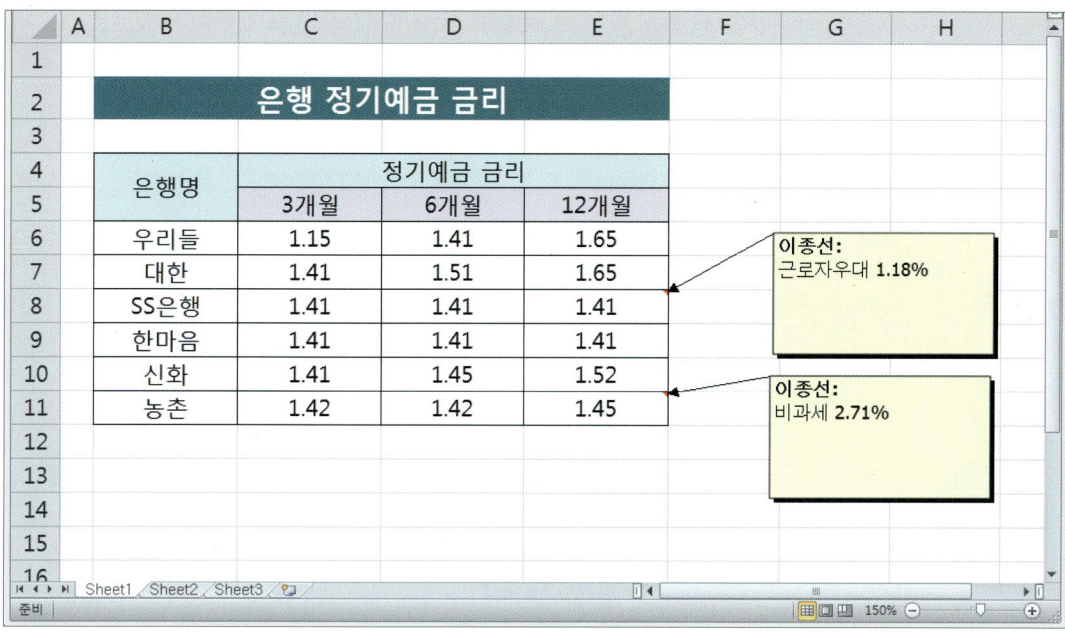

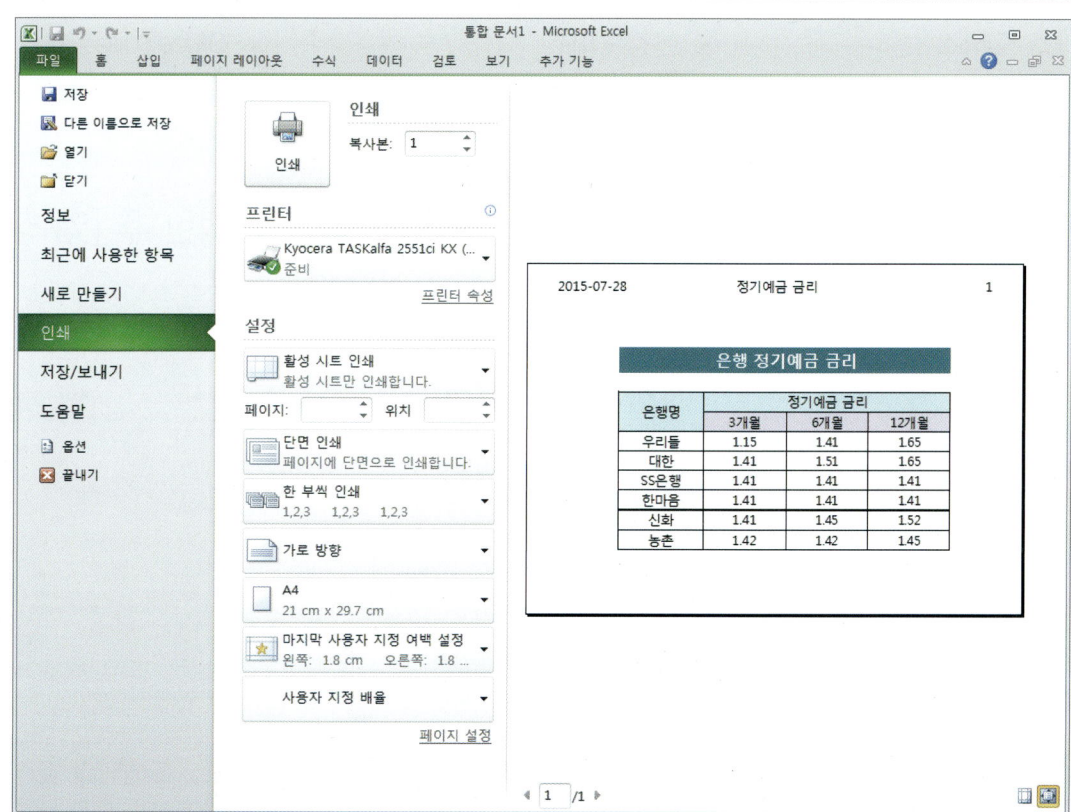

 **머리글 편집**

왼쪽 구역 – 날짜 삽입( ), 가운데 구역 – 정기예금 금리, 오른쪽 구역 – 페이지 번호( )

오피스 앱

◎ 다양한 오피스 앱

오피스 앱을 활용하면 doc, docx, ppt, pptx, xls, xlsx, hwp, pdf 등의 파일 형식을 가진 파일들을 스마트폰에서 보거나 편집할 수 있습니다.

▲ 폴라리스 오피스   ▲ 한컴오피스 (한컴스페이스)   ▲ OfficeSuite + PDF Editor

선택한 앱에 따라 지원되는 기능 및 구성이 다릅니다. 앱을 검색한 후 [앱 정보]를 터치하면 특징과 기능에 대한 설명을 살펴볼 수 있습니다.

 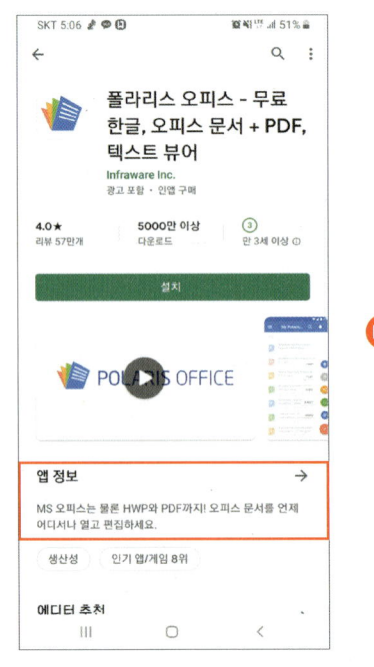 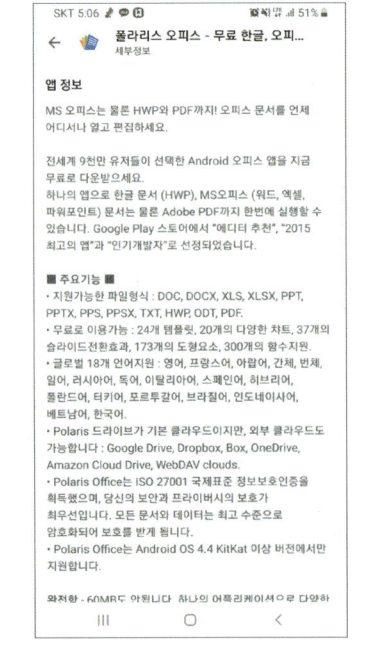

◎ 폴라리스 오피스 살펴보기

여기서는 '폴라리스 오피스'에서 지원되는 기능을 몇 가지 살펴보도록 하겠습니다.

소스파일 다운로드 방법

01 인터넷을 실행하여 시대인 홈페이지에 접속합니다.
   * www.sdedu.co.kr/book

02 [로그인]을 합니다.
   * '시대' 회원이 아닌 경우 [회원가입]을 클릭하여 가입한 후 로그인합니다.

03 화면 아래쪽의 [빠른 서비스]에서 [자료실]을 클릭합니다.

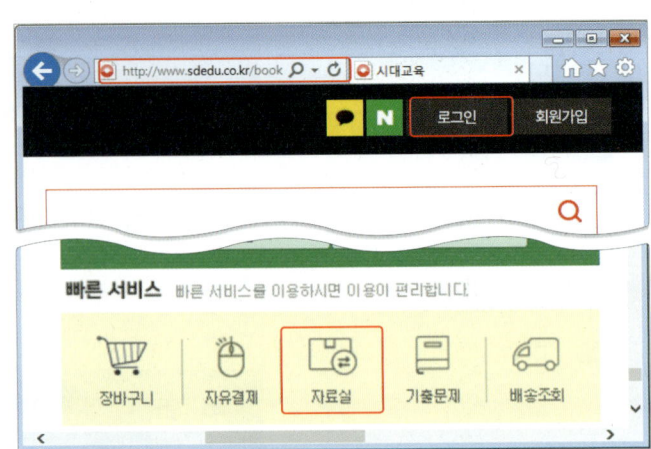

04 [프로그램 자료실]을 클릭합니다.

05 목록에서 학습에 필요한 자료 파일을 찾아 선택합니다.
   * 검색란을 이용하면 목록을 줄일 수 있습니다.

06 첨부된 zip(압축 파일) 파일을 클릭하여 사용자 컴퓨터에 저장합니다.

07 압축을 해제한 후, 연습을 시작합니다.
   * 프로그램(s/w)은 제공하지 않습니다.

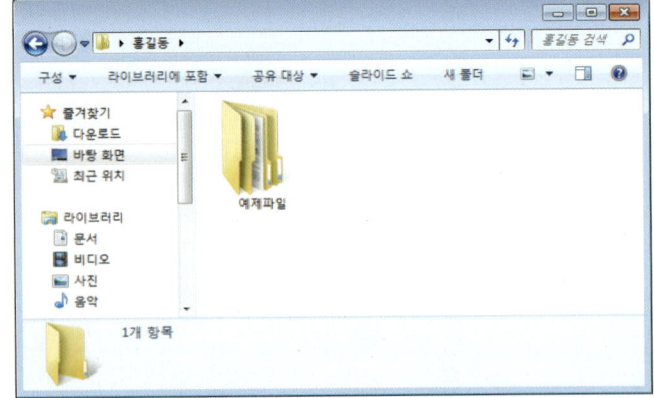

듬꾹이, 담꾹이, 꾹꾹이는 독자를 생각하는 마음으로 더 알찬 정보와 지식들을 듬뿍 도서에 담았다는 의미로 탄생하게 된 '시대인'의 브랜드 캐릭터입니다.